本书是作者曾主持的国家社科基金项目《地方债的合宪性审查与法律控制研究》的最终成果

地方债的法律控制研究

王世涛 ⊙ 著

DIFANGZHAI DE FALÜ KONGZHI YANJIU

知识产权出版社
全国百佳图书出版单位
——北京——

图书在版编目（CIP）数据

地方债的法律控制研究 / 王世涛著 . —北京：知识产权出版社，2020.7（2021.1 重印）
ISBN 978 - 7 - 5130 - 6902 - 1

Ⅰ.①地… Ⅱ.①王… Ⅲ.①地方财政—债务管理—债权法—研究—中国
Ⅳ.①D923.34

中国版本图书馆 CIP 数据核字（2020）第 073066 号

责任编辑：彭小华　　　　　　　　　责任校对：潘凤越
封面设计：刘　伟　　　　　　　　　责任印制：孙婷婷

地方债的法律控制研究

王世涛　著

出版发行：	知识产权出版社 有限责任公司	网　　址：	http://www.ipph.cn
社　　址：	北京市海淀区气象路 50 号院	邮　　编：	100081
责编电话：	010 - 82000860 转 8115	责编邮箱：	huapxh@sina.com
发行电话：	010 - 82000860 转 8101/8102	发行传真：	010 - 82000893/82005070/82000270
印　　刷：	北京九州迅驰传媒文化有限公司	经　　销：	各大网上书店、新华书店及相关专业书店
开　　本：	720mm×1000mm　1/16	印　　张：	14.75
版　　次：	2020 年 7 月第 1 版	印　　次：	2021 年 1 月第 2 次印刷
字　　数：	280 千字	定　　价：	68.00 元
ISBN 978 - 7 - 5130 - 6902 - 1			

出版权专有　侵权必究
如有印装质量问题，本社负责调换。

本书由大连市人民政府资助出版

The published book is sponsored
by the Dalian Municipal Government

目录 / CONTENTS

第一章 导论 — 001
第一节 我国地方债规模及其风险不容小觑 — 001
第二节 地方债的中国问题意识 — 005
第三节 地方债研究成果综述 — 007
第四节 方法论的自觉 — 016

第二章 地方债的厘定 — 021
第一节 地方债的概念及种类 — 021
第二节 地方债的公债属性 — 023
第三节 地方债与相近概念的区别 — 026

第三章 地方债的历史演进 — 031
第一节 地方债从官房财政到公共财政 — 031
第二节 地方债从禁而不止到有序规制 — 035
第三节 地方债从隐形替身到主体呈现 — 042

第四章 地方债的宪法原则 — 045
第一节 财政民主原则 — 045
第二节 财政公平原则 — 048
第三节 财政法定原则 — 049
第四节 财政健全原则 — 051

第五章　地方债的宪法理念 ········· 053
第一节　从依宪治国到依法理财 ········· 053
第二节　从财产权利到经济自由 ········· 055
第三节　从共时性公平到历时性公平 ········· 059
第四节　从中央集权到地方财政分权 ········· 063

第六章　地方债的合宪性审查 ········· 071
第一节　地方债合宪性审查的原理 ········· 071
第二节　地方债的合宪性功能 ········· 073
第三节　地方债的宪法规范基础分析 ········· 076
第四节　地方债合宪性分析 ········· 080

第七章　地方债的一般法律控制 ········· 087
第一节　地方债的事前控制——预算监督 ········· 087
第二节　地方债的事中控制 ········· 091
第三节　地方债的事后控制——审计监督 ········· 098

第八章　地方债的特别法律控制 ········· 116
第一节　地方债风险的含义 ········· 116
第二节　地方债风险评估制度 ········· 119
第三节　我国地方债风险的处置 ········· 124
第四节　地方债的财政危机的法律控制 ········· 135

第九章　地方债法律控制的域外经验 ········· 152
第一节　外国地方债法律控制制度 ········· 152
第二节　外国地方债法律控制制度经验对我国的启示 ········· 165

第十章　地方债宪法与法律体制的现实困境 ········· 170
第一节　地方债政策与法律关系的错位 ········· 170
第二节　地方债权力配置的失序 ········· 173
第三节　地方债权利保障制度缺失 ········· 180

第十一章　地方债的宪法改革与法律完善 ………………… **187**
    第一节　地方债控制模式的选择 ……………………………… **188**
    第二节　权力约束体制的重构 ………………………………… **195**
    第三节　以权利保障为中心的法律体系的重塑 ……………… **200**

附录：《地方债合宪性审查与法律控制》调研材料 ……………… **212**

后　　记 ………………………………………………………… **226**

第一章 导 论

中国的城市化进程都是在地方展开的,城市化进程中所蕴含的社会服务与公共资金之间的矛盾也体现在地方政府的行政职能中,如城市交通、能源、供水、通信等基础设施以及社区服务、养老保障、职业培训等公共服务体系。但地方政府公共服务能力的基础是其财政能力,即筹集、使用财政资金的能力。当公民对公共服务要求的迅速增长不可避免地导致地方政府财政权力的膨胀,形成"强政府、弱社会"的格局以及公民对政府的过分依赖,同时也意味着公民所承担的财政义务愈加深重。不仅如此,地方政府层级与其承担公共职能之间出现反差,即层级越低、规模越小的政府承担的公共职能却越重。为此,地方政府具有扩大财政职能的强烈渴望,当中央的财政政策不能满足地方政府对财力的要求时,地方政府便不得不自谋财路。非正常手段获取上级政府的财政资金如"跑部钱进"就不可避免。各种乱收费、乱罚款、乱摊派有可能导致民怨沸腾,地方财政有可能成为一种"掠夺式"的财政。这是中国地方债的国情背景,反映了国家财政权力纵向划分的体制问题以及公民财产权利与国家财政权力之间界限不清的问题,集中表现在层级间政府的行政权力与财政能力之间的冲突与矛盾。

第一节 我国地方债规模及其风险不容小觑

我国的地方债自产生伊始就急剧膨胀,由于近年来各地方的经济下行压力增大,地方债的风险更引发人们的普遍警觉。近年来,我国的地方债呈逐年上升的趋势。根据国家审计署和中国财政部的数据,2012 年中国的地方政府性债务规模为 15.89 万亿元、2013 年为 17.89 万亿元、2014 年为 24 万亿元,地方债规模已经接近甚至超过了德国的 GDP。当然,这里所说的"地方债"是指地方政府性债务,而不是狭义的地方政府发行的政府债券。从 2000—2014 年,地方政府债务增长极为迅速，共增长 26.4 万亿元，年均增长 1.9 万亿元。其中从 2010 年年底至 2013 年 6 月底的两年半时间内，全口径的地方政府性债务余额增长了 7.2 万亿元，增幅为 67.3%，年复合增长率为 22.9%。2015 年地方政府债券发行 3.8 万亿元，这一数字比 2014 年增长了 8.5 倍。2016 年地方债发行出现了爆发式增长，共计发行了 1 159 期，同比增长 87.24%，规模60 458.40亿元，同比增长 98.69%。其中，新增地方债 11 698.41 亿元，置换债券规模为 48 760.00 亿元。随着地方债的大规模发行，地方债已超越了金融债，成为仅次于同业存单的第二大债券品种。2019 年 3 月 12 日，十三届全国人民代表大会财政经济委员会《关于 2018 年中央和地方预算执行情况与 2019 年中央和地方预算草案的审查结果报告》对外公布，2018 年年末，地方政府一般债务余额109 938.75 亿元、专项债务余额 73 922.77 亿元，都控制在全国人民代表大会批准的债务余额限额以内。2019 年，全国人民代表大会财政经济委员会建议批准的 2019 年地方债余额限额为 24.08 万亿元，其中，地方政府一般债务余额限额133 089.22 亿元，专项债务余额限额 107 685.08 亿元。从省级层面来看，江苏、浙江等东部省份负债绝对规模较高，但相对负债率较低，总体风险可控，而贵州、青海等西部省份债务风险较高。测算表明，共有 11 个西部省市、2 个东部省市、2 个东北省份的总负债率水平超过了 60%，值得进一步关注（见图 1 - 1）。① 2019 年前 10 个月，全国发行地方政府债券 42 786.51 亿元。其中，发行一般债券17 471.5亿元，发行专项债券 25 315.01 亿元。地方债发行呈现两大特点：一是发行进度快，2019 全年地方债发行规模到 10 月末基本完成，远远超过 2018 年发行进度；二是地方债结构有所变化，长期债券特别是 30 年超长期债券发行规模大幅增加。对保持地方政府财政稳定、降低地方政府债券风险、缓解地方财政收支压力都有着良好的促进作用。②

在地方政府性债务总额中，与地方融资平台相关的银行贷款、城投债以及基建信托仍然占有较大比重。地方政府投融资平台，包括不同类型的城市建设投资公司、城建开发公司、城建资产公司。由于地方城投往往是一个大集团，体系内又有诸如煤炭公司、水务公司、煤气公司、房地产公司等各种小公司，因此资金一旦进入城投体系中，具体运作根本无法进行监控，因此蕴含着很大风险。

报告显示，截至 2013 年 6 月底，地方政府负有偿还责任的债务余额中，

---

① 张明：“中国政府债务规模究竟几何？”，载《财经》2018 年 7 月 23 日。
② 包兴安："超长期地方债发行迅猛：前十个月 30 年期发行 4140 亿元"，载《证券日报》2019 年 11 月 4 日。

2013年下半年、2014年、2015年、2016年及2017年到期需要偿还的债务分别占比22.9%、21.9%、17.1%、11.6%及7.8%，2018年及以后到期需要偿还的占到18.8%。由此可见，2013年下半年到2015年是地方政府债务到期偿还的高峰期，有60%多的债务需要在此期间集中偿付。

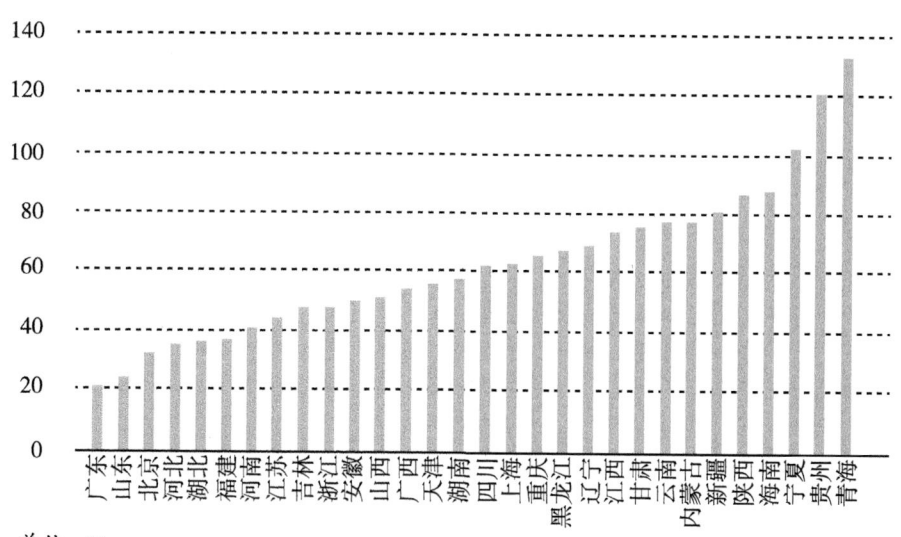

单位：%
资料来源：word，作者计算　制图：颜斌

图1-1　2017年分省总负债率

除了一定规模的债务展期和借新还旧的情况外，还出现了债务违约的问题。截至2013年6月底，地方政府负有偿还责任的10.9万亿元债务中，逾期债务1.15万亿元，逾期债务率为10.6%，除去应付未付款项中由其他单位和个人借款形成的逾期债务9400多亿元后，逾期债务率为1.9%。

债务率是年末政府债务余额与当年该政府财政总收入的比率。通过设定最高债务率指标以控制债务总额，是国际上比较常见的做法，各国最高限一般在100%左右。如美国各州的债务率上限为90%~120%，新西兰要求不高于150%，哥伦比亚规定不得超过80%。有专家建议我国应将债务率不超过100%的水平作为中国地方政府债务的整体风险警戒线。据财政部《中国国家资产负债表2015》数据显示，截至2014年年底，地方政府总资产108.2万亿元，总负债30.28万亿元，净资产77.92万亿元。截至2015年年底，纳入预算管理的中央政府债务10.66万亿元，地方政府债务16万亿元，合计政府债务26.66万亿元，占GDP比重39.4%；以更宽的口径估算，政府债务水平达到56.8%，仍低于欧盟60%的预警线。如果以债务率（债务余额/综合财力）衡量地方政府债务水平，2015 年地方政府债务率为 89.2%，到 2016 年年末负债率没有出现大的变化，低于国际通行的警戒标准。

虽然地方债的风险总体可控，但地方政府债务领域也出现了一些新的问题，主要是局部地区偿债能力有所弱化，个别地区债务率超出警戒标准：2010 年 6 月，国家审计署的审计报告显示，有 7 个省、10 个市和 14 个县本级的债务余额与当年可用财力的比率超过 100%，最高的达 364.77%。截至 2015 年年底，个别地区超警戒线：100 多个市本级、400 多个县级的债务率超过 100%，少数省份债务率也已超过 100%。截至 2016 年 1 月 22 日，已公布往年地方债限额的省份有 25 个，绝大部分省份债务率处于安全水平。不过，贵州和辽宁的债务率分别达到 120.2%、197.47%，超过全国人民代表大会常务委员会划定的 100% 债务率红线；此外，云南和内蒙古的债务率分别为 111.23%、104.7%，也略过红线。数量庞大的市县债务引人瞩目，市县债务风险较高已不是个别现象。此外，债务结构方面的问题，如债务分布、债务来源、债务期限的不合理，逐渐成为除债务规模之外，最有可能引发或转化为风险的因素：其一，债务分布与财力配置不成正比，越低层级的政府越不具有偿还能力，但债务额度却未见减少，极易形成发债——无法偿还——发债的恶性循环。如依据《第 32 号公告：2013 年全国政府性债务审计结果》，省级政府的债务为 17 780.84 亿元、市级政府债务为 48 434.61 亿元、县级政府债务为 39 573.60 亿元、乡镇政府债务为 3070.12 亿元，市县两级财力与事权虽大不相同，但债务额度却相差不大，这意味着县、乡等越低层级的政府面临着更严重的债务风险。其二，债务主要源自银行，存在财政风险转化为银行风险的可能。2013 年 6 月的审计结果表明，地方政府债务中，仅负有偿还责任的银行贷款数额就高达 55 252.45 亿元，对银行负债占地方政府总体负债的 50% 以上。一旦政府财政资金链断裂，大额政府债务将直接转化为银行不良资产，这种风险的严重程度与政府债务风险的严重性不相上下。其三，债务期限偏长，债务偿还的不确定性导致债务风险规模增大、幅度加深。从 2015 年地方政府债券发行的实际情况看，5000 亿元的新增一般债券只有安徽省分两个批次发行了 12.22 亿元 1 年期地方政府债券，占比只有 0.24%，绝大多数省份选择的是 3 年、5 年、7 年和 10 年的中长期债券品种。[1] 可推知中长期债券临界偿还时，所积聚不利因素可能更多更复杂，附随产生的代际、区际不公平效应尤甚。针对上述风险，虽然我国也明确了中央不救助的原则，但实际上，人们心照不宣：即使地方无力偿债、中央也必然为其

---

[1] 中国财政科学研究院金融研究中心课题组："地方政府融资存在的问题与对策建议"，载《财政科学》2016 年第 7 期。

兜底。这种风险的可控在于其最终可转嫁，以国家财政为其背书。因此，我国实际上已经低估了地方债的风险。近年来，地方政府债务增速仍然较高，筹资结构趋向复杂化，债务集中到期偿付的流动性风险不容忽视，区域和部门的局部风险值得关注；现有偿债基础具有一定的不可持续性；或有债务的风险敞口正在扩大。对此，国际相关组织曾对中国不断攀升的债务负担风险发出警告，称中国地方债务虽仍可控，但数额庞大且快速增长。截至2018年，中国的地方债大概是40万亿元。按照国际上通常的政府负责率的标准应该是合理的，但由于各地经济发展不平衡，有些地方政府财政连公务员工资都负担不起，更不用说偿还债务，这些地方政府债务风险较为突出。因此，为避免今后出现严重问题，通过法律控制地方债已经势在必行。

中国地方债存在的现实危机引起了国内外的普遍关注。因而，研究我国的地方债法律问题包括风险控制，对我国的经济发展、社会稳定具有重要的现实意义。

第二节 地方债的中国问题意识

笔者曾经先后造访美国的威斯康星大学与奥地利的维也纳大学，在其图书馆收集有关地方债的资料，当笔者在其图书电子资料查询系统输入关键词"地方债"时，却意外地发现，在欧美国家的图书馆有关所谓"地方债"的图书几乎查不到，而且电子版的资料也少得可怜。而更多的是国债或政府债券的资料。这是什么原因呢？为什么欧美国家的学者不研究"地方债"？甚至连"地方债"的提法都变得很蹊跷。笔者认为，欧美国家无论联邦制还是单一制，基于地方分权的原则，地方政府作为独立的财政预算体，发债应当属于其固有职能，或者说，地方债为公债（地方债）包括国债、市政债券所通约，没有区别或没有必要区别。因此，在这些国家研究公债（地方债）也就解决了地方债的问题。直言之，地方债体现中国特有的问题意识，是中国特定的财政体系与制度环境下产生的。具体而言，在20世纪90年代中国的分税制改革后，地方债既成为一个现实问题也成为一个理论问题，但主要是一个法律问题。在中国，地方政府是否有权发债？为什么在无法律依据的情况下，地方政府却普遍发债，其具有合法性吗？现实中地方政府大量发债，似乎表明发债成为地方政府的普遍诉求。由此，引申出一个重大疑问，为什么只有中央政府可以发债，地方政府却不能？甚或说为什么上级政府可以发债，下级政府却不能？面对曾经存在的地方债的乱象及由此导致的债务危机，不需要由中央对地方政府的发债权进行控制吗？这些都构成了中国式的问题，或者是中国特有的问题，地方债成为中国制度语境下特有的概念。

既然地方债作为中国的话语，具有浓重的中国制度背景，因此，地方债的研究就注定要解决中国问题。中国的地方债问题的解决方案可能体现在不同的层面，但从根本上，还是体制上的问题。根据宪法经济学的原理，制度效益最大化的根本在于宪法。宪法是制度中的重中之重，它是生成制度的制度，是规则的规则，是元制度、元规则。所以，当宪法出现问题时，它对社会的损害要远非一般规则问题能比。① 因此，地方债的研究不能忽视宪法的视角，或者只有通过宪法视角的观察才能发现地方债存在的最根本的问题，进而才能从根本上寻求解决问题的方案。为此，本书将研究地方债的以下问题。

（1）挖掘地方债运行背后的宪法原理。针对地方债国家权力、公共产品的属性，经由不同部门法规范的建立，关于地方债的经济法的、财税法的独立学科知识体系的建构基本完成。然而，对地方债的宪法学研究却几乎无人问津。因为，地方债一般会当然归入经济法、财税法的学科体系，人们不会考虑甚至不能认同地方债宪法学的知识背景。从公民财产权保障视角，从中央与地方财政分权的角度，地方债的制度设计的价值目标及制度完善的终极答案只能诉诸宪法。自2004年宪法修正案通过，私有财产权和国家征税权的对应关系为研究国家权力与公民权利相互关系开辟了新的窗口，公民私有财产与国家财政权力第一次完整展现二者间存在的目的——手段关系，"纳税人权利保障"确立为财政领域最根本的价值目标，财政法学升华成为财政宪法学。在此前提下，由地方政府提供公共服务之权力与其汲取资金能力的不匹配而产生的地方债，以宪法作为一种"法之法"的角度观察，地方债既嵌入国家权力体系结构本身，又涵摄于现代福利国家之给付功能中，而无论前者或后者，一定程度上都超出法律本身。重新梳理隐藏在地方债背后的中央政府与地方政府、公民财产权与国家财政权、地方政府与金融公司的关系，需要宪法超然于普通法律之上的更宽阔的视野，以审视权力与权力以及权力与权利之间的宪法关系，并能赋予地方政府更恰当的财权与财力，以使其更好行使国家权力以及提供公共服务，有助于实现地方政府行政职权与财政职责之间的平衡。显然，地方债的宪法研究对于丰富和发展财政宪法学体系具有重要的理论意义。不仅如此，地方债不同于税收，公民的获益与受损分离，福利的共享与分担交错，更容易产生财政幻

---

① 盛洪：“宪制经济学与宪制改革——《宪制经济学》中文版序”，载［澳］布伦南、［美］布坎南：《宪制经济学》，冯克利，等译，中国社会科学出版社2004年版，第1页。

觉，为财政权力蒙上一层温柔的面纱，使权力与权利关系呈现出更为复杂或扭曲的形态。因而，从部门法上升到宪法的层面，更有利于从本质上对地方债问题进行把握，以建构更为公平的地方债法律法律控制体系。

首先，保障以财产权为中心的公民权利。地方债法律关系中的财政权，其目的在于保障以公民生存权为核心的财产权利。地方债的宪法意义首先表现为对地方债的公权力行使不能危及公民的生存权及财产权。对政府财政权力进行规范的最终目的仍然是公民私权利的保障。从这个意义上看，地方债的法律控制具有宪法蕴涵。不仅如此，跨越时空背景，宪法意义上的人权保障不仅指向此代人，还应当涵摄后代人。地方政府的举债、用债、还债本身带有一定的强制性、时空延展性，因而其必然对后代人的人权产生潜在的影响。因此有必要通过控制政府的财政公权，以实现公民权利的代际公平。

其次，塑造法治化的央地关系。地方债作为中国制度背景下的问题，直接反映了我国中央与地方之间的权力分配的紧张关系。在我国，地方债产生于地方政府行政权力与财政权力不匹配，因此，从根本上规范地方债，必须首先从体制上重塑中央与地方的关系。在我国现行制度框架下，应当通过修宪对中央与地方的权力范围进行重新界定，重新划分中央与地方政府所管辖的事务及权限。在此基础上，对中央、地方政府的财权、财政支出责任进行相应调整；最后，通过使各级政府独立承担财政责任来严格界定各级政府的权力范围和职责。各级政府的事权与财权相匹配的最终目标是培育规范化和法治化的地方政府治理体系，在中央政府与地方政府之间形成良性互动的关系。

（2）促成地方债权力的法律控制。近年来地方债引起广泛关注，虽然我国通过立法加强了对地方债的控制，但仍存在诸多问题。长期以来我国习惯于对地方债进行一种政策性调整和行政控制，地方债的法律制度并不健全。而要实现我国地方债的公平与效率的价值，必须促成地方债从过去的行政统制型向法律控制型的转变。从这个角度，对地方债法律控制机制进行研究，对促进我国地方债的法律制度的完善以及地方债的有序运行，具有重要的现实意义。

第三节 地方债研究成果综述

地方债最初属于经济学、财政学的研究领域，其后才纳入法学视野。可以说，经济学、财政学关于地方债的理论为地方债法学研究奠定了基础。以下将分为国外与国内分别评述。

一、国外研究成果

从总体上看，外国学者在地方债研究中同样十分关心地方债的效率、风险以及地方政府信用等问题，多数成果都来自经济学研究。但与我国不同的是，由于在西方国家中地方债并非仅是单纯理论上的存在，也是一项长期运行的财政法律制度。法治原则约束使得地方债必须接受严格的法律控制。因此，外国学者在研究地方债的过程中一般均较为重视相应的法律分析，特别是晚近以来公共选择学派将宪法视为最根本的规则，使得税收、公债（地方债）等财政法律制度与宪法紧密结合起来。这使得地方债不仅具有财政和经济上的意义，同时也具有宪法和法律上的意义。在此角度上，国外的相关经验可谓为我国对地方债的进一步研究指出了方向。

涉猎地方公债（地方债）研究者多为经济学家，他们通常从经济学的"公共产品"和"信息不对称"出发，基于"财政联邦主义"的理念，认同地方债的合理性，如古典经济学家蒂伯特、马斯格雷夫以及奥茨等。布坎南通过对公债（地方债）控制必要性的考察，[1] 实现了地方公债（地方债）的经济意涵与其宪法意涵的联结，其在《征税权》一文中指出："事实上，对货币规则的讨论只能在准宪法的层面上进行，这完全是因为由'规则'的性质所定，它必须在无限期的未来始终有效"。[2] 认为只有"包括与税收和财政支出有关的政治决策，普遍适用于——也就是无歧视——政治社会中所有的阶层和团体，那么现代分配政策被极度滥用的现象也许会销声匿迹。"[3] 对公债（地方债）控制原则的厘定吸引多数学者的注意，例如，德国学者阿道夫·瓦格纳提出公债（地方债）控制的四原则，即临时财源原则、吸收游资原则、发行外债的原则及限制发行原则；德国学者司徒肯于1938年提出了公债（地方债）发行的两个原则，即公债（地方债）发行收入用于生产收益性投资原则及公债（地方债）发行不超过政府偿还或公民负担能力限度原则；美国学者普兰克认为公债（地方债）发行有两个基本原则：公共目的限制原则及税收优先原则；此外，普兰克还提出了几个具体原则，即公共工程支出原则、公用事业支出原则、资源开发与保存支出原则、战争支出原则及经济不景气支出原则。其中，前三个原则主要是

---

[1] 陈志勇：《公债（地方债）学》，中国财政经济出版社2007年版，第73页。
[2] ［澳］布伦南、［美］布坎南：《宪制经济学》，冯克利，等译，中国社会科学出版社2004年版，第156页。
[3] ［美］布坎南、马斯格雷夫：《公共财政与公共选择》，类承曜译，中国财政经济出版社2000年版，第21页。

针对地方政府的，而后两个主要是针对中央政府的。① 美国经济学家汉森提出公债（地方债）控制的几个基本原则。第一，政府公债（地方债）必须是安全可靠的投资，到期必须立即偿还并要随时能够变现。第二，公债（地方债）必须维持其货币价值，以避免通货膨胀和通货紧缩的影响。第三，公债（地方债）应尽可能广泛地为全体公众所拥有，以配合累进税制促进收入分配公平化。第四，政府支出、课税和举债的预算控制应当作为国民收入持续增长的基本目标。② 这些原则使得公债（地方债）控制的脉络逐渐清晰，学者得以在此基础上进一步讨论例如公债（地方债）的预算控制如何设计的问题，如德国学者冯·汉格（von Hagen）、哈顿（Harden）及海勒博格（Hallerberg）等人提出要对预算程序进行"自上而下"的改革方案，"如下预算方面的特征能够减少民主政治固有的过度支出偏好：第一，在预算法律文件通过之前，赋予总统或财政部长在预算协商程序中的强势地位，或者在政府协商程序设定一些有约束力的目标；第二，议会审议预算程序中，严格限制对预算的修改，对支出的单项否决制度和'要么全部通过，要么全部否决'的投票表决制度作为对整个议会预算审议程序的限制；第三，政府预算的高度透明；第四，在预算执行阶段，严格控制各部门对预算进行修改，赋予财政部长在预算执行中的强势地位。总之，'自上而下'的公债（地方债）控制模式要优于'自下而上'的控制模式"③。西班牙学者 Javier Salinas 以西班牙为例指出，为有效控制公债（地方债），必须采取预算程序宪法化的方式。"在西班牙预算程序法律中加入预算平衡原则并不能保证西班牙公共部门削减赤字，它只是一个必要条件。该原则的执行必须有来自外部的强制力量。因此，在西班牙法律体系中加入该原则需要使用宪法话语的方式"④。

二、国内研究成果

国内较早将公债（地方债）作为一个单独问题进行全面研究的，如关国华、汪福长、葛意云、戴云芳所编译《公债（地方债）与股票》（1988），以及邓子基、张馨、王开国所著《公债（地方债）经济学——公债（地方债）历

---

① 邓子基、张馨、王开国：《公债（地方债）经济学》，中央财政经济出版社1990年版，第314—316页。
② 转引自陈志勇：《公债（地方债）学》，中国财政经济出版社2007年版，第252页。
③ Lars P. Feld, Gebhard Kirchgaessner, "Does direct democracy reduce public debt? Evidence from Swiss Municipalities", Public Choice, 109: 347-370, 2001.
④ Javier Salinas, The Constitutional Political Economy of Public Deficits: The Spanish Case, Constitutional Political Economy, 9, 235-249 (1998).

史、现状与理论分析》（1990）等。著者围绕公债（地方债）的历史与现状、公债（地方债）的概念、类型、种类、数量限制、公债（地方债）管理与偿还等方面进行体系化探讨，为以后关于公债（地方债）的理论研究奠定基础。经过1994年分税制改革，中央与地方财政两分格局基本确立，决定了地方债与国债的分离。较早关注地方政府公债（地方债）理论研究的国内学者为刘尚希，在其《财政风险及其防范研究文集》（1999）中，首次在财政风险的框架下讨论地方政府或有债务的问题。此后，如王朝才、傅志华等学者认为，建立地方公债（地方债）既是全面落实地方政府应有财权的客观需要，也是缓解各级政府财政困境的必然选择。① 刘尚希和鄢晓发的研究表明，由于我国长期以来财力与事权的不匹配，而履行事权又以各级政府的政治任务存在的情形下，各级政府别无选择，只能是千方百计找钱。一是扩大非税收入，二是债务融资。地方政府进行债务融资，除了财政体制上的原因以外，追求政绩是其主要的动因。② 建立独立的地方债管理体制成为地方债监管论题的中心。

此后，针对地方债的监管，突出体现在以防范地方债风险为中心的债务管理体制的探索中，围绕地方债风险的成因、管理体制的建立、外国经验的借鉴等进行广泛讨论。

（一）经济学领域对地方债的研究

（1）关于地方债风险形成。郭琳、樊丽明认为，体制转轨不到位、政府代替市场投资、财政体制缺陷、债务管理不善都是债务风险形成的机理，并相应提出转变政府职能、完善分税制、加强债务风险管理、开辟新融资渠道的全方位化解债务压力的途径。③ 杨灿明、鲁元平将地方债的风险总结为大量隐形负债、个体地方债监控难和对土地财政严重依赖三大风险，解决办法中提出部分出售国有资产或证券化的做法。④ 黄国桥、徐永胜认为地方债会通过财政、金融、信用的方式自下而上进行传导，最终将倒逼中央政府作为最后付款人为地方政府财政风险兜底。在地方债责任方面，应加强财政责任立法⑤。

（2）关于地方债风险化解。李煜辉、沈可挺通过对地方政府融资平台债务

---

① 王朝才、傅志华："关于建立地方公债（地方债）制度的探讨"，载《城市》2001年第2期。
② 刘尚希、鄢晓发："当前财政体制：初步的认识和评价"，载财政部财政科学研究所编：《热点与对策：2008—2009年度财政研究报告》，中国财政经济出版社2010年版，第362页。
③ 郭琳、樊丽明："地方债风险分析"，载《财政研究》2001年第5期。
④ 杨灿明、鲁元平："地方债风险的现状、成因与防范对策研究"，载《财政研究》2013年第11期。
⑤ 黄国桥、徐永胜："地方政府性债务风险的传导机制与生成机制分析"，载《财政研究》2011年第9期。

的分析，认为导致地方债激增的原因，不能简单归咎于财政分权不当，而是公共资本投融资体制存在问题，地方政府在缺乏长期投资计划，又没有正常融资渠道的情况下，单纯控制银行对融资平台贷款，并不能控制地方债问题。① 中国工商银行投资银行部课题组以负债率、债务率、利息支出率、担保债务比重4个指标考察了地方债风险，认为我国整体债务风险可控，但区域分布不均衡。中国债务风险防控重点是经济发展处于全国中等水平的省市。② 白恩来、侯俊杰认为地方政府的债务具有隐性化、或有化、投资性和公共性并存的特征，提出债务风险并不在于财务风险、挤出风险、金融风险、经济风险，而在于由于制度和组织设计造成的管理风险。③ 陈劲松分析了欠发达地区地方债的特点，认为地方政府对债务融资依赖性强；债务资金成本高，短期风险大；偿债资金来源单一，稳定性差；偿债能力弱，风险累积效应明显。④ 世界银行驻华代表处高级经济学家白海娜、马骏、希克的研究表明，至少有3种因素增加了许多政府的财政风险度，第一，国际私人资本大量增加和更加不稳定，加快了国内金融体系的发展，同时也使金融体系间接使国家的财政管理更加脆弱。第二，私有化和政府作用的弱化使许多政府削减其预算开支，同时也要求政府提供显性或者隐性的承诺。此类担保和承诺反过来将增加未来政府支出的不确定性。第三，政府的担保或承诺将反过来增加市场中的道德风险，设计不佳的政府保险计划对受益人将有意识地使其处于过度的风险之中。⑤

（3）关于一般地方债管理体制。朱玉明和周春雨提出了化解地方债的总体思路，即"明确一个责任主体、把握两个方向、健全三个机制、实现四个目标"，具体而言，"明确一个责任主体"是指明确县乡政府是责任主体；"把握两个方向"是指控制新债是基础，化解老债是关键；"健全三个机制"是指健全地方政府的激励约束机制、债务控制机制和债务偿还机制；"实现四个目标"是指实现结构优化、功能合理、规模适度、良性运行的地方债体系。⑥ 贾康等提出了化解地方债风险的十二字方针："治存量、开前门、关后门、修围墙"，强调重点做好"开前门、关后门、修围墙"。具体来说，"治存量"是指鼓励地

---

① 李煜辉、沈可挺："中国地方政府公共资本融资：问题、挑战与对策"，载《金融评论》2011年第2期。
② 中国工商银行投资银行部课题组："地方债风险的衡量、分布与防范"，载《金融论坛》2011年第1期。
③ 白恩来、侯俊杰："地方债风险问题研究"，载《经济论坛》2013年第3期。
④ 陈劲松："欠发达地区地方债风险特点分析"，载《商业经济》2014年第4期。
⑤ 韩增华：《中国地方债风险管理：融入预算过程》，经济科学出版社2013年版，第8页。
⑥ 朱玉明、周春雨："化解地方债问题研究"，载《财政研究》2006年第4期。

方政府治理历史陈欠债务;"关后门"是指通过加快转变政府职能、进一步明确政府间事权划分来杜绝地方政府的私下举债行为;"开前门"是指规范地方政府融资平台和地方公债(地方债)制度,以实现地方政府的"一级财权"和"一级债权";"修围墙"是指加强对地方债的监督管理、建立地方债风险预警系统。① 刘尚希等从制度建设、体制机制以及政策管理等方面提出了6条建议:①保持经济的合理增速,以提供良好的外部条件;②加快转变政府职能,明确政府与市场的边界,鼓励民间资本进入基础设施领域投资,从源头上进行有效化解;③深化财政体制改革,增强政府的偿债能力;④强化地方债管理,将其纳入国家预算管理,建立以财政为枢纽的政府投融资预算约束机制,防范隐性债务显性化;⑤建立地方政府风险评估机制和预警系统,加快偿债基金制度的建设,强化风险监管;⑥进一步提高财政管理水平,实行全口径预算管理,逐步推行中期预算管理,提高财政透明度。② 陈志勇等人提出从以下几个方面对地方政府发行公债(地方债)进行法律控制:①明确举债主体。可以考虑将举债主体限定为省一级政府和具有相当经济实力的大城市,举债权不再下放。同时在举债时须由中央政府参与,对地方政府的举债行为进行指导。②可借鉴当前国际上流行的 ABS(Asset—Backed—Security)融资模式。这种公债(地方债)是以项目所拥有的资产为基础,以项目资产带来的预期收益为保证,通过在资本市场上发行债券来筹资,实质是一种主要为基础设施融资的公债(地方债)。③设定举债规模和偿债来源。④确定不能用公债(地方债)融资的领域。秉承谨慎原则,公债(地方债)融资的范围应当适当窄一些,如仅允许地方政府通过举债为当地基础设施融资,禁止地方政府利用举债为财政赤字融资。③

(4)关于对地方债外国经验的借鉴。财政部财政科学研究所分别考察了巴西、哥伦比亚、阿根廷、墨西哥等国家的财政立法,强调财政法可以促进财政稳定和可持续发展,对借款人和贷款人都应设立事前和事后的应对机制,以规范借贷行为,防止财政风险。④ 安立伟参考美日加澳四国的地方债管理经验,认为我国可从以下方面进行完善:修改预算法赋予地方政府举债主体资格、建立有中国特色的债务管理体系、建立健全债务管理专门机构、以规范资金运行程序为重点建立健全地方地方债管理体系、以推进政府信息公开为突破口,构

---

① 财政部财政科学研究所:"我国地方债风险和对策",载《经济研究参考》2010年第14期。
② 刘尚希等:"'十二五'时期我国地方政府性债务压力测试研究",载《经济研究参考》2012年第8期。
③ 陈志勇:《公债(地方债)学》,中国财政经济出版社2007年版,第229页。
④ 财政部预算司课题组:"约束地方的财政责任法综述",载《经济研究参考》2009年第43期。

建地方债风险防控机制。① 彭润中、赵敏对印度、哥伦比亚、巴西等发展中国家政府债务的市场监管进行考察,将政府债务监管分为两个部分,一是事前监管系统,加强对贷款管制和地方财政状况监测,二是事后债务重组系统,以应对地方债无力偿还的情况,注重政府财政体系和金融市场的配套改革,迫使地方政府追求可持续的财政和债务政策,并注重保障债权人利益。我国未来的完善方向为加强地方债的法治化管理,加强中央对地方债的监管,大力发展和完善资本市场。② 此外还有张淑霞等对日本、巴西等国家的地方债管理借鉴,③ 财政部科学研究所在《我国地方债风险和对策(2010)》中,基于对我国地方债规模与构成、债务来源与用途等地方债基本情况,借鉴美、日、韩等国经验,全面具体地提出了化解地方债、预防财政风险的建议等。

(5)关于债务规模。有学者分析判断公债(地方债)适度规模的标准有5个方面:一是从应债能力的方面来看,社会上是否有足够的资金来承受债务的规模;二是从偿债能力方面看,政府是否有足够的能力在今后偿还逐渐积累的债务;三是从政府债务对中央银行货币供应的影响来看,政府债务将在多大程度上影响价格总水平;四是从政府债务对私人部门投资的影响来看,政府债务有多大的所谓"挤出效应";五是从政府债务工具是证券市场的基本金融商品的角度来看,证券市场需要和能够容纳多少政府债券。在这5个标准中,最重要的是应债能力和偿债能力。其中应债能力可分为国民应债能力(储蓄水平)和社会资金应债能力(主要包括社保基金、企事业单位预算外资金以及证券投资基金等)。④ 有学者认为,地方债的均衡点是根据地方政府的财政状况、职能决定的需求和投资人的资金供给所形成的,资金常常用于弥补地方政府提供跨代公共产品服务、干预无效率市场的资本性资本不足,能够促进居民代际的公平性和市场效率。对其均衡点的合理性判断基于三个基本原则:黄金法则——政府债务被用于资本性支出而不是经常性支出,不违背代际公平原则;效率原则——地方债融资严格地限制在公共领域而不是私人竞争领域;风险可控原则——资金供给的资本市场是有效的,能够有效地防范风险。这样的资本市场里信息充分且未被扭曲,投资者决策是理性的。就我国而言,以公益性项目过度举债,存在非公益性债务和经常性债务为特征的不合理地方债均衡结果,

----

① 安立伟:"美日加澳四国地方债管理做法对我国的启示",载《经济研究参考》2012年第55期。
② 彭润中、赵敏:"发展中国家地方债市场监管经验借鉴及启示",载《财政研究》2009年第10期。
③ 张淑霞等:"地方债管理的国际经验与启示",载《吉林金融研究》2012年第6期。
④ 曾康华:《财政与金融》,中国财政经济出版社2005年版,第130页。

这正是由影响地方债供给和需求的体制因素扭曲合理债务均衡造成的。①

（二）法学领域对地方债的研究

地方债在法学领域的研究始自"财政法学"。法学领域对某一财政现象的研究，本质上要求贯彻法治或"宪法理念"和"宪法原理"的视角，②以实现"分配正义"为其内在逻辑，③而与财政视角下以成本与效率为中心的研究方法存在本质不同。依此，法学领域对地方债的研究，回归法学领域内的特有的概念、原理、逻辑体系，沿用法学独有的研究范式。自2004年修宪之后，借由私有财产权入宪而促成"财政学""财税学"与"宪法学"的联姻，④"财政立宪主义"成为财政与法律相互融通的基本概念工具。⑤随着财政领域内财政民主主义、财政法定主义、财政健全主义、财政平等主义基本法律原则，⑥以财产为中心内容的研究体系，⑦以及"限权和权利保障"的价值核心的确定，⑧法学领域以财政为对象的研究范式基本成型。

在地方债控制上，法律控制模式与市场控制、协商控制和行政控制同为控制方案的组成部分。对地方债法律控制模式进行的研究，主要围绕控制原则、控制程序、救济途径等方面展开。作者认为，地方债属于公法之债，适用公法原理，其公法性质体现在其信用基础为公共财政、属于财政权行使方式之一、具备公权力优势、仅限用于提供公共服务、发行程序的法定性、不同的责任形式等方面。应从地方政府举债的层级限制、国家对举债权的统一管理、权力机关对地方政府举债权的监督、控制地方债的使用范围、地方债的风险防范、地方债的程序约束、地方债的责任追究等方面展开。⑨王锴也持同样观点，其进一步将发行公债（地方债）的宪法依据定位为《中华人民共和国宪法》（以下

---

① 中国地方债管理研究课题组：《公共财政研究报告——中国地方债管理研究》，中国财政经济出版社2011年版，第46页。
② 王世涛：《财政宪法学研究》，法律出版社2012年版，第25页。
③ 王桦宇："论现代财政制度的法治逻辑"，载《法学论坛》2014年第3期。
④ 如李龙、朱孔武："财政立宪主义"，载《法学家》2003年第6期；李龙、朱孔武："财政立宪主义：我国宪法时刻的理论基础"，载《法学杂志》2004年第3期；刘守刚："西方财政立宪主义理论及其对中国的启示"，载《财经研究》2003年第7期。
⑤ 如周刚志："论财政预算的法律效力——基于财政立宪主义的理论视角"，载《时代法学》2011年第6期；高飞、倪明："论财政立宪主义原则下有限政府的构建"，载《经济视角》2012年第9期；郭山："财政立宪主义与地方发债的可行性"，载《青年与社会》2014年第15期。
⑥ 熊伟："财政法基本原则论纲"，载《中国法学》2004年第4期。
⑦ 刘剑文："公共财产法：财税法的本质属性及其法治逻辑"，载《财经法学》2015年第1期。
⑧ 王世涛："公共财政的核心价值：财政权的控制与财产权的保障"，载《法学论坛》2008年第3期。
⑨ 王世涛、汤喆峰："地方债的宪制机理与法律机制"，载《华东政法大学学报》2013年第2期。

简称《宪法》）第 14 条第 3 款："国家合理安排积累和消费，兼顾国家集体和个人的利益，在发展生产的基础上，逐步改善人民的物质生活和文化生活。"并认为，宪法层面的公债（地方债）控制可从公债（地方债）发行的法律保留、限制公债（地方债）用途的限制和公债（地方债）发行规模的控制来展开。① 有学者在《公债（地方债）的宪法控制》中，认为公债（地方债）控制的宪法原则包括实体公正和程序公正两个方面，后者包括公债（地方债）议会预算决议和公债（地方债）法律保留原则，前者为公债（地方债）健全原则，是税收公平原则的理性拓展。② 杨莎莎在《中国地方债治理法律制度研究》（2015）中列举举债法治原则、公众参与原则、风险控制原则、举债效益原则四个原则。

在地方债法律控制具体制度的设计上，我国学者对于地方债法律控制的展开，多数以预算制度作为地方债控制的主要途径，如可通过预算案的编制、审批和执行对其进行法律控制。多数人认为通过将不同法律制度整合到一起，以架构地方债的法律控制制度，如认为可分政府直接举债和公共机构举债两种方式，宪法对于前者的控制包括将各级政府事权的法治化、自主财权和财力、独立公法人地位、民主机制对政府的限制列为举债的宪法条件，对于后者，宪法主要从其举债方式上进行控制。③ 再如杨莎莎认为，可以从地方债资金运行、地方债监督管理和相关法律制度的完善三个层面进行。④ 更多的学者所设计的制度框架包含法律法规的完善、债务信息披露、债务风险管理、信用评级在内的法律制度。⑤ 此外，由地方政府与中央政府分权的定位出发，地方债法律控制制度中应有"地方财政分权和地方财政自主原则的适用"。⑥ 依此，地方财政分权的完善构成地方债法律控制的另一条通路。⑦

从总体上看，地方债是一个全新的理论问题，迄今为止，国内有对地方债

---

① 王锴："论公债（地方债）的宪法基础"，载《中州学刊》2011 年第 3 期。
② 冉富强："公债（地方债）的宪法控制"，南京大学 2010 年博士论文。
③ 同上。
④ 如杨莎莎：《中国地方债治理法律制度研究》，经济科学出版社 2015 年版，第四章内容；杜仲霞："公共债务法律制度研究"，安徽大学 2014 年博士论文。
⑤ 如李建强、张淑翠："完善地方债融资机制"，载《中国金融》2014 年第 22 期；贺俊程："我国地方政府债券运行机制研究"，财政部财政科学研究所 2013 年博士论文；杨珊："我国地方债融资的法律控制研究"，西南政法大学 2015 年博士论文。
⑥ 葛克昌："规费、地方税与自治立法"，载《税法基本问题——财政宪法篇》，元照出版社 2005 年版，第 249、251 页。
⑦ 如周小付："地方治理视角下的地方债风险"，财政部财政科学研究所 2014 年博士论文；马喆："我国地方财政预算权的适度独立研究"，辽宁大学 2014 年博士论文。

进行经济学和经济法角度的研究,但尚未有从宪法和法律控制的视角对地方债进行系统研究的成果。仅有的地方债法律制度的研究主要集中在财税法或经济法等法律部门,财税法和经济法学者们更为注重具体制度的分析与建构,这在一定程度上忽略了地方债在我国宪法框架下的地位和功能。地方债的宪法及法律法律控制的分析触及地方政府举债权与公民合法财产权的矛盾,从而能够有效防止地方债引发的"财政危机"乃至"宪法危机"。可以说,只有从宪法的视角才能认清地方债的内在机理,只有从法治的维度才能实现对地方债的风险和效益的控制。因此,与地方债的经济学和经济法视角下的研究不同,本书对地方债进行宪法及法治的系统分析,具有创新性的理论意义。

第四节　方法论的自觉

法学研究的任何一次重大发展其实都是方法论的创新,从自然法到实证分析法学,从实证分析法学再到社会法学莫不如此,即使已经式微的历史法学、利益法学、经济分析法学,都无不是对法律这一现象的观察视角的转换。财政宪法学的学科体系的创立其实就是对财政问题研究的方法论的变革,即不再局限于经济学研究方法或法学研究方法研究财政问题,而以宪法的视角对财政问题进行重新审视。以宪法的思维思考财政问题便形成了关于财政权与财产权关系的宪法命题,从此财政的效率不再是最重要的价值,传统财政权力中心主义变为财产权利本位,"官房财政"升华为公共财政,纳税义务人实现了华丽转身,成为纳税权利主体。正是在财政宪法学的学科背景下,地方债问题研究才触及这一问题的法律本质。

财政宪法学主要通过宪法理念和宪法原理去审视财政现象,以规范财政权力,设计财政体制及其运行程序,并对财政权力进行宪法监督,具有本体论的意义。因为,用财政视角分析宪法和宪法问题,通过考量宪法中财政体制的运行,其最终解决的是财政宪法体制的成本和效率问题,具有方法论的意义,应将其归于法经济学和宪法经济学的范畴。正如法律社会学与社会学法学不同在于,前者是用法学的分析工具解读社会问题,如德国的马克斯·韦伯;后者是以社会学的方法分析法律问题,如美国的庞德。财政宪法学应当是以宪法原理阐释财政现象,如果以财政的理论解释宪法问题,可以称其为宪法财政学。这不是简单的文字顺序的颠倒,而存在着"体""用"之分以及理论体系和分析工具之别。

近年来，有宪法学者提出将教义学的方法引入财政宪法研究中，即所谓"财政宪法教义学"。在财政宪法教义学中，宪法的财政条款成为解释财政法律的依据。正如白斌所言："宪法教义学乃是将现行宪法秩序作为其信仰的对象。"① 财政宪法教义学的基础是宪法中的财政规范，但问题是，中国现行宪法的财政条款可否能够成为财政宪法的"教义"，成为财政宪法学人虔敬的信条？至今，我国宪法的财政条款仍然停留于国家权力本位的"官房财政"的阶段，未能体现公共财政和民主财政的价值功能。尽管人权条款已经入宪，但纳税人仍只是作为义务主体而不是权利主体，整个宪法关于财政的规范设计，仍与宪法的价值不太适应。对此周刚志教授的解决方案是以"合宪性解释"为基本方法和基本视角，而对中国的"国家目标规定""国家权力条款"和"基本权利条款"做一番体系化、结构化的理论阐释，并最终形成中国自身的宪法教义学体系。② 但合宪性解释的对象是法律而非宪法，其理念在于司法机关作为解释者对议会立法的信任，以维护法的安定性和法律秩序。合宪性解释不能取代据以解释的规范，财政立法的合宪性解释也不能成为财政宪法的"教义"。

可以说，所有的部门法的研究都可以纳入法教义学的范畴。如果把宪法作为部门法，甚或把财政宪法作为宪法的部门法，法教义学也可以成为财政宪法学的基本研究范式。当代德国著名的法哲学家阿列克西从多个向度的界定法教义学：首先，对实定法的描述，体现为描述——经验的向度，由此，可以区分对法官审判实务的描述与预测以及对立法者实际意图的调查。其次，对实定法进行概括性与体系性之演绎，体现为逻辑——分析的向度，包括对法律概念的分析以及对于各种不同规范与原则间逻辑关联的研究；最后，拟定解决疑难法律个案的建议，体现为规范——实践的向度，则是对于规范进行解释、对于某些新的规范与制度提出建议与赋予理由，或者对于法院裁判所发生的实践缺陷进行批判与提出相反的建议。③ 可以说，宪法教义学是法教义学在宪法学研究中的应用。囿于现行的宪法规范体系，我国的宪法教义学更多体现为逻辑——分析的向度，以宪法解释、建构和体系化作为其基本作业。1949年《德意志联邦共和国基本法》专门设置"财政"一章，详细规定了费用的分摊、财政援助、税收立法及分摊、财政平衡、财政管理、联邦和各州的财政关系等内容，对预算收入及其支配作了严格规定。由于德国基本法系统规定了财政问题，因

---

① 白斌：《宪法教义学》，北京大学出版社2014年版，前言部分。
② 周刚志："论财政宪法学之体系构造"，载刘剑文主编：《财政税论丛》，法律出版社2013年版，第139—153页。
③ [德] 罗伯特·阿列克西：《法律论证理论》，舒国滢译，中国法制出版社2002年版，第311页。

此财政宪法教义学的研究在德国自不待言。日本《宪法》第七章财政从第83条到第91条规定了，财政的议会民主主义、税收法定原则、国费支出及国家的债务负担、预算、预备费、皇室财产及皇室费用、国家财产支出或利用的限制、决算检查、会计检察院、财政状况的报告。虽然不及德国基本法财政条款细致，但日本宪法仍然对财政的基本问题进行了全面的规范。由于财政宪法规范的完备，日本学者研究财政问题经常会从宪法出发以宪法为基础，如北野弘久《税收法原论》的重要的研究视角就是用宪法学理论出发来研究税法。

总体看来，财政宪法学教义学取决于该国宪法中的财政规范，也受制于财政宪法学的研究的广度和深度。西方各国宪法中包含大量的财政条款，虽然其具体内容各不相同，但总的来说相当明确、具体。一般而言，宪法中包含的财政条款涉及八个方面：一般性条款、税收条款、公共支出管理条款、政府预算管理条款、公债（地方债）管理条款、政府间财政关系条款、财政监督条款和程序性条款。这些条款成为其财政宪法教义学体系理论的基准。

当然，财政宪法教义学也不绝对，因为法教义学只是法学研究的一种工具，尽管其历来倍受欧陆法系的部门法学研究者推崇，但其毕竟只是法学研究的一种范式，这并不妨碍或者并不能否定财政宪法学研究者不把宪法的财政规范作为教义。特别是在宪法理念尚未普遍确立，财政宪法规范并不完善的国家，基于理性主义和价值选择，建构超越于规范框架适合于本土国情的理论体系也存在其生存和发展的空间。

布坎南认为，由于公债（地方债）事项涉及民主程序表决，而采用全体一致的方法又几乎不可能，因而退而求其次，采用其他方法行之："在《同意的计算》出版后30多年的岁月里，我逐渐地，不太情愿地，认识或判断出多数裁定原则与公众对'民主'的态度如此密切相关，以至于朝着更多数裁定原则目标改革的努力可能遭到失败的命运。换句话说，如果需要额外的宪法限制，那么就必须找到表面上不会危及多数裁定原则的其他替代性方法。"[1] 此外，他还将预算平衡作为限制公债（地方债）发行的程序："我们提出应该将凯恩斯的破坏的预算平衡的理论颠倒过来，通过明确地重新确立财政账户收支双方的平衡原则来有效地控制公共开支。这个预算平衡原则具有简单易行的极大优点。无论过去、现在和将来，它都易于为人们所理解，而将私人财务责任原则转化

---

[1] [美] 布坎南、马斯格雷夫：《公共财政与公共选择》，类承曜译，中国财政经济出版社2000年版，第20页。

为政府的行为准则，也有助于减轻理解上的困难。"① 而且，"这个恢复需要一个既合法又具有道德约束力的宪法准则，并明确写入美国宪法的文件之中"②。当然，这不是说其他学科或其他视角对地方债的研究不重要，其实地方债问题具有很强的学科兼容性，需要吸纳不同来源的背景知识加以综合运用，经济学与法学则为两个主要的知识来源。基于此，本书拟采取比较分析、实证考察的研究方法，对地方债的宪法机理及法律法律控制进行全面而深入的探讨，形成我国地方债的法律控制的宪法理念和法律原则及控制体系，并试图提供关于我国地方债法律完善的具有可操作性的意见和建议。

除了法教义学的研究范式以外，对于地方债而言，有其他可能应用的方法。

（1）比较分析方法。比较分析可分为两个维度，即横向比较以实现"洋为中用"，以及纵向比较以实现"古为今用"。横向比较主要通过对别国地方债法律制度进行深入研究，挖掘可供我国吸收的先进经验与制度。纵向比较则是对我国地方债不同历史阶段的比较，亦即对我国当前代发地方债与地方政府自主举债等两种模式进行利弊分析。首先，地方债隶属于国家公债（地方债）这一论题中，而对于公债（地方债）和地方债的发行、管理、使用及偿还等问题，中外学术界已积累了相当丰富的研究成果可作为本书研究的素材，如举债的主体、程序和责任方面的内容。通过比较分析中外地方债的宪法原理与制度经验，进而分析其深层次原因，以期探寻适合我国现实的地方债法律控制制度。其次，对我国《中华人民共和国预算法》（以下简称《预算法》）规定地方债以前的制度及学术成果进行分析，才能把握我国目前地方债制度设计的渊源。当然由于我国开始发行地方债的历史较晚，诸多规范设计仍处于探索阶段，因此，通过比较分析的方法借鉴外国的经验尤为必要。

（2）实证分析方法。地方债首先是一个现实问题，其研究的理论价值很大程度上取决于其现实意义，或者说，地方债被学术界关注是因为其本身存在着非常严峻的现实问题，需要在理论上提供解决方案，在制度上提供规范基础。因此，这就注定了地方债的研究必定要源于现实并服务于现实。本书首先运用了权威机构发布的地方政府的负债数据，来凸显当下中国地方政府的举债数量、资金使用方向等方面所出现的问题。其次，梳理了各国（包括我国）地方债法

---

① ［美］詹姆斯·M·布坎南、查理德·E·瓦格纳：《赤字中的民主》，刘延安、罗光译，北京经济学院出版社1988年版，第178页。

② ［美］詹姆斯·M·布坎南、查理德·E·瓦格纳：《赤字中的民主》，刘延安、罗光译，北京经济学院出版社1988年版，第179页。

律控制制度的规范文本，以此为基准进而进行部门法教义学意义上的研究。最后，本书没有满足于书面的数据和资料，研究人员还到某市财政局针对地方债进行专门的调研，真实地掌握了关于该市地方债发行、使用的具体情况以及地方债制度实施的现状，掌握难得的第一手资料，作为本书研究的重要基础。通过数据分析、田野调查，避免主观臆断。

第二章 地方债的厘定

第一节 地方债的概念及种类

1997年8月，辽宁省宽甸满族自治县进行乡镇企业产权制度改革，该县长甸镇政府在改革镇办企业长甸砂轮厂的过程中，于1997年12月与周某某签订了《买断砂轮厂协议书（草签）》，后签订正式合同。合同约定，周某某支付镇政府220万元，同时承担砂轮厂的债权、债务各500万元左右。但交易完成后，周某某发现镇政府的债权247万元，早已在合同签订之前被镇政府工作人员将钱要走。与镇政府谈判无果后，经过两年的诉讼，2003年12月，辽宁省高级人民法院终审判决长甸镇政府赔偿周某某247万余元，并从1997年11月30日起承担相关利息及逾期付款的责任。2004年8月，周某某向丹东市中级人民法院申请强制执行，因执行不到财产，2005年5月辽宁省高级人民法院指定由沈阳铁路运输中级人民法院执行，一个月后，沈阳铁路运输中院指定由丹东铁路运输法院执行。周某某的代理律师刘某某和王某某介绍，根据辽宁省高级人民法院的判决，247万元自1997年11月开始计算利息，自1999年5月按中国人民银行有关逾期付款的有关规定执行，计算至2016年5月，本金加上利息等，长甸镇政府应偿还周某某3700余万元。镇政府阎姓工作人员也表示："按照目前累计的数额，以及镇政府的偿还能力，就算不再计算利息，也要还200多年才能还上。"① 这是一起典型的乡镇政府在乡镇企业改制过程中因不履行合同而产生的巨额债务的案件，但上述案例中的所谓地方政府债务属于广义的地方债，不属于本书研究的范畴。地方债是地方政府筹集财政资金的一种方式。但这里指的地方债是狭义的，即地方政府为筹集财政资金而发行的地方政府债券，而广义的地方债还包括各种形式的地方债务，如地方政府由于合同或公务采购而产生的债务。

---

① 李显峰："辽宁宽甸满族自治县长甸镇政府负债19年入失信黑名单案款达3700余万"，载《北京青年报》2016年6月23日。

与私债相对的是公债（地方债），公债（地方债）又包括国债与地方债。地方债是地方政府债务的简称，是指地方政府根据自己的财政实力，以自己的税收作为担保，在国家有权机关的审核下，向特定或不特定的主体发行，并约定在一定期限内还本付息的债券。我国现行地方债的发行主体仅限于省、自治区与直辖市政府，以还本付息的方式发行地方债券，给予地方基础设施建设财政支持，填补由于事权与财权不对称所造成的财政缺口，促进地方经济健康可持续性发展，完善地方基础建设，促进地方经济、卫生、教育、交通等行政事业发展。财政部《2009年地方政府债券预算管理办法》第2条即明确所谓"地方政府债券"是"指经国务院批准同意，以省、自治区、直辖市和计划单列市政府为发行和偿还主体，由财政部代理发行并代办还本付息和支付发行费的债券"。这一概念具有一定的历史局限性，与而后修改的《预算法》并未保持一致，如"计划单列市"可否发行地方债？存在一定的争议。而且《预算法》修改后，地方债不必经财政部代发。

在国外，地方债通常称为地方公债（地方债）或者市政债券，就偿还期限而言，市政债券可以分为短期债券和长期债券。按照偿还资金来源，长期债券又可分为两大类：一般责任债券（general obligation bond）和收益债券（revenue bond，又称非担保债券 non-guaranteed debt）。一般责任债券以地方政府的税收为偿还的资金保证，其信用来自地方政府的征税权。收益债券是地方政府为了建造基础设施依法成立的代理机构、委员会和授权机构或公用事业机构等所发行的债券，其偿债资金来源于这些设施有偿使用带来的收益。因此，法律对两种债券发行的控制程度不同，一般责任债券需较严格的审批，一般需要经议会甚至全体选民审批，因为其涉及全体地方纳税人的利益。而收益债券则不必进行如此严格的审批程序。两类债券存在根本区别，前者以政府的信用和全部税收作为偿还担保，在性质上更接近税收，可以视为对未来税收的提前支取和使用，安全性较高；后者则仅由发债项目产生的各类使用费或其他收益提供担保，更接近企业债券。由于一般责任债券本质上是对税收的一种替代，因此发行比较严格，多需要辖区内选民通过全民公决投票表决；相对而言，收益债券的发行就要宽松很多，往往无须经过严格的政治程序。① 可见，地方债以税收为基础，才能体现公民与国家的基本经济关系，才具有宪法意蕴。而不以税收为担保的所谓收益债券，与私债没有本质区别。因此，美国通常将一般责任债券纳入宪法规范并通过宪法进行控制。

---

① 冯兴元、李晓佳："地方政府负债问题与市政债券的规则"，载《学术界》2013年第10期，第22页。

我国在理论上对地方债的认识是非常模糊的，更多从经济意义上来定义地方债，很少从法律意义上特别是宪法意义上来界定地方债。如审计署将地方债分为"政府负有偿还责任的债务""政府负有担保责任的债务"和"政府可能承担一定救助责任的债务"。而学者们将地方债分为显性债务与隐性债务。其中显性债务是指根据法律规定或者政府承诺而形成的债务，又可分为直接债务与或有债务。其中所谓直接债务是指无条件支付的债务，如，中央政府转贷给地方政府的外国政府贷款和国际金融组织贷款、中央政府代地方发行的债务、转贷给地方政府的国债、地方政府自主发行的债券；而或有债务是指选择性支付的债务，如，为公共或私人部门实体发行债务所做的担保、为下级政府的债务所做的担保、政府部门为了引资而担保的其他债务、为政策性贷款所做的担保。

隐性债务是指政府承担支出责任的债务。隐性债务也可以分为直接债务与或有债务。其中直接债务包括：对于公共产品和服务项目投资和未来的资本性或经常性支出、社会保障包括农村社会保障方面的资金缺口。其中的或有债务如，对自然灾害等突发性公共事件的救助、对金融机构支付危机的救助、拖欠企业在职职工、下岗职工和农民工的工资、未弥补国有企业的亏损。[1]

上述对地方债的分类没有从地方债与税收的关联性上对地方债进行划分进而区别不同地方债的控制基准和程度。以税收为担保的地方债，应当有宪法的规范依据，并且严格遵循法律保留原则，进行发行主体、发行限额、发行目的、发行程序的法律控制。不仅如此，还应当将该种地方债纳入政府预算，并经人民代表大会进行审议和表决。而非以税收为担保的地方债，由于对公民普遍的财产权构成侵害的可能性小，因此不必纳入宪法规范并严格遵循法律保留的原则。可以说，上述对地方债的理论分类更多体现的是功能主义而非规范主义的价值，对我国财政法治化以及地方债法律控制的意义不大。

第二节 地方债的公债属性

在我国学术界，关于地方债的性质存在不同的认识，有学者认为，"地方债更应趋同于公司债，而非国债"，主要理由在于：地方政府举债的法理基础是相对独立的财权；地方债具有异质性强、发行规模小和流动性风险相对大等

---

[1] 刘尚希、赵全厚："政府债务：风险状况的初步分析"，载《管理世界》2002年第5期。

与公司债相似的特征；地方债的约束制度设计应当与公司债相似。① 然而笔者认为，这种看法有失偏颇。从性质上来说，地方债属于公债（地方债），即公法上的债而非私债，主要原因有以下几点。

（1）地方债的信用基础是公共财政。私债的信用基础在财产方面主要包括两个部分，即对债务人既有资产的估算及其赢利能力的判断。而地方债的信用基础则完全不同，地方政府虽然也拥有一定的财产，但是这些财产与其公共职能紧密联系，失去它们政府将无法履行其公共职能，因此不可能被用来偿还债务。另一方面政府并不具备生产性，也就无任何赢利能力可言。② 债权人之所以敢于购买地方债，是因为政府具有稳定的财政收入作为偿还债务的保证。如果政府丧失了维持相对稳定的财政收入的能力，地方债的发行会遇到极大的障碍。

（2）地方债的举债主体是地方政府。众所周知，辨别法律关系属于公法还是私法，首先要分析它的主体属性。公法之债是公法主体之间或者公法主体与私法主体之间的某些特定的债权债务关系。地方政府是公法主体，地方债是地方政府与私人之间的债权债务关系。

（3）地方债在发行过程中能够借助公权力的优势。政府为顺利募集资金，可以利用公权力助推地方债的发行。如对地方债的债权人所获得的利息可以减免税款，③ 又如通过行政指导方式促进地方债的发行等。由于地方债本身也将用于提供公共产品服务，因此这些辅助行为并未背离公权力的目的。但是在私法范畴内，如果公权力对私债的发行予以辅助，则可以认为公权力违背了法定目的，是滥用权力的表现。

（4）地方债的发行必须按照法定程序进行。虽然有些私债的发行也须要依照一定的法定程序。但私债所依据的法定程序事实上是公权力法律控制私权利的一种方式。而地方政府举债所依据的法定程序实质是立法权为防止财政权滥用而采取的对权力控制的方式，即是一种公法上的权力制约。

（5）地方债的责任形式不同于私债。私债乃是一种财产责任，当债务人无法偿还债务时一般进入破产程序。而地方债则不同，即使地方政府无法偿还债务也不可能真正破产。因为地方政府需要承担公共职能，其财产不可能被清算、

---

① 金永军、陈柳钦、万志宏："2009年地方债：制度博弈的分析视角"，载《财经科学》2009年第10期，第36—37页。

② 除非地方债用以投资的是一些收费性的公共建设项目，如收费公路等。这类地方债在一些国家被称为收益债券。

③ See Clayton P. Gillette, Fiscal Federalism And The Use Of Municipal Bond Proceeds. N. Y. U. L. Rev., November, 1983.

变卖用以偿还债务。政府的"破产"实质上是一种政治责任，当这种政治责任通过法律进行调整时，一般表现为宪法责任。世界范围内因财政危机引起宪法危机的事例并不鲜见。

（6）地方债是行使财政权的一种方式。财政权不仅仅是为地方债提供了信用基础，而且可以将地方债视为财政权本身运行的一种方式。"宪法意义上的财政是国家为履行其公共职能而取得、管理与使用财产过程中形成的国家与公民之间的财产关系。"① 地方债作为地方政府从私人取得财产的一种方式，是行使财政权的结果。在西方国家，随着增税难度越来越大，地方债已经成为财政权中重要且颇受青睐的手段。

（7）地方债用途严格限于提供公共产品服务。私人对举债所得资金一般用于维持生活、生产或者扩大再生产，有时还可以在获得资金后酌情改变用途。而地方债则不具备这样的灵活性，它必须严格限于政府提供的特定公共产品服务。地方债绝不能用于这些私行为。不仅如此，在政府通过地方债获得资金之后，非经法定程序不得改变其用途，即使是在各项公共产品之间，政府亦无选择之自由。

我国台湾地区的学者周玉津认为，公债（地方债）的本质在于其与私债的区别，一是成立的原动力不同，公债（地方债）基于国家对公民的借贷，而私债基于公民之间的交易；二是证据的流通不同，公债（地方债）应该是公开的，而私债则通过私人契约而缔结；三是信用的担保不同，公债（地方债）基于国家的财政和信用，私债则基于公民私有财产和信用；四是存在的时间长短不同。公债（地方债）有的周期较长，私债一般期限较短。②

由此可见，地方债是由公法主体发行的用于提供特定公共服务职能的债，它是政府按照法定程序运用财政权的方式发行的，因此可以得到公权力的辅助，它的信用基础是地方政府的公共财政，如果公共财政无法正常运作导致地方债务陷入危机，地方政府需要承担政治责任或者宪法责任而非私法上的经济责任。不仅如此，与私债不同的是，地方政府举债时需遵守"黄金规则"，即除短期债务外，地方政府举债不能用于弥补地方财政预算赤字，只能用于基础性和公益性投资项目支出，如，①为各项公共资本计划提供资金支持，如城市建设维护、学校建设、供排水系统等；②解决由税收与支出周期错位或其他原因引起的临时性财政资金周转问题；③支持并补贴各类促进地区发展和增进居民福利

---

① 王世涛："公共财政的核心价值：财政权的控制与财产权的保障"，载《法治论坛》2008年第3期。

② 周玉津：《财政学概要》，五南图书出版公司1984年版，第162—163页。

的私人活动。① 简言之，地方债属于公债（地方债），应当适用公法原理进行调整。地方债作为私债的观点，只关注到地方债的表面形式，却掩盖了地方债的本质属性；只注意到地方债的经济属性，而忽略地方债的财政公权的背后隐藏着的政府与公民之间的宪法关系。

第三节　地方债与相近概念的区别

一、地方债与国债

地方债与国债皆作为政府公债（地方债），具有相似之处，如都以政府信用为担保，具有自愿性、有偿性、灵活性、安全性、收益性、流动性、风险小、债券发行期限较长以及发行量较大等特点。以政府财政收入为偿还资金来源，纳入政府预算以获得偿还保障。在债券交易方式上，个人投资者可以通过交易系统买卖上市国债和地方债，上市的国债和地方政府债与股票相同，均参与集合竞价。德国经济学家汉森从公债（地方债）使用后对经济的影响和有无自偿能力，把公债（地方债）分为三类：一是死公债（地方债）。这是用于弥补国家经常性的非生产性支出的公债（地方债），如国防费、行政经费；二是消极性公债（地方债）。这是指国家用于某些非生产性建筑支出的公债（地方债），如公共建筑或国家公园；三是积极性公债（地方债）。这类公债（地方债）是指政府利用公债（地方债）支出能力直接或间接增加社会生产力、为提高国民素质用于卫生及教育支出，以及为增进集体生产力而用于自然资源保护与开发的支出。可见这一分类针对的是国债而不是地方债。

但地方债毕竟与国债有所不同。国债作为中央政府为筹集财政资金以政府信用为担保，向投资者出具的、承诺在一定时期支付利息和到期偿还本金的债权债务凭证，由于其发行主体是国家，以国库为支撑以国家税收为担保，且利息收入享受免税待遇，所以与地方债相比，国债信用度较高，风险较小。地方债被公认为安全的投资工具，被称为"金边债券"。由于地方债是地方政府发行的，由地方财政为支撑以地方税收为担保，因此，地方债信用度较低、风险较大，但地方债的利率较高。

---

① [美]费雷：《州和地方财政学》，吴俊培译，中国人民大学出版社2002年版，第209—212页。

在规范基础上，地方债的主要法律依据包括《预算法》《国务院关于加强地方政府性债务管理的意见》《地方政府一般债券发行管理暂行办法》《地方政府专项债券发行管理暂行办法》等；而国债的主要立法文件包括《国债法》《国库券条例》等。

由于国债与地方债发行的对象基本重叠，在某一时期，认购者资金量一定的情况下，国债与地方债会存在一定的竞争关系。由于过去我国法律禁止地方政府发债，因此，这种竞争关系并未显现，但随着将来修改后《预算法》的实施，地方债具有了合法地位，国债与地方债的竞争关系会越来越突出。特别是将国债或地方债的发行市场化后，投资者基于利率及风险的计算会有了更多的选择，国债一枝独秀的局面将被打破。

在世界范围内，基于宪法体制不同，其国债与地方债之间的关系会呈现出不同的样态。在单一制国家，长期以来，人们信奉的理念是国家利益中心主义，国债是中央政府代表国家发行的债务，因此相对于地方债的局部利益来说，显然应当首先认同国债的优越地位。体现为国债的发行权高于地方债的发行权，由中央政府决定地方债的发行，甚至以国债来取代地方债。不仅如此，国债优于地方债，还体现在保证国债的优先筹集，在发行规模、发行时间等方面，国债相比于地方债要优先得到保障；同时在发行方式上，国债的选择也比地方债更多。国债可以按照固定收益出售、公募拍卖、连续经销和承受发行。[1] 当然，在联邦制国家以及市场经济体，这一逻辑不一定成立。在联邦制国家，国债与地方债并无优劣之分，通常会形成竞争关系。由于美国的联邦制体制，其每个州都保有一定的主权，因此，从这个意义上说，在美国州政府发行的债券可以视为一种国债，州政府以下的市、县、镇发行的债券可以称为地方债。州政府的债券与市、县、镇政府的债券都由其各自层级独立的财政主体决定，例如，市、县、镇政府发行一般责任债券，则分别由各自的市、县、镇议会审议，而不是由上级政府审批。但为了防止地方政府发债权的滥用，美国又通过法律、法规同时分别对州政府及地方政府的发债程序、发债额度进行严格限制。

地方债与国债的比例能够反映一国中央与地方的财政关系。由于涉及主权信用安全问题，地方债的总体比例应当低于中央政府，美国州和地方政府的债务占各级政府总债务的比例近年来一般在 20% 左右。而同期州和地方政府财政支出占各级政府总支出的比例一般达 45%。日本地方债占全部公债（地方债）的比例更低。[2] 2013 年，世界上几个重要国家，如美国、德国、法国、意大利、

---

[1] 杨莎莎：《中国地方债治理法律制度研究》，经济科学出版社 2015 年版，第 68 页。
[2] 洪流、阮银兰："地方债：战略抉择与制度建设"，载《财会研究》2009 年第 22 期。

加拿大与中国相比，其中央政府与地方政府的债务结构存在巨大悬殊：中国地方债略高于中央债，而加拿大的地方债远远高于中央债。其他国家除意大利以外，地方债与中央债基本持平（见图2-1）。

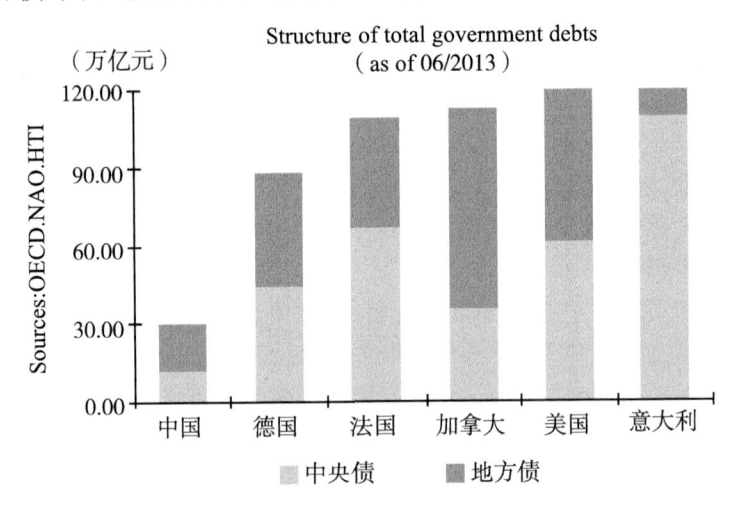

图2-1 主要国家债务结构对比

然而，近年来我国地方债占政府债务的比例逐渐提高，《中国国家资产负债表2015》显示，截至2015年年末，我国纳入预算管理的中央政府债务10.66万亿元，地方政府债务16万亿元，中央政府债务占政府债务总额的40%，而地方债占政府债务总额的60%。

二、地方债与税收

地方债与税收都是对国民收入的再分配，都是财政资金汲取的重要方式，地方债与税收在不同程度上用于弥补财政赤字。地方债与税收都涉及政府与私人之间财产关系。

（1）地方债与税收都是地方政府基于国家公权力取得财政资金的重要渠道，两者密切相关，具体体现为以下几个方面。

①地方债与税收都涉及公权力的行使。政府发行地方债用以弥补地方财政赤字、提高地方政府公共服务质量，这是政府行使公权力的体现；而税收作为政府凭借政治权力依法强制无偿进行的征收更是公权力行使的结果。

②地方债弥补税收的不足，或者说，地方债是税收的重要补充。地方债的发行以地方政府税收作为担保，地方政府运用信用方式将闲散的民间资本筹集起来；而地方债的运用，是政府将集中起来的资金，投入用于公共服务工程、

项目和机构，与税收具有同样的目的；地方债的偿还，则主要由税收来承担。因此，从地方债发行的环节，地方债可以被视为"提前的税收"；而从地方债偿还的环节，则可认为地方债是"延期的税收"。

③地方债在地方政府与认购者之间形成确定的债务关系，而税收也可以在地方政府与纳税人之间形成一种债务关系。前者通常的债务人是地方政府，而后者地方政府通常则为债权人。税收作为特殊的公法之债，表现为在征税人与纳税人之间形成以纳税人为义务人的金钱给付之债。在特殊情况下，在税收优惠或税收返还时，又会形成以地方政府为债务人的债务关系。

④税收可以直接构成对纳税人财产的所谓"合法侵权"，意味着纳税人财产的被剥夺，因此，税收已经成为国家对公民私人财产的最主要的侵害手段；虽然，地方债可能使其认购人获益，但同样也会使潜在的不特定的纳税人的利益受损，地方债由税收担保并最终依赖于税收返还。失控的地方债也可能危及纳税人甚至包括认购人的利益。

（2）通常构成政府与私人之间财产关系的是税收，在租税国家，税收已经成为国家财政的主要手段及重要来源，而地方债则是地方政府获取财政资金的补充形式，是为应对地方政府税收收入不足而采取的替代选择。因此，两者显著不同，具体体现为：

①地方债是地方政府通过财政借贷的方式取得的收入，是一种公债（地方债）；而税收则是政府按税法的规定而取得的收入，不形成直接的债务。

②地方债是地方政府发行的约定在一定时期要还本付息的债券，是有偿的；税收是纳税人对政府的法定义务，无直接偿还和无直接对价。与税收相比，地方债虽然法治化程度较低，但却更易为人们所接受，原因在于地方债不是单纯的财产征收，而是附期限的利益返还。

③地方债的认购具有自愿性，一般不能强制，投资者不认购也不承担任何法律责任；而税收是依靠政府对暴力的合法垄断进行强制征收，纳税人不依法纳税要受到法律制裁。

④地方债到期要还本付息，因而会成为地方政府的财政支出；而税收是由纳税人无偿上缴的，不对纳税人进行直接利益返回或物质补偿，因而，税收形成地方政府稳定的财政收入。

⑤地方政府发行的地方债，投资者可以将债券按市场价进行转让；而税收是政府强制征收的，纳税义务不可转让。

⑥从义务主体上，可将地方债与租税区分开来，因为税收的负担主体是当

代人，一般不存在代际的转嫁；而地方债则不同，其负担者往往是下一代人。①因此，税收的公平价值往往体现在当代人之间，而地方债的公平价值往往体现在当代人与后代人之间。如果说税可以简化为"征税—公共服务—征税"的模式，那么地方债则可以简化为"借款—公共服务—征税—还款"的模式，该模式又可以简化为"提前征税—公共服务"。所以，从时间差及负担转移的角度，地方债本质上就是政府变相征税行为。布坎南曾深刻地提出，地方债是政府利用举债手段把全部未来各周期的税额的全部价值据为己有。②

由于举债相较征税更易操作、更易被接受，因此，与征税相比，地方政府更热衷于发债。这是因为纳税人与地方债的利益关联度不大，人们对地方债的敏感度远远低于对税收的痛感。对税收的痛感来自征税行为具有直观的负担性。而且地方债却可以视为一种投资形式，此时地方债的整体负担性被局部利益性掩盖了。而且，与税收相比，地方债所受监督程度偏低。现代法治十分注重控制公权力以保障私权利，但往往只对强制性的权力进行严格监督，而忽视了发行地方债这种非强制性行为损害私权利的可能性。如美国宪法对联邦征税设置了一系列实质性约束而对联邦借款却未加限制。

---

① 庞凤喜：《宏观税收负担研究》，中国财政经济出版社2000年版，第115—118页。
② ［澳］布伦南、［美］布坎南：《宪制经济学》，冯克利，等译，中国社会科学出版社2004年版，第124页。

第三章　地方债的历史演进

第一节　地方债从官房财政到公共财政

"官房",在中世纪的欧洲原指国家的会计室,中世纪以后指国库或泛指国王的财产。官房学是有关政治、经济知识的总称,包括财政学、国民经济学、私经济经营学和产业行政学等科学。当时德国各大学设官房学一科,主要是培养财务行政官吏和君主的财政顾问,故名官房学派。德国在17—19世纪中叶,仍处于邦国的封建割据状态。在各邦国之内,专制集权是其特征,王室财务与国家财政合二为一,具有典型的封建财政特色,强调的是集中统一。官房学在财政上即为"官房财政",官房财政实质上就是王权财政或者国家财政。[1] 其属于一种权力支配型财政,财政虽然可能受到权力系统内部的监督和制约,但居于权力系统之外的社会公众无法通过自身的参与,干预财政的活动进程。[2] 与之形成鲜明对比的是公共财政,公共财政以政治上的民主作为前提,以公共参与为表现形式,以保障公共福利为目的。从官房财政到公共财政,从财政集权到财政民主,决定了地方债的命运及其存在形式。

一、"朕即国家"的王权财政缺乏地方债产生的条件

地方债作为一种债的形式,意味着契约关系,由地方政府以税收作为担保定期还本付息,因此,地方债具有协议性、对价性、有偿性,其以承认公民的主体地位或者独立的产权为前提。在古代长期的专制社会中,"普天之下,莫非王土;率土之滨,若非王臣",皇帝或国王为国家的领土、财产甚至臣民的唯一合法的拥有者或产权人,国家的财政汲取的方式主要体现为财产的征收或劳务的征调。当国家财政亏空时,通常的做法是变本加厉地对民众进行苛征。

---

[1] 有的财政学者将财政分为家计财政、国家财政、公共财政。家计财政是为君主或领主服务的财政,国家财政国家自我服务的财政,公共财政是为市场服务的财政。参见张馨:《公共财政论纲》,经济科学出版社1999年版,第337页。

[2] 熊伟:《财政法基本问题》,北京大学出版社2012年版,第5页。

国家包括地方政府不会向民众借债。因为借债就意味着将来要还债，专制国家的法统或者权力逻辑也不必采取这种"借"的方式。"征"的方式简单直接又无成本，于是大行其道。

二、财政民主的公共服务型政府的存在是地方债的前提

随着国家从王权财政向民主财政的转型，国家的财政的产权人不再是国王甚至不再是国家，而是国民时，国家与公民之间的财政关系才由过去单向的强制关系转变为双向的互惠关系。中国古代也曾有过"民本思想"，但离宪法民主的思想仍有本质的差距。因为宪法民主的核心为：民有、民治、民享（of people, by people, for people），"民有"革新了国家财政的所有权关系，"民享"解决了人民才是国家财政的目的性存在的问题。而中国古代无论多么开明的圣王贤相都无法企及。正是由于国家财政主体性的革命才使得国家的职能发生根本的转变，国家的职能不再是统治而是服务。人民成为国家财政的产权人。当然，国家作为相对独立的财政实体并未因此而消失，基于财政的国民主权的原理，虽然财政为国民所拥有，但个体的国民又无法实现每个人财权的安全和保障，因此，国民又不得不将财权让渡给国家，授权国家管理和经营，以实现每个人最大的福利。这样，国民与国家形成了一种财政的契约关系。当国家人不敷出时，只能通过债的方式来弥补。

三、自由经济时代的小政府观念排斥地方债

凡是市场可以有效发挥作用的领域，个人的积极性和利益可以得到保障，财政就不需要干预。① 地方债作为财政的干预手段便没有现实需求。在资本主义自由经济时代，倚重市场和社会自治组织的作用，"最小的政府是最好的政府"，由于理想的状态是政府的"无为而治"，因此，政府无需太多的花费，也就不会向公民征收过多的赋税，至于地方债也就不会出现。自由经济时代的夜警公共服务职能不产生地方债的额外需求。所以，当时许多思想家或经济学家都表达了对地方债的厌恶之情，英国功利主义思想家休谟甚至提出"公债亡国论"：国家若不能消灭公债，公债势必消灭国家。即政府债务产生的利息非但不会使国民受益，还会进一步增加国民的负担，而债务的持有人却能够坐享其成，过着不劳而获的生活，最终导致贫富差距的拉大。② 古典市场经济理论的创始人亚当·斯密认为，国家之所以要举债，是因为当权者奢侈而不知节俭。

---

① 熊伟：《财政法基本问题》，北京大学出版社 2012 年版，第 15 页。
② 葛克昌：《税法基本问题——财政宪法篇》，元照出版社 2004 年版，第 71 页。

当公债增大到一定程度时，国家从来不会公道地完全偿还，而常常通过提高货币的名义价值等惯技，来掩饰国家的破产，使多数无辜国民受损失。由于公债的用途是非生产性的，因而举债不利于国民经济的发展。而且举债过多，国家会采用通货膨胀的办法推卸债务，不仅使举借陷入危机，而且会造成国家破产。① 李嘉图在其著作《政治经济学及赋税原理》和《公债论》中也认为：当政府利用公债筹措开支时，必须建立为偿还债务所用的偿还基金。由于公债的弊病是把生产性资本用于非生产性支出，不利于资本的形成。②

地方债作为一种公债，对应的是公共产品服务。萨缪尔森在《公共支出的纯理论》中将公共产品定义为"个人消费物品或劳务但是不会导致别人对该产品或劳务消费的减少纯粹的公共产品或劳务"。③ 由于公共产品具有不可分割性、非竞争性和受益的非排他性，与私人服务不同，公共产品的服务具有相容性，即每个人对公共产品的消费可以"搭便车"，而不论其是否付费以及付多少费。因此，在市场经济条件下，私人一般不会选择供应公共产品。

因为，公共服务如公共安全不符合市场交易规则，对于私人来说是高成本而低效率的。但公务服务涉及公共福祉，非常重要并不可或缺，在市场机制失灵的情况下，只能由政府来提供。当然，公共服务以税收的方式实现法定的强制付费。由于税收具有固定性，需要按照法定标准征收，而公共服务的需求无论从量上还是从质上都不断增长，此时超出税收部分的公共产品的费用只能通过发行地方债来筹集，因此，地方债是税收对应的公共服务的替代选择。

四、福利国家的公共财政的亏空由地方债来弥补

市场不能发挥作用的领域，地方债作为财政干预的手段才有存在的必要和发挥作用的空间。资本主义的自由经济时代与管制经济时代虽同样奉行财政民主原则，但是直到管制经济时代福利国家的公共职能的扩大才带来地方债的现实需求。随着自由型国家向福利型国家，自由行政向给付行政的转变，小政府大社会的格局被打破，公民对政府提供公共服务的需求从量到质都有了很大的提高，于是国家的财政压力越来越大，当税收不敷所用时，只能通过发债来弥补财政预算的空缺。当初美国成立第一个财政部的原因就是发行政府债券，以

---

① [英] 亚当·斯密：《国民财富的性质和原因的研究（下卷）》，郭大力、王亚男译，商务印书馆2007年版。

② [英] 大卫·李嘉图："公债（地方债）论"，载《李嘉图著作和通信集（第四卷）》，商务印书馆1980年版。

③ Samuelson P A., The Pure Theory of Public Expenditure J, Review of Economics and Statistics, 1954, 36 (4): pp. 387 – 389.

拯救濒临破产的各州，全面偿付债务，让国家信用得到了保护。一个特别能揭示地方债与征税之间关联的实例是：美国各州与地方政府在19世纪二十至三十年代为建设公路、运河以及铁路大肆举债，结果导致1837年出现了一波增税还债的浪潮。① 现代政府公共服务职能扩大，特别是福利国家意味着政府职能在维护社会秩序等基本范畴之上，增加了大量给付行为，也就意味着更加沉重的财政负担。此负担若仍全部依赖税收取得，纳税人则会感觉不堪重负，征税将会变得异常艰难。此时政府有必要通过公债（地方债）舒缓税收压力。特别是在处理危机时，举债往往是政府增加收入的唯一途径。② 因此地方债是与福利国家、给付行政等概念紧密联系的，③ 除非改变给付行政的观念，停止福利政策，地方债是各国政府最终都无法避免的选择。④ 质言之，由于地方政府须提供公共服务，但由于财政赤字而无法提供，因而向私人举债，并在未来通过向私人征税的方式，获得充足的财政收入用来清偿该项债务。也就是地方政府将未来预期可征得的税款以举债的形式提前取得，并用于提供公共服务。当下，世界范围内福利国家模式正经受考验，特别是近年来欧洲国家的债务危机，正是由于其高福利、高税收的财政运营方式遭遇了巨大挑战，政府面对不断增长的公共服务的诉求，不通过提振经济获得稳定的税收财源，借债度日非长久之计。

可以说，宪法滥觞于市场经济的发育，并随着市场经济的发展而成熟。因为没有市场经济，就没有市民社会，就没有政治国家与市民社会的二元分化，没有市民社会的自治，便没有对政治国家的权力制约，因而也就没有宪法。与此同时，公共财政适应于市场经济并与市场经济相对应，市场经济的产生与发展促成了公共财政的孕育和生长。⑤ 公共财政与国家宪法同时并存，公共财政产生之时也是宪法权威的确立之日。公共财政是关于公共收入与公共支出的一

---

① See Richard Briffault, Foreword: The Disfavored Constitution: State Fiscal Limits And State Constitutional Law, Rutgers L. J., Summer 2003.

② 这里的危机包括经济持续衰退，面对恶劣的经济环境，纳税人对增税压力十分敏感，可以认为税收已经达到临界点，因此不可能再通过税收增加财政收入。

③ 也正是在此意义上，学者提出"无公共债务的国家，或者对于未来的规划太少，或者对于当代要求太多" Lorenz von Stein, Lehrbuch der Finanzwissenschaft, 1871, S. 666. 转引自萧文生："自法律观点论公共债务"，载《翁岳生教授七秩诞辰祝寿论文集——当代公法新论（下）》，元照出版公司2002年版。

④ 以地方债为例，世界上53个主要国家中，有37个允许地方举债。参见财政部预算司："国外地方政府债务管理经验比较与借鉴"，载《经济研究参考》2008年第22期。

⑤ 这是市场经济与公共财政的历时性关系，但两者还存在着共时性关系，即在特定历史阶段的某个特定国家，同时共存的市场经济与公共财政之间的关系为：公共财政弥补市场经济的缺陷，在社会资源的配置上，市场始终是第一位的、基础性的，当"市场失灵"时，公共财政才发挥作用。

种财政模式，其财政收入主要来源于国民所缴纳的税收，这样就产生了国家财政权与公民财产权之间的矛盾，最终体现为国家与公民之间的矛盾。公民，当他们意识到自己作为纳税人的身份并努力追求其宪法地位之时，他们就会谋求通过立宪主义运动来建立一种能够保障其权益的宪法国家。①

因此，以市场经济为基础，经由公共财政，确立了宪法体制，近现代社会的发展体现了市场经济、公共财政、宪法国家三位一体，协同并进的相互关系。20世纪90年代中国从传统的计划经济向市场经济的转型，市场经济体制的初步确立，为中国公共财政奠定的基础，为中国的宪法发展提供了良好契机。自此以来中国宪法发展和财政法治的进步也表明，计划经济体制不可能产生公共财政，也不利于中国宪法民主的进步，而市场经济则为公共财政和宪法法治提供无限的动力和广阔的空间。

第二节 地方债从禁而不止到有序规制

一、中华民国时期的地方债立宪

中华民国时期的宪法性文件规定了政府公债（地方债）的议会审议职权的内容，如1912年的《中华民国临时约法》第19条第4项规定："参议院之职权有议决公债（地方债）之募集，及国库有负担之契约"。这一条款明显受日本明治宪法的影响。1923年《中华民国宪法》②在第十二章规定了地方制度，地方划分为省、县两级，省有权制定省自治法，县在县以内之自治事项，有立法权，县之自治事项，有完全的执行权。在地方财政方面，"省税"与"县税"的划分，由省议会决定。③ 税收作为重要的财政权被纳入地方自治的重要内容。在1923年《中华民国宪法》规定的"省税""县税"的基础上，衍生出1947

---

① 周刚志：《论公共财政与宪制国家——作为财政宪法学的一种理论前言》，北京大学出版社2005年版，第111页。

② 1923年《中华民国宪法》即声名狼藉的曹锟"贿选宪法"，其实这部宪法是当时国会议员讨论和集体创作的成果（包括中华民国的宪法之父张君劢），与曹锟个人关系不大。这部宪法总结了中华民国从1911年起草的多部宪法的制宪经验，体现了宪法的基本原则和西方的宪制精神，而且在制宪技术上也比较成熟，即使与今日之宪法相比较也并不逊色。参见陈弘毅：《宪法学的世界》，中国政法大学出版社2014年版，第71—72页。

③ 陈弘毅：《宪法学的世界》，中国政法大学出版社2014年版，第75页。

年中华民国时期称为的"省债""县债"。1947 年的《中华民国宪法》关于地方制度，按照孙中山"均权主义"思想，规定省为地方最高单位，省长民选，省得制定省宪，但不得与国宪相抵触（这明显存在联邦制的制度特色）。关于地方债，宪法划分了省、县之间的权限。第 109 条第 8 项规定："省债由省立法并执行之，或交由县执行之"；第 110 条第 7 项规定："县债由县立法并执行之。"① 确立了地方债由相应地方层级的政府享有立法及执法的自主权。

由是观之，中华民国宪法明确规定了地方债，而且不只是原则性的规定，涉及了地方债的管理职权。不仅如此，中华民国时期的地方债不仅局限于省一级，而且包括县一级，即地方债不仅指省债还包括县债。这一规定体现了孙中山先生中央与地方"均权"的思想以及在联邦制主张下的地方享有一定权力的观念。

二、地方债非法治化时期的法律失范

在 20 世纪 80 年代，我国中央与地方财政关系主要采取"财政包干"模式，即中央对地方的放权让利，借鉴农民联产承包的经验，地方只要上缴中央规定的财政资金的限额，剩下的财税收入都归地方所有。这调动了地方政府的积极性，但由此造成中央财政收入占国家财政收入的比重逐年下降，从 1984 年的 40.5% 降至 1993 年的 22.0%。为了解决中央财政吃紧的问题，我国于 1994 年进行了分税制改革，实行所谓"分灶吃饭"，以重构中央与地方的财政关系。把关税、消费税这种税源稳定、税基广、容易征收的税种划给了中央；把营业税、地方企业所得税以及其他税基较小、征收难度较大的税种划给地方；增值税收入由中央和地方共享，中央征收 75%，地方征收 25%。由此使中央财政收入占国家财政收入的比重从分税制改革前一年 1993 年的 22% 猛增至 1994 年的 55.7%，此后维持在 52% 左右的水平；相应地，1994 年地方财政收入所占比重较 1993 年骤降了 32%。然而，中央"财权"增加，却没有相应增加"事权"；而地方政府的"财权"锐减，但事权却并未因此减少，甚至反而逐渐增加。分税制改革前的 1993 年，地方政府总体收支平衡，其收入比支出多 60 亿元。但到分税制改革的 1994 年，地方政府的支出超出收入达到 1726.6 亿元，到 2010 年已达到 33 271.4 亿元，占到了当年地方财政支出的 45%，这 45% 的地方财政

---

① 1949 年后，所谓的"中华民国宪法"在我国台湾地区继续施行，在此"宪法"之下，我国台湾地区"财政收支划分法"第 34 条规定："各级政府非依法律之规定，或议会之决议，不得发行公债（地方债）或为 1 年以上之国内外赊借。各级地方政府对于外资之赊借，应先经'中央'政府之核准。我国台湾地区"公共债务法"中详细规定了公共债务的主管机关、监督机关、公共债务范围、公共债务的额度、责任等事项，为规范政府债务之专门法。

资金缺口又很难通过财政转移支付来弥补。

可见，分税制改革后，中央政府财权上收，但把事权下沉给地方政府。地方政府的事权与支出责任非常不匹配，地方政府财政收支不平衡日益加剧。因此，地方政府有强烈的发行地方债的需求。但当时的立法却无视这一需求。1992年实施的《国家预算管理条例》要求，地方建设性预算按照量入为出、收支平衡的原则编制，经常性预算不列赤字。只有中央建设性预算的部分资金可以通过举债方式筹借。尽管未明确规定，但实际上该条例不允许地方政府发债。这一规定被1994年3月颁布的《预算法》予以确认。《预算法》第28条明确规定，"除法律和国务院另有规定外，地方政府不得发行地方政府债券"。在法律禁止与现实需求的矛盾困境中，地方政府不得已通过搭建投融资平台的方式，变相发行地方债。通过将政府行为转变为企业行为，将财政行为转化为经营行为，地方政府可以巧妙地避开《预算法》的约束却可以达到发行地方债的目的。尽管地方债的借债主体很复杂，但融资平台公司是其中最主要的一种，比例达到39%。融资平台公司通过地方政府以其财政收入及国有土地做担保，大量举债。导致地方债禁而不止，呈现出隐性特征，处于违法的灰色地带。可见，在我国，地方债经历了长时间的体制认同过程。地方政府通过建立城市投融资机构所负的实际债务，是一种游离于体制外的畸形产物。在此过程中，中央政府却有些应接不暇：一方面严格禁止地方政府举债；另一方面却对地方政府举债听之任之。

2008年年底，为应对国际金融危机，国务院推出4万亿投资计划，其中中央安排资金1.18万亿元，其余由地方政府配套解决。此时，地方政府本来财政资金不足，因此发行地方债成为现实选择。为了不突破《预算法》禁止地方政府发行债券的规定，2009年首次试行中央政府代理发行地方政府债券，还本付息和发行费由财政部代办后，地方政府再向财政部及时上交还本付息的费用和发行费，其信用实际上接近于国债。2009年2月28日，财政部印发《2009年地方政府债券预算管理办法》。此时，地方政府债券实质上为国债转贷。首先，地方政府债券的发行主体只能是省一级（含计划单列市）地方政府。其次，债券的发行和还本付息均由中央财政进行。再次，全国地方政府债券发行的总额度必须经全国人民代表大会批准，而各地方政府发行债券的额度需报请国务院批准同意。与此同时，国务院通过特别批准的方式，在2009年政府工作报告中首次提出安排发行地方政府债券2000亿元，这标志着我国中央政府对地方债的默认。然而，这与当时的《预算法》的立法宗旨是相违背的，在《预算法》对地方债作出禁止性规定的情况下，国务院是否有权决定地方政府可以发债？问题就在于如何理解"除法律和国务院另有规定外"中的"规定"。"规定"属于立法的范畴,"国务院政府工作报告"是国务院向全国人民代表大会报告工作的书面形式,其中的工作计划和安排不应当视为"规定"。"规定"应当符合立法法的程序要求。另外,发行地方债属于地方财政权,发行是否、发行规模应由地方通过地方人民代表大会进行审议,而不宜由全国人民代表大会批准或中央政府同意。可以说,这是我国中央与地方政府面临现实的压力,对《预算法》进行的一种变相的规避。而且,令人困惑的是既然是地方债,债券的发行和还本付息为什么均由中央财政进行?财政部的回答是:尽管近年来我国债券市场发展迅速,但针对地方政府债券的信用评级、发行渠道等还没有建立,制定统一的地方政府债券管理制度尚需时日。因此,2009年地方债应由财政部通过现行国债发行渠道代理发行。对此,熊伟教授提出异议,我国证券市场经过多年的发展,债券信用评级以及发行渠道都不是问题,其实国债也没有自己独立的发行渠道,而是借助于商业银行、证券公司等市场化主体,通过代理销售的方式与投资者建立联系,这种做法完全可以为地方债所借鉴。如果中央不提供信用担保,中央代借代还不足以提升地方债券的信用。[①] 而且由于地方政府偿债能力的不确定性和巨大的差异,会给中央政府带来重大的财政风险。

2011年,《财政部代理发行2011年地方政府债券发行兑付办法》第20条明确规定,"地方财政部门未按时足额向中央财政专户缴入还本付息资金的,财政部采取中央财政垫付方式代为办理地方政府债券还本付息",中央政府仍对地方政府债券偿还负有实质的担保责任;但地方政府债券的发行端开始放开。地方政府可以就债券期限、每期发行数额、发行时间等要素与财政部协商确定,债券定价机制也由试点省(市)自行确定(包括承销和招标)。2014年,财政部印发《2014年地方政府债券自发自还试点办法》,规定的主旨为:在前期自行发行的基础上,在还本付息上从财政部代行突破至发债地区自行还本付息。

这是我国行政机关突破《预算法》规定的大胆改革之举。但从法治的角度,这些尝试无法律授权,处于一种违法状态。这是我国改革过程中,先行先试"摸着石头过河"思维的体现。但明显与依法治国的宪法理念以及法无授权不可为的法治原则相背离。在1999年宪法明确规定建设法治国家的背景下,中国的改革不能再随意突破法律框架,应当提倡政府的改革于法有据。

三、地方债法治化时期的法律调整

对地方债从禁而不止到面对现实并由法律加以规范,代表了我国政府对地方债治理方式的重大转变。

[①] 熊伟:《财政法基本问题》,北京大学出版社2012年版,第137页。

2014年修改并于2015年实施的《预算法》第35条规定：

地方各级预算按照量入为出、收支平衡的原则编制，除本法另有规定外，不列赤字。

经国务院批准的省、自治区、直辖市的预算中必需的建设投资的部分资金，可以在国务院确定的限额内，通过发行地方政府债券举借债务的方式筹措。举借债务的规模，由国务院报全国人民代表大会或者全国人民代表大会常务委员会批准。省、自治区、直辖市依照国务院下达的限额举借的债务，列入本级预算调整方案，报本级人民代表大会常务委员会批准。举借的债务应当有偿还计划和稳定的偿还资金来源，只能用于公益性资本支出，不得用于经常性支出。

除前款规定外，地方政府及其所属部门不得以任何方式举借债务。

除法律另有规定外，地方政府及其所属部门不得为任何单位和个人的债务以任何方式提供担保。

国务院建立地方政府债务风险评估和预警机制、应急处置机制以及责任追究制度。国务院财政部门对地方政府债务实施监督。

从以上规定可以看出，新《预算法》在以下几个方面对地方债进行规范。

（1）在地方债的发行主体上，新《预算法》限定于"经国务院批准的省、自治区、直辖市"，不允许财政统筹能力相对较弱的市、县政府发债，防止地方债的泛滥，当然，更不允许地方政府所属部门发债。

但新《预算法》在地方债的发行主体上并未规定"计划单列市"。那么计划单列市可不可以发债呢？我国在地方政府债券的"代发代还"时期，财政部《2009年地方政府债券预算管理办法》将地方政府债券的发行主体界定为省一级（含计划单列市）地方政府，即计划单列市有权发债。但新《预算法》将发行地方债的主体严格限定在"经国务院批准的省、自治区、直辖市"。从法律的文义解释的角度，既然法律只列明是"省、自治区、直辖市"，当然地方债的发行权仅限定在三类省一级的地方国家机关，未列明的不可以发债，如特别行政区也属于我国省一级的地方政府建制，就不能依据《预算法》发行地方债。因此，计划单列市这一所谓"副省级"的地方政府建制当然也不能发债。从法理上分析，地方债的发行权属于公权力，而公权力应当是法无明文即禁止或法无授权不可为。也就是说，既然《预算法》并未规定"计划单列市"享有地方债的发行权，就意味着禁止"计划单列市"发行地方债。由于我国以往地方债发行的混乱局面，地方债的发行主体从财政部《2009年地方政府债券预算管理办法》的"省一级（含计划单列市）地方政府"到2015年实施的《预算法》中的"省、自治区、直辖市"的规定，可以看出：修改后的《预算法》的立法意图明显是要限缩地方债发行权的主体。而且，修改后的《预算法》进一步限定"经国务院批准"的省、自治区、直辖市可以发行地方债，也就是省一级政府也不是当然可以发债，必须经国务院批准才能发债。由此可见，修改后的《预算法》不可能允许"计划单列市"发债。

（2）在地方债的发行方式上，只限于发行地方政府"债券"。因为地方政府债券透明度高且更有利于监管，同时明文禁止以其他任何方式举借债务或提供担保。债券具有有价证券的性质和功能，能够上市交易流通。近年来，数省已经尝试将地方债正式挂牌交易，使地方债可以在网上进行认购或流通。但与股票不同，地方债的利率基本保持不变。

（3）在地方债的用途上，只限于"建设投资"和"公益性资本支出"，不得用于经常性支出。因为，应当将地方债定性为补充性、临时性财源。地方债的发行一般是为了弥补建设资金或公益性资金的不足，地方政府借钱搞建设，而不能为了扩大经常性支出甚至"三公消费"发行地方债。

（4）在地方债的风险控制上，基于"量入为出、收支平衡"的预算编制原则，新《预算法》要求"举借的债务应当有偿还计划和稳定的偿还资金来源"，理清了政府的还债责任。同时，明确提出了建立地方政府债务风险评估和预警机制、应急处置机制以及责任追究制度。地方债的风险控制是一种全程控制，存在于事先的预算审议监督，事中的程序控制以及事后的审计问责。责任的形式既可以是地方政府的经济责任，体现为重整后的预算核减，也可以是地方政府负责人的法纪处分。

（5）在地方债的监督机制上，动用各种国家监督职能，包括人大监督、财政监督、审计监督，甚至司法监督、社会公众的监督权，构建了对地方政府发债权的权力制约监督机制。地方借债规模由国务院报全国人民代表大会或全国人民代表大会常务委员会批准后分别下达限额，财政部对地方政府债务实施监督，这保障了中央对地方债务的总体控制。而省级政府在限额内举借债务，也必须报本级人民代表大会常务委员会批准，体现了权力机关对行政机关的有效监督。同时，坚持"预算管债"，并将地方债作为各级人民代表大会对预决算的重点审查内容，还专门要求公开预决算时必须向社会说明举借债务的情况。

《预算法》赋予地方债以制度上的认同之后，2014年9月21日，国务院办公厅下发《国务院关于加强地方政府性债务管理的意见》就建立"借、用、还"相统一的地方政府性债务管理机制进行了若干方面的部署：第一，建立规范的地方政府举债融资机制。明确要求剥离融资平台公司政府融资职能，同时明确鼓励推广使用政府与社会资本合作模式，引导地方政府通过特许经营等方式吸引投资来作为发行债务的替代手段；第二，对地方政府债务实行规模控制和预算管理。强化债务限额和举债程序、资金用途的约束，并且坚持"预算管债"；第三，控制和化解地方政府性债务风险。规定由财政部进行债务风险评估，并明确地方政府自偿债务、中央不实行救助，同时要求对难以偿债和违法违规行为进行责任追究；第四，完善配套制度。包括债务报告和公开制度、考核问责机制和强化债权人约束等；第五，妥善处理存量债务和在建项目后续融资。要求把存量债务也纳入预算管理，并且提出处置到期存量债务要遵循市场规则、减少行政干预。[①]

财政部制定多项规章和规范性文件以建立地方债的控制体系：《关于对地方债实行限额管理的实施意见》要求地方政府举债不得突破批准的限额，《地方政府一般债券预算管理办法》《地方政府一般债券发行管理暂行办法》《地方政府专项债券预算管理办法》《地方政府专项债券发行管理暂行办法》，将政府债务全部纳入预算管理，《地方政府性债务风险应急处置预案》要求开展风险评估和预警以及制定应急处置预案，《地方政府存量债务纳入预算管理清理甄别办法》发行地方政府债券置换存量债务等。

以被调研的某市为例，2004年及以前年度，某市政府债务规模较小，主要资金来源为国债转贷、中央专项借款、国际金融组织贷款和外国政府贷款。

2005年，辽宁省政府与国家开发银行签订了《加快辽宁老工业基地振兴开发型金融软贷款合作协议》，某市政府债务第一次出现了较快的增长，市本级集中实施了以港口、化工企业搬迁为代表的一批老工业企业搬迁升级改造和土地储备贷款，县级启动了以辽宁沿海经济带为核心的多个产业园区基础设施建设贷款。

2008年，国际金融危机爆发以来，配合落实中央实施4万亿元投资经济刺激政策和推进某市全域城市化建设，国家开发银行和其他金融机构在认为地方政府融资平台风险可控的前提下，继续加大信贷资金投放力度，市本级围绕着轨道、高铁、高速公路、供水等市政交通基础设施建设和土地储备，县级继续推进重点产业园区建设和普湾新区开发建设，某市政府债务再一次出现了较快增长，县级政府债务规模也逐年超越市本级。2011年，国内外逐渐关注中国地方政府债务和风险问题。

2009年，财政部开始尝试代地方政府发行地方政府债券。2015年，财政部正式允许地方政府自主发行地方政府债券。

2013年，审计署开展了全国范围的地方政府债务专项审计。2014年，《国务院关于加强地方政府性债务管理的意见》（国发〔2014〕43号）明确财政部门作为地方政府性债务归口管理部门，要完善债务管理制度，充实债务管理力

---

① 陈立诚："新《预算法》让地方债从隐形到阳光"，载财新网2014年11月14日。

量，做好债务规模限制、债券发行、预算管理、统计分析和风险监控等工作。2015年某市政府债务总量规模开始下降，低于财政部核定的政府债务限额。

总体上讲，某市政府债务发展的每个阶段都与当期贯彻落实国家发展战略和经济社会发展目标的要求相呼应，也与逐步推进提升某市社会民生福祉综合水平和现代城市公共服务综合能力的客观需要相契合。今天的政府债务总量规模也是客观上适应社会经济规模不断扩大，在建工程年度资金需求不断增长，逐步累积形成的。通过适度举债，集中解决社会经济发展中的瓶颈问题，提升公共产品和服务的供给水平，是国内外的通行做法，也是实现代际成本负担和福利均衡的重要手段。2014年以来，某市政府积极作为，主动举措，政府债务正从过去的多头举借、分散管理、忽视风险等问题和现象中，走向财政集中归口、债务分类限额、风险预警防范等规范管理，出现总量规模开始减少，财务成本不断下降等积极变化。

第三节　地方债从隐形替身到主体呈现

在中华人民共和国成立初期曾发行过国债，但地方债并未出现。改革开放以后随着市场经济的发展以及产权制度的改革，从20世纪80年代初，地方债才得以产生并快速增长。但地方债的出现却经历了一个曲折的过程。地方债从禁到放从隐到显，体现了地方政府举债的现实的合理需求。这些需求包括：其一，解决短期资金周转问题。如财政收入入库时间不及时，但财政支出不能停顿，因此只能发行地方债来调剂。其二，筹集基础建设资金。其三，履行国家财政政策。[①] 政府地方债从幕后走向前台，并最终取得合法身份，大致经历三个阶段，即从"代发代还"到"自发代还"再到"自发自还"（见图3-1）。

图3-1　中国地方政府债券发展阶段

[①] 熊伟：《财政法基本问题》，北京大学出版社2012年版，第124页。

一、地方政府债券的"代发代还"阶段

这是迫于现实的财政压力,在法律禁止地方政府发债的情况下的一种迂回做法。2009年2月28日,经国务院批准同意,以省、自治区、直辖市和计划单列市政府为发行和偿还主体,由财政部代理发行并代办还本付息和支付发行费的债券。2009—2011年,全国人民代表大会每年批准的地方政府债券额度均为2000亿元。最后,该地方政府债券发行的收入"可以用于省级(包括计划单列市)直接支出,也可以转贷市、县级政府使用"。应当说这一"曲线发债"的方式也是我国地方债制度化的初步尝试,而后修改的预算法正式确立了省、自治区、直辖市和计划单列市地方债发行权的主体资格。

二、地方政府债券的"自发代还"阶段

2011年,国务院批准上海、浙江、广东、深圳试点在国务院批准的额度内自行发行债券,但仍由财政部代办还本付息;其余地区的地方政府债券仍由财政部代理发行、代办还本付息。2013年,国务院批准新增江苏和山东成为"自发代还"地方政府债券试点地区,发行和还本模式仍采用之前规定,并首次提出"试点省(市)应当加强自行发债试点宣传工作,并积极创造条件,逐步推进建立信用评级制度"。除发行方式改革试点外,在地方政府日益旺盛的融资需求推动下,2011—2013年地方政府债券的发行总额分别为2000亿元、2500亿元和3500亿元,规模日益扩大。这一阶段正是我国地方债数量迅猛增长时期。由于预算法尚未出台,诸多措施都处于初步尝试过程,也为此后我国地方债的法治化积累了经验。

三、地方政府债券的"自发自还"阶段

2014年,地方政府债券自发自还开始试点,在前期6个试点地区的基础上,再次增加直辖市北京、计划单列市青岛以及中西部省(自治区)江西、宁夏为试点地区,明确提出"试点地区按照有关规定开展债券信用评级"。[1] 正是在《预算法》修改的背景下,赋予省一级地方政府的发债权,才使得地方债的"自发自还"的模式获得了合法性的认可。在省一级地方债的发行权上,地方政府终于从隐形替身转向主体呈现。

---

[1] 霍志辉、叶枫、姜承操:"中国地方政府债券模式演变——历史、现状和未来",载《和讯债券》2015年第12期。

以本项目组调研的某市为例，2015 年，按照财政部的统一部署，分别于 7 月 2 日和 11 月 17 日分两次共计发行地方债券 278 亿元，从债券性质看，发行置换债券 255 亿元，新增债券 23 亿元。从债券类型看，发行一般债券 165.4 亿元，专项债券 112.6 亿元。从发行方式看，公开招标发行 188.8 亿元，定向承销发行 89.2 亿元。目前为自主发行为主。

第四章　地方债的宪法原则

熊伟教授将财政法的基本原则概括为四个方面：财政民主主义、财政法定主义、财政健全主义和财政平等主义。财政民主主义着眼于财政的民主参与，财政法定主义着眼于财政的形式规范，财政健全主义着眼于财政的安全稳健，财政平等主义着眼于财政的公平合理。[①] 这些原则并非都可以成为地方债的宪制原则。地方债的宪法原则指导地方债的法律原则并通过地方债的法律制度表现出来。地方债的宪法原则旨在通过政府财政权力的规范增进公民的福祉和促进公民个体财产权利保障。而地方债的法律原则是指在宪法原则的基础上通过法律规范体现出来的对地方债的行为具有一般指导意义和普遍约束力的基础性规范，是财政宪法原则的具体化。能够真正体现地方债的宪法精神的原则应是财政民主原则、财政公平原则、财政法定原则及财政健全原则。

第一节　财政民主原则

哈贝马斯认为民主有三种规范模式，即自由主义民主、共和主义民主以及程序主义的民主。自由主义的民主可以追溯到洛克，而以康德的思想最为典型，自由主义以个人作为法律和民主的主体，认为个人才是真实存在的，社会与国家是由个人组成的，社会和国家只是个人间社会契约的派生物。民主进程的作用在于根据社会的不同利益来安排国家。[②] 共和主义民主可以追溯到亚里士多德，而以卢梭的思想最为典型。共和主义将共同体置于个人之上，认为个人只有在共同体中才有其真实的存在。政治是一种媒介，有了政治，共同体成员就可以意识到他们相互之间的依赖性，就可以作为公民把已有的相互承认关系有

[①] 熊伟：《财政法基本问题》，北京大学出版社2012年版，第35—36页。
[②] ［德］哈贝马斯：《包容他者》，曹卫东译，上海人民出版社2002年版，第279页。

意识地发展和塑造成一个自由和平等的法人联合体。① 自由主义的民主基于人的消极权利，只要公民在法律范围内追求自己的利益，就不受国家的非法干预。自由主义的民主模式认为法律是一种以保护个人自由权利为目的的主观法，主体权利先于法律秩序，体现的是"市场型"的政治范式，即政治的本质围绕权力进行的市场竞争（政治家用自己的政治主张到政治市场换取选民的选票，选民用选票到政治市场购买能最大限度实现自己利益的政治主张），公共政治意志是个人偏好的总和，民主的作用是通过选举和其他方式对政府进行监督；而共和主义的民主强调人的积极权利。公民只有积极参与政治，才能保障自己的自决权。共和主义的民主模式主张，法律是作为社会共同体的一种伦理存在方式的客观法，法律秩序先于主体权利，体现的是"交往型"的政治范式。即政治意志的形成过程是一种独特的公共交往结构，其基于共同的价值目标和追求形成集体意志。其功能是创造政府，国家存在的理由在于保护政治意志在公共领域和议会中形成的条件。② 程序主义的民主模式，试图克服自由主义民主模式和共和主义民主模式的弊端，自由主义民主模式诉诸过时的自然法作为哲学基础，采用间接的民主使少数人的意志法律化，助长了专家的统治；共和主义民主模式主张直接民主，却面临着多数人暴政的危险。程序主义民主观以交往为前提，以话语为核心内涵，可称为民主的话语模式。民主的形成过程是商谈和交往，民主的核心是交往的法治化和制度化，把所有相关人参与了合理商谈之后的同意作为法律的正当性基础。民主不意味着人民直接行使统治权力，也不在于人民代表代替人民行使权力，重要的是要有一个原则上向全体公民开放的"政治公共领域，使在这个公共领域中的非正式的公共舆论的形成过程，成为立法机构中的正式的公共意志的形成过程的基础"。③ 哈贝马斯的程序主义民主观契合财政民主主义原则。即国家之收入与支出，对于国民生活有重大影响，应在民主宪法制度所提供的政治公共领域，由国民参与，最后由人民对于重大财政事项作出决定。

财政民主的内容是多方面的，最重要的有三个方面，即必须保障人民真正行使财政事务的权力；保证财政权力真正置于人民的监督之下；必须保证财政的公开。具体的形式表现为财政的民主决策、财政分权、财政竞争以及财政的民主监督。④ 财政民主原则着眼于财政的民意基础，财政作为国家权力，其享

---

① [德]哈贝马斯："民主的三种规范模式"，载哈贝马斯：《包容他者》，曹卫东译，上海人民出版社 2002 年版，第 280 页。
② 任岳鹏：《哈贝马斯：协商对话的法律》，黑龙江大学出版社 2009 年版，第 128—131 页。
③ 任岳鹏：《哈贝马斯：协商对话的法律》，黑龙江大学出版社 2009 年版，第 132—135 页。
④ 姚来燕："论财政民主"，载刘剑文主编：《财税法论丛（第 5 卷）》，法律出版社 2004 年版，第 256—258 页。

有和行使必须经过人民的同意和授权才具有正当性。财政民主就是经人民同意、按法定程序，公开透明的理财和治财的过程。财政民主所要求的无非是赋予普通的个体公民参与财政事务的权利。财政民主原则来源于人民主权的宪法原则。财政权并不是一种独立于人民权利的自在物，相反，它来源于人民主权，受制于人民主权。正因如此，地方债应否发行、如何使用都应该由人民通过一定的法律程序加以决定。剥夺人民的发债的决定权，进而将自己的意志强加在人民头上的行为是从根本上违反人民主权的宪法原则的。洛克对财政民主的正当性基础曾有经典论述："政府没有巨大的经费就不能维持，凡享受保护的人都应该从他的产业中支出他的一份来维持政府。但是这仍须得到他自己的同意，既由他们自己或他们所选出的代表所表示的大多数的同意。"①

在地方债的法律实践中，所谓民主应当是"由民做主"，而不是"为民做主"，而我国有些地方政府机关有着"父母官"的历史情结，什么事都愿意包办代替。地方债的发行及其规模由地方政府机关决定，很少通过人民的议决。蔡茂寅教授曾云：民主意味着民有、民治、民享，就财政而言，国家财政应属于人民所有，受人民管理、制约，并为人民利益而存在。② 财政民主意味着财政的人民主体性、人民目的性，"取之于民、用之于民"只是财政民主的表层含义，实质意义上的财政民主是指财政权力的人民主权或者财政中的人民当家做主。在中国计划财政向公共财政的转轨时期，"民主理财"成为财政工作的指导原则，这一原则是财政民主原则的具体体现。在计划体制下，财政运行过程封闭于国家机关系统内部，民众与财政权力绝缘，不能参与财政运行过程，也无法对财政权力进行监督。而民主理财则打破政府闭门造车式的财政模式，使财政更加公开透明，实现财政的民主参与。地方债的发行通过国家理财到民主理财的转变，实际上是还权于民的过程。公共财政的权利主体是人民，国家只不过作为代理人对人民财产进行管理和经营，但在行政主导型的财政体制下，财政成为政府的专营，原本政府代人民理财异化为政府包办。民主理财意味着财政议会主权对财政行政主导的否定，虽然政府作为人民财产代理人的身份没有改变，但政府财政权力形成于、受制于代议机构，而且民主理财还要求财政权力的行使接受人民的直接监督。

当然，地方债的财政民主是通过一系列的制度和机制来表达和实现的。地方债发行的议会中心主义要求一国的地方债发行必须经议会议决，其所强调的

---

① ［英］洛克：《政府论（下篇）》，叶启芳、瞿菊农译，商务印书馆1964年版，第88页。
② 蔡茂寅："略论财政法之基本原则"，载第二届中国财税法前沿问题高端论坛：《财政立宪与预算法变革论文集（上）》，第1页。

重点在财政参与权以及财政透明度。财政议会中心主义在我国则表现为人民代表大会制度。因此，完善我国人民代表大会制度，保证人民代表受制于选民意志，保证人民代表对重大财政事项的最终决策权，也就成为财政民主主义的首要内容。除此之外，财政民主主义还要求人民享有对财政事务的有效监督权。这首先要求政府的地方债行为的决策程序、执行过程以及实施效果具备公开性；其次还要求依法保证地方债行为的全过程置于人民的监督之下；最后，应当借鉴国外财政法治监督的经验，在人民代表大会基础上，形成综合的对地方债的财政监督体系。

第二节 财政公平原则

宪法国家的主要职能在于提供公共产品和保护财产权，理解政治国家和市民社会关系的关键就在于国家对市民财力汲取的合法性和适当性。因此，如何实现政治国家与市民社会的财政公平是宪法的一个重大课题。财政学和宪法学在研究公平问题上存在着差异，集中体现为公平与效率之间的关系及优先选择上。长期以来，我国的"效率优先、兼顾公平"的财政政策即说明了这一点。在宪法意义上，财政公平包含着对正义的价值追求，不能因为效率而牺牲公正。在财政问题上，宪法更关注财政权利义务配置是否合乎正义的宪法价值。我国宪法确立的法律面前人人平等的宪法原则是财政公平的基础，财政公平原则意味着公民同样享受财政公益，平等地行使财政权利，反对财政分配上的歧视性待遇或特别优惠。在我国目前的特定形势下，地方债的财政公平原则的确立具有非常重要的现实意义。因为地方债的财政公平原则是社会稳定的重要保证。在我国当前各地区发展差距和居民收入差距不断扩大的背景下，强调地方债的财政公平具有突出的现实意义。[①]

财政公平原则可体现为两个维度，即横向公平和纵向公正。公平是"同意"的前提，财政公平的标准归纳为：受益标准、能力标准和机会标准。财政公平原则既包括财政收入方面义务人的平等牺牲，也包括财政开支方面权利人的平等受益，还包括在财政程序方面的同等条件同等处理。财政公平，既包括起点的公平，也包括过程的公平，无论在实体法上还是在程序法上都可以表现为一种平等的对待。也正因如此，在地方债的法律制度上，公平主要体现在受

---

① 王源扩："论财政公平原则"，载《安徽大学法律评论》2002年第1期。

益的关联度上，不能要求没有享受公共服务的个体承受代价和风险。孟德斯鸠曾言："计算国家收入的尺度，绝不是老百姓能够缴付多少，而是他们应当缴付多少。"[①] 在地区间财政关系方面，地方债法律制度应该保证最低限度的财政均衡。在社会阶层间的财政关系方面，应该保障每一个群体同等的机会和待遇，不能出现不公平对待。在地方债资金的使用方面，除了公务所需或无法逾越的客观困难外，相同的情况应当相同处理。在最低人权的保护方面，地方债的资金应当保障每一个公民的生存权、受教育权等基本人权，为社会弱者提供力所能及的帮助和救济。[②]

市场经济体制必然会造成贫富差距，而且现代科技在经济中的应用加大了这一贫富差距。为了克服上述弊病，地方债的发行和使用应体现基本公共服务的均等化的目标，所谓基本公共服务是面向每个社会成员为每个社会成员不可或缺并满足社会公众基础性需求的公共服务，如医疗卫生、基础教育。确立和实现基本公共服务的均等化能够使财政分配实现最大多数人的最大效益。

第三节 财政法定原则

财政法定原则着眼于财政的法律控制，是财政法治的表现形式。财政法定原则要求，财政行为必须满足合法性要件，财政法上有关财政的收支划分，各级政府机关权限事项、人民权利义务（包括责任）事项以及相关财政行政程序、监督程序以及救济程序，均应由法律规定。财政收支划分法、预算法、审计法、公债法、租税法、规费法以及其他特别公课法律等，均为财政法定原则的表现形式。财政法定原则可以概括为，财政权力（利）法定，财政义务法定，财政程序法定，财政责任法定。[③]

财政法定原则以财政民主作为基础，同时也是财政民主非常重要的实现途径。政府对财政权力的滥用或行使不当，往往会侵害公民权利。政府在法律之外实施征收，公民的财产权利就不能得到保障，因此政府的课税权必须有合法的来源，并受法律的约束。基于财政民主原则，政府的存在不是为其自身，而

---

① [法]孟德斯鸠：《论法的精神》，张雁深译，商务印书馆1997年版，第213页。
② 熊伟："财政法的基本原则论纲"，载《中国法学》2004年第4期。
③ 参见我国台湾地区财税法学者陈清秀教授于2017年11月14日在大连海事大学法学院所做的学术演讲："财政宪法的基本原则——从比较法的观点探讨"。

是为纳税人服务，为增进纳税人福利。按照此逻辑，政府的事权、政府的支出范围要依人民的公共需要而定，政府的收入要经由纳税人（或其代表）的同意始可征收，而其"同意"的方式即是立法机构的立法。因此，现代西方国家，无论是成文法国家，还是判例法国家，在事关财政收入、支出及相关管理事项上，无一不是以法律确定。这里所谓的"法"，从形式意义上看应该仅仅指由人民代表所组成的最高权力机关所制定的法律；所谓财政"法定"，并不是对一切财政行为都必须制定专门的法律，而只是要求财政行为必须满足合法性的要件，必须得到法律的明确许可或立法机关的专门授权。简言之，只有在法定范围内，政府才有财政权力。财政法定主义一般表现在：第一，财政权力法定。财政权所包含的内容很广，它既包括立法机关的财政立法权，也包括政府及其所属各部门就财政事项所享有的规范制定权、决策权、执行权和监督权等。它既包括上级政府对下级政府的财政权力，也包括政府作为整体对财政相对人所享有的命令权、处罚权和强制权等。财政权力法定的主要目的在于督促政府在法定的授权范围内行事，防止超越职权和滥用职权的现象发生，同时也是为了明确财政关系中利益分配的法律界限，保护财政相对人的合法权益。这里需要说明的是，财政权力为国家公权机关所享有，应当法定；而财政权利为公民所享有，不必法定。因为，根据法治原理，对于公权力，法无明文规定，即禁止；对于私权利，法无禁止即自由。当然，财政权利并不排斥法律规定，法律规定更有利于对公民财政权利的保护。第二，财政义务法定。和财政权力一样，财政义务种类繁多。由于在财政法领域权利与义务不一定完全形成一一对应的关系，因此通过立法的形式明确规定各个相对主体的财政义务仍然是非常必要的。财政权主体只需承受法律明确规定的义务，超出法定义务范围的事项可以拒绝。对于公民而言，权利和义务的性质是不同的，权利具有可能性和选择性，义务则具有必然性和强制性，而义务的必然性和强制性的基础即是其法定性。因此，财政义务必须通过法律形式加以明确才能强制要求公民履行。第三，财政程序法定。财政程序法定的目的在于保障财政权力在既定的制度框架内有效运作，保障财政行为的透明度、公正性和规范性，为财政民主奠定良好的法治基础。需要由法律直接规定的程序主要有财政立法程序、财政行政程序、财政监督程序和财政救济程序。第四，财政责任法定。财政责任是一种督促财政主体合法行使财政权力，切实履行财政义务的外力保障机制。财政责任的种类除了属于行政责任的行政处分和行政处罚之外，情节严重的还应当承担刑事责任。这些责任形式必须通过立法加以确立，任何财政责任的承担必须于法有据。这里的"法"是指全国人民代表大会及其常务委员会制定的规范性文件，其他国家机关不能随意制定含有责任形式的制裁性的规范性文件。这是财政法定原则的本源属性和基本要求。然而，我国自改革开放以来的财政法主要体现为行政法规、规章。据初步统计，国务院制定的财政法规与法规性文件有200多件，财政部、税务总局等制定的财政规章及其他规范性文件更多达3000多件，此外还有为数众多的地方性财政法规和地方政府规章。[1] 其结果是在某种程度上财政行政立法取代了权力机关立法，财政立法权过于集中且层次偏低，且各立法之间相互冲突，从而导致财政立法权威性差。行政主导下的财政立法模式会破坏了财政法定原则，也有悖于财政民主原则。

第四节 财政健全原则

财政健全即财政的稳健和安全，即国家或地方政府收入及各项支出，应当保持平衡。其核心在于能否将政府公债（地方债）作为财政支出的资金来源。如果举债过多，导致财政收支丧失平衡，将引发财政危机，因此应降低公债的财政风险。在资本主义社会早期，财政健全主义一般要求年度财政平衡，不得在预算中列赤字。国家的财政开支只能以税收、费用等非税收入作为来源，不得举债。但随着政府开支巨大增长，普遍出现了财政赤字，政府公债（地方债）才开始出现并合法化。从某种意义上说，财政健全原则与政府公债（地方债）是相互矛盾的，或者说，财政健全主义一开始是排斥政府公债（地方债）的，只不过为了弥补财政赤字，政府发债不可避免，财政健全原则才不得不正视政府公债（地方债）的现实，即如何在政府公债（地方债）存续的情况下，通过法律降低政府公债（地方债）的财政风险，实现财政健全原则。依据德国基本法，中央政府与地方政府的财政收支，原则上不得以贷款收入加以平衡。亦即收入与支出原则上无需举债，即必须平衡。如果举债未超过国民净生产总额之0.35%，则仍要符合财政健全原则。日本于1997年公布的《地方财政健全化法》设立地方公共团体之财政健全性比率公表制度，以及根据该比率，地方公共团体负有义务制订谋求财政早期健全化以及财政再生与公营企业的健全化计划，并为实施该计划而采取相关行政与财政上措施，以实现地方财政健全

---

[1] 朱大旗："新形势下中国财税体制改革与财税法制建设的应有理念"，载《法学家》2004年第5期。

的目的。①

财政健全原则包括以下基本内容。

(1) 经常性收支必须维持平衡。经常性支出大多属于消费性开支，难以在经济上产生利益回报。如果用贷款收入维持该项开支，财政风险很大，对后代也不公平。

(2) 政府公债（地方债）只有用于具有公共性的建设项目。由于建设性项目具有直接偿还债务的能力，可有在很大程度上降低财政贷款的风险。因此，需要财政贷款支持的建设性项目只能控制在公共投资的范围内，纯营利性的投资项目应被排除在外。

(3) 政府公债（地方债）应当遵守实体法上的风险防范机制。如界定政府公债（地方债）的范围，为政府公债（地方债）设定上限，对政府公债（地方债）的偿还期限作出一定的限制，设立偿债基金等。

(4) 政府公债（地方债）应当履行程序法上的审查监督手续。包括政府公债（地方债）发行的审查监督程序，债务监测、统计和预警公告机制。②

有人会认为，财政健全主义所关注的是财政运行的安全稳健，更接近于财政的经济属性，可能与财政的法律原则相关，与宪法的关联不大。但其实财政健全原则要求化解财政风险，这对于公民财产权利的保护尤为必要，因此具有特殊的宪法意义。

---

① 参见我国台湾地区财税法学者陈清秀教授于 2017 年 11 月 14 日在大连海事大学法学院所做的学术演讲："财政宪法的基本原则——从比较法的观点探讨"。

② 熊伟：《财政法基本问题》，北京大学出版社 2012 年版，第 45—49 页。

第五章 地方债的宪法理念

地方债体现的是地方政府的财政权力与地方居民的财产权利之间的关系，因此，其本质是宪法问题。从财政宪法学的视角，地方政府的财政权力仅仅是公民基本权利保障的工具，而且上下级政府财政权力的分配关系也要服务于公民权利的目的。也就是说，在财政权力的纵向配置上，无论是中央集权还是地方分权，都只不过是手段，如果不能更好地服务于公民的权利，便不符合宪法的价值。地方债的价值取向应当是公正优先，兼顾效率。既要满足最大多数人最大的公共福利，更要保障个体公民的私有财产权利。宪法为一国财政问题提供根本的法律规范，而地方债的法律控制，必须回归到宪法原则、宪法条款中，以相关的宪法原理、指导地方债法律控制制度的建构。

地方债构成财政宪法学研究的重要内容，因为地方债涉及公共财政权力与公民财产权利之间的关系，也受制于一国特定的横向与纵向权力分配的宪法体制。因而，地方债应遵循财政民主原则、财政法治原则，其进一步延伸要求"法律优越""法律保留"。具体而言，我国的地方债未来发展应当实现四个方面的跨越：从依宪治国到依法理财，从财产权利到经济自由，从共时性公平到历时性公平，从中央集权到地方财政分权。

第一节 从依宪治国到依法理财

宪法缘于政治国家和市民社会的利益纷争，财政表明国家与私人的基本经济关系，即国家财政权与私人财产权的关系。作为宪法学的财政，政府财政权与人民财产权关系的理念和原则是其内容的核心。人类历史从王权财政到官房财政再到公共财政的发展表明，公共财政的运作是宪法得以实现的制度保障，而公共财政支撑的宪法制度则是公民财产权实现的制度基础。以市场经济为基础，经由公共财政，确立了宪法体制，近现代社会的发展体现了市场经济、公共财政、宪法国家三位一体，协同并进的相互关系。在宪法理念、宪法制度的层面上，依法理财契合法治国家的原则，其以国家的财政权与人民的财产权为中心，以对国家财政权力的制约以及公民财产权利的保障为主线。以法律规则体系、财政权力运行秩序以及基本权利保障三重视角，对现行地方债法律规控体制展开分析，以构建地方债的法律规范体系并最终保障公民基本财产权利。

在以宪法为所有法律制度之最终权威来源和价值秩序基准这一点上，依法治国的根本在于"依宪治国"，这与对地方债实行宪法控制的最终目标依法理财之间并无冲突，毋宁说后者是前者在财政领域的具象化。从依宪治国到依法理财意味着，地方债应当受到一定的合宪性约束，具体表现为：①举债之主要目的在于有助于应对国家正常收入无法负担的国家支出。②特殊且急迫性之计划，无法延迟的计划，例如国家遭遇重大灾难或经济上发生重大变故。③为刺激经济，景气调整，以事后之收入得以偿还举债之本息。④创造具有未来收益之资本财产或事业财产，可举债支应。①

（1）从法治国理念出发，地方债法律制度应首先体现为完整的授权和控权法律规范体系，在举债主体、内容、方式、程序、责任等方面实践法律保留原则和法律优位原则的要求。此种法律规范应具备完整的"权力——义务——责任"的规范结构。此种授权和控权法律规范体系必须同时体现保障公民基本权利的价值，借由法律保留、比例原则，将举债、用债过程中影响、侵犯公民财产权的重要因素，如举债期限、偿还方式、债务限额等内容，以制定法律的方式予以规范，而影响公共福利实现程度或实现范围的因素，如是否以提供社会服务、公共服务作为举债、用债的目的，同样是法律应予考虑的内容。其中，关切国家根本权力体系、结构或者涉及人民权利实现的事项，应由议会保留上升为宪法保留。例如，《德国基本法》第115条规定，贷款及为未来会计年度之支出而为之保证或其他担保，须具有依数额而定之联邦法律授权。贷款不得超过预算案中所估投资支出之数额。

而属于行政裁量性质的执行性问题，则可由法律授权行政机关制定行政规则的方式，建立层级式的效力有别的法律规范体系。此外，法律规范体系中应包含一定的基础性的和请求性的权利规范，以配合授权和控权法律规范，形成取向于权利保障和权利实现的法律规范体系。

（2）从客观法律秩序出发，应建立权力分合适度的财政运行秩序。由横向与纵向两个维度出发，在财政法律体系内，按地方债的流程分为债务决策、债

---

① 参见我国台湾地区财税法学者陈清秀教授于2017年11月14日在大连海事大学法学院所做的学术演讲："财政宪法的基本原则——从比较法的观点探讨"。

务执行与债务监督之间的分立。而审计权被期待设立为相对独立之权力。纵向的分权通常为中央政府与地方政府之间及上级政府与下级政府之间的分权。此外，由于权力体制外出现了公私合作的跨域融通模式，私部门借由参与国家管理，可作为外部监督的来源。

（3）从基本权利保障角度观察，以保障公民基本权为核心的实质意义上的地方债法律制度，要求实现基本权的客观制度功能。由于地方债一方面暗藏政府举债权影响、侵犯公民财产权的可能，另一方面又为提供公共服务所必需，且存在造成地域间及代际不公平的法律后果，不仅应围绕地方债的发行、管理中所涉各项权力以分离和制衡为目标塑造权力秩序架构，也应进一步地将这些权力的运行与各自所负的权利保障职能连接起来。立法机关在基本权利保障方面的作用，除了确立权利侵害法律保留规范体系之外，更应负担起积极创设权利行使的制度。行政机关的任务在基本权利保障方面，应严格遵守法定权限，法无授权不可为。但政府发行地方债的目的是更好地提供公共服务，所以，行政机关应当通过积极作为规避地方债的风险，实现最大化的公民财产权利。此外，为使地方债的救济更具有实效性，司法机关应当发挥更大作用。

第二节　从财产权利到经济自由

地方债作为地方政府对公民的金钱之债，是以公民的财产私有为前提。如果公民不享有任何私产，就不可能形成所谓地方债。这与宪法产生的机理相契合，即政治国家与市民社会的分离，是宪法产生的渊薮。政治国家与市民社会的分离也就意味着国家与产权的分离，在产权私有社会，国家不享有财产权，由于产权的私有，财产的经济效益实现了最大化，社会财富充分积累，形成了丰厚的税基，也汇集了地方债的财源。因此，地方债的产生机理蕴含着深刻的宪法原理。

质言之，同税收一样，地方债产生的前提是国家与产权的分离，正是因为个人掌握私财，国家财政吃紧时才会向私人借钱。相反，国家与财产权一体化的公有制体制下，就不会产生公债（地方债），因为国家掌握全部的财产权便可以直接对其所有的财产进行使用和支配。如柏拉图主张建立的理想国即实行财产共有制度（类似于公有制度），极力排斥财产的私有制，这侵犯了人们的私有权，也侵犯了人格权，其原因在于不理解人的意志自由，不理解法的本性。① 社会主义国家的计划经济体制实行的"一大二公"的财产制，也不可能产生公债（地方债）和地方债，而取而代之的市场经济体制奠定了我国地方债的经济基础。在宪法规范的制度层面上，宪法中的私营经济的合法地位的确立以及私有财产的法律保护，对于地方债具有特殊重要的意义。

人的自然权利中包含财产权吗？基于不同的权利观念，对此问题的回答是不同的，古典自由主义宪法学将财产权视为人的自然权利，基于不可剥夺的生存权，每个人都天然有理由占有一定资源。也正因为这一理由，财产权与自由权、生命权一同被西方国家宪法奉为公民最基本的人权。正如洛克所言：在自然状态下，人类的这个世界，是神赋予全人类的共有物，但身为受造物的人类则拥有自己的身体，因为是身体是固有物。在这个条件下，以自己的身体所为的劳动及其成果也属于自己的所有物；人们在不属于任何人的土地上耕作，便可将土地及耕作的收获当作自己的所有物。在洛克看来，在自然状态下，世界是全人类的共有物，每个人都享有财产权。② 在社会中享有财产权的人们，对于那些根据社会的法律属于他们的财产，享有一种权利，即未经他们本人的同意，任何人无权从他们那里夺去他们的财产或其中的任何一部分，否则他们就并不享有财产权了。③

以霍布斯—洛克自然权利概念为基础形成的自由和权利传统观念，被康德改造为以自由—法—强制力为框架的自由和权利观念，即一种同时与义务和法的观念紧密联系在一起的自由和权利观念。④ 康德虽然也认同洛克关于世界是全人类的共有物以及人类通过劳动便可获得固有财产的观点。不过康德认为，自然人的财产权意味着课以他人对其财产权予以尊重的义务。但人类是有限理性的拥有者，容易被与生俱来的敌意牵着走，在这种对他人的敌意造成悲剧之前，放弃自然状态，确定各自的财产权利，在得到政治权力保障的秩序下和平共存。这便是所有人都应于国家强制提供的共同法秩序下生活的理由。⑤ 洛克认为，人们进入国家状态只是权宜之计，是人们基于理性考量而作出的一种决定，亦即共同"同意"进入国家状态；而康德却认为，人们进入国家状态是一

---

① ［德］黑格尔：《法哲学原理》，杨东柱，等编译，北京出版社2007年版，第25页。
② ［日］长谷部恭男：《法律是什么？——法哲学的思辨旅程》，郭怡青译，中国政法大学出版社2015年版，第48—49页。
③ ［英］洛克：《政府论（下）》，叶启芳，等译，商务印书馆1997年版，第86页。
④ 吴彦：《法、自由与强制力——康德法哲学导论》，商务印书馆2016年版，第55页。
⑤ ［日］长谷部恭男：《法律是什么？——法哲学的思辨旅程》，郭怡青译，中国政法大学出版社2015年版，第74—76页。

种义务,或者命令,这种命令来源于自然状态的法秩序———一种理性秩序。这一命令要求人类从自然状态走出来进入法权状态,从私法状态走出来进入公法状态,亦即一部按照使每个人的自由可以与其他人的自由共存的那些法则的有关人的最大自由的宪法。[1] 作为一种宪法权利,财产权表现为一种消极的防御性权利,即免于被政府剥夺的权利。财产权意味着个人在社会范围内拥有属于其自身物品的正当权利,经济自由的核心是个人对其财产的独立支配和所有。但从1919年德国的魏玛宪法以来,财产权被视为一种公民的经济权利或者社会权利,公民的财产权从消极权利演变为积极权利,公民财产权的实现不再单纯地表现为对国家公权力的防御,而更多体现为要求国家公权力通过积极的作为给予保障的功能上。我国的宪法学通常也将公民的财产权利界定为经济权利,强调国家对公民财产权利的保障义务。但弱化了公民财产权的消极功能,即消解了公民财产权不受国家公权力侵犯的本初的宪法价值。中国当下仍处于从计划经济向市场经济转型时期,私人财富的增长超过以往任何历史时期,然而,国家公权力对私人财产的侵害也处于最严峻的阶段,尤其体现在土地征收、房屋拆迁上。因此,我国公民的财产权利的防御功能不应被忽视,重树财产权的自然权利观念对于保障我国公民的财产权利意义重大。正如高全喜教授所言,从宪法的意义上,公民的财产权是一种自然权利,公民天然就应当享有一定资源以及缘于劳动所获得的财富。财产权所保障的公民的经济自由是人类一切自由的前提,没有财产权,人的自由就没有保障,因此,财产权对于个人具有实质性意义。[2] 应当说,公民的财产权具有消极与积极的双重属性,既要求国家积极的保障也要求国家消极的不侵犯。但财产权的根本保障仍然在于免受国家公权力的侵害。从历史发展过程来看,中国的市场经济转型期仍处于西方的资本原始积累阶段,财产权的保障仍为公民生存权这一最基本的人权的基础,为公民追求幸福权的前提。

与财产权相关的是公民的经济自由,如经营自由,即涉及公民获取财产权机会的权利。如果说,财产权侧重对公民产权的静态保护,而经济自由更注重对公民产权的动态保障。如果没有经济自由,公民没有取得财产的合法手段,那么所谓公民的财产权则无从谈起。通常情况下,普通人财产的来源在于其从事特定的合法经营。由于不同经营群体与执业者财产的差异悬殊,从而决定了其他诸多权利的享有。对公民营业自由的限制,实质上截断了公民私产的来源。如市场准入条件的严苛限制,经营网上专车的查禁,甚至路边摊贩的驱逐,直

---

[1] 吴彦:《法、自由与强制力——康德法哲学导论》,商务印书馆2016年版,第218—221页。
[2] 高全喜:《法律与自由》,载于林来梵主编:《法律与人文》,法律出版社2007年版,第238页。

接侵害的便是公民的经营权，间接侵害的是其财产权，根本侵害的是其生存权。因此，基于保障公民财产权的目的，要求必须保障公民的经济自由，即通过一定的经营方式，获取财产的自由。

从宪法经济学的意义上，人的基本权利可以推导出人的基本产权，但在多数主义规则下，产权有可能受到侵犯。因此，"保护产权的制度就是高于立法机构的又一基本规则。当人们的资产的价值要通过交易体现出来时，交易的自由，订立契约的自由也成为先于和高于一般法律的宪法权利。"[①] 因为，没有交易自由和契约自治，财产就得不到保障。在取缔私产与禁止自由交易的社会，意味着经济上的贫困和政治上的奴役。而财产的所谓公有，即由国家掌握财产的所有权，几乎注定其无效率及其破产的结局。相应的是，公民的普遍贫困，没有生存权的物质保障，公民的其他权利也受到极大的压制。

地方债表面上看是地方政府的融资行为，但与公民的财产权以及经济自由密切相关。因为，地方债以公民的私有财产权为前提，在公有制国家及计划经济体制，由于产权的国家所有，因此，不会有所谓的地方债。地方债作为提前收取的税收，无疑还可能会对公民的财产权造成损害；同样，地方债作为地方政府的财政资金的汲取方式，会广泛影响公民的经济行为和营业活动，即影响公民的经济自由。

从财政宪法学角度，由于公民需要公共服务，才将自己财富的部分作为税收交给国家，由政府作为经理人管理公民让渡的财富。当税收不足以支付提供公共服务的对价时，地方政府只能借债，这是对公共财产进行经营管理的一种手段。因此，政府管理公共财产必然包含发债权。但本质上，政府只是经理人，由于公共资产的产权人是当地居民，因此，对于借债的重大决策，只能由产权人作出。但产权人数量较多且可能存在利益分化，由每个居民直接作出决定不可行且成本过高，因此，关于发债问题的议决只能由代议制机关来付诸实施。在我国体现为地方人民代表大会对地方政府的发债问题进行审议。修改后的《预算法》将地方债纳入预算管理体制，实质上是将过去地方债的行政主导转化为议会主权，这是符合宪法原理的。可见，地方债发行权来自于公民的经济自由权，其正当性的基础在于公民的财产权保障。因此，公民通过授权人民代表大会来行使地方债发行的决策权，地方行政机关及部门不能擅自决定发行地方债。过去，我国地方债的失范及无序，从根本上来说，恰恰是地方债权力的

[①] 盛洪："宪制经济学与宪制改革——《宪制经济学》中文版序"，载[澳]布伦南、[美]布坎南：《宪制经济学》，冯克利，等译，中国社会科学出版社2004年版，第4页。

宪法机制上出了问题。失去人民代表大会的控制，地方政府超发、滥发地方债的现象非常普遍，从而导致公民的财产权和经济自由受到严重侵害。

第三节　从共时性公平到历时性公平

法律的终极价值是公平正义，而公平正义不仅只在同代人之间，也存在于不同代人之间。笔者将地方债的同代人之间的公平称为共时性公平，而将地方债不同代人之间的公平称为历时性公平。地方债的公平性问题即是如此，其不只存在于同代人的不同群体之间，还存在于不同时代人之间。甚至说，地方债公平性价值更侧重于不同代人之间，历时性公平是地方债公平性的关键所在。

一、地方债的共时性公平

地方债的共时性公平体现在诸多方面，但总体上表现为横向与纵向两个维度。横向公平表现为一定区域内的不同公民之间公平性问题，即将各个地方政府之收入，进行重新分配，以衡平各地方政府之间财政能力的差异，以促进地区间基本公共服务均等化。如在同一区域内地方债的受益人与地方债的负担人之间的利益平衡。因为在某一区域，地方债的认购者与地方债的偿还者可能存在利益的冲突。地方债的认购人同时作为纳税人可以享受公共服务，是地方债的双重受益人——既可以获得地方债的红利又可以享受因地方债筹集资金所提供的公共服务。但地方债的偿还者是本地的全体纳税人。虽然地方债的债权人与地方债的偿还者都要享受当地的公共服务，但债权人因地方债的发行而获得利益（除非地方政府破产，债权人得不到或者不能全额得到本息的偿还），而偿还者却因地方债的发行而受损。当然，地方债的发行如果用于基础公共设施和基本民生服务，全体纳税人会间接得到利益回报，但如果基础公共设施或基本民生服务用于特定群体，如修建农业水利工程或救治残障儿童，仍然存在利益不能均沾的问题。

在特殊情况下，地方债横向公平还可能体现为不同地域的地方债受益者与地方债偿还者之间的利益关系。通常地方债由发行地税收作为担保进行偿还，但如果地方财政危机，短期内税收不足以偿还地方债时，中央政府不得不借助财政转移支付来使该地方政府摆脱债务危机。横向财政转移支付是地方财政之间的转移支付的一种方式，如，省与省、市与市之间所谓"结对子扶贫帮困"，这就相当于贫困地区的公共服务由富裕地区的纳税人提供。当然，我国目前受助地区的财政贫困并不一定或者主要不是发行地方债导致的，但其财政转移支付机制是一致的。应当说，我国实施的"对口支援"，作为财政转移支付的一种方式，对落后地区的经济发展、基础设施建设发挥了一定的积极作用。但这种简单的"输血型"的财政转移方式不能真正焕发经济落后地区的经济发展的主动性与积极性，许多国家级贫困地区长年依赖国家，在每年的财政救济上心安理得，一些地方被评为国家级贫困县，不仅没有压力，反而却张灯结彩进行庆贺。笔者曾于2012年到过青海省一个国家级贫困县进行考察，当地每年的公共开支大致需要50亿元人民币，而本县财政每年只能创造5亿元的财政收入，其他45亿元都需要国家或上级政府拨款。由于习惯于依靠中央或上级机关每年的财政拨款，该县政府惰性十足，缺乏创新意识和进取精神。近年来东北三省经济低迷，财政困乏，债务缠身，中央决定由东南沿海对东北贫困地区进行对口财政支援。这种对弱者的帮助，如果不能从体制和机制上创新，很难从根本上解决东北地区的财政困境。

纵向公平表现为中央与地方之间的发债权的冲突，背后蕴含着全体纳税人与区域纳税人的利益博弈。为实现纵向公平，需将原先分配给中央的收入，重新分配给全体的地方政府或个别的地方政府。根据《德国基本法》第107条，有关国家财政调整法律规定，联邦应从自有经费中拨款补助财政能力较弱之邦，以填补该邦一般财政需要之不足。众所周知，地方债对应地方公共财政的决策权及地方的公共产品服务，如果由中央政府代替地方政府决策，会导致对局部区域的公民的不公平对待。是中央对地方的强权，以及以人民全体的名义而进行的多数人对少数人的专断。特别是当地方政府资不抵债达到"破产"的境地，如何解决地方债危机？国外一般采取中央政府不救助的原则，这是公平的。如果地方政府发债，自己无力偿还，而由中央政府财政偿还，会导致局部少数人的公共服务的花费由全体纳税人来买单的不公平结果。而且，如果中央采取救助原则，会纵容地方政府债务的增发、滥发，地方政府的债务最后一律由中央财政包揽，可能会导致国家财政的巨大亏空，地方财政危机最终会转化为国家财政危机。分税制改革以来，我国中央财政对地方财政进行财政转移支付，以弥补地方财政的税收的短板，实现各地区之间基本公共服务均等化的目标。但由于我国财政转移支付不够规范，其实现社会公平的目标并未实现，地区间的财政收入和公共服务水平的差距反而越来越大。由此可见，若要实现地方债的社会公平，应当允许地方政府发债，由地方政府通过民主机制进行决策，当资不抵债时，由中央政府监督并对地方政府财政进行重整，而不是由中央政府决定地方政府发债及由中央财政代地方政府偿债。

总之，地方债可能导致财政负担的不合理分配。量能负担的税收公平原则要求对特定公民征收的税额与其所拥有的财产以及收入正相关，即富人应当承担更多的公共负担，而穷人则少负担甚至不负担公共成本。然而，地方债却与此相反：由于贫富差距悬殊，富人由于拥有足够的资金，作为一种投资方式，通过购买地方债而赢利；而穷人没有钱购买地方债，不可能成为地方债的受益人，但只要经营谋生就要纳税，却成为地方债的负担者。地方债作为公债（地方债）的低风险较高回报的属性，使富人有了稳赚不赔的"用钱生钱"的投资回报，而穷人仅有钱财勉强维持生计。这样，地方债只能进一步加剧社会的不公平。

二、地方债的历时性公平

地方债的历时性公平又称为代际公平。代际公平是在资源相对稀缺的前提下，实现社会的可持续发展问题。以经济学视角，人类在发展经济时应对自己的后代负责，多考虑后代的生存和发展，注意资源配置时对自然资源、生态环境的保护，把对单纯物质财富的追求和满足转变为对人的全面发展的追求，在经济发展中既满足当代人的需求，又不对后代人的经济发展构成危害。代际公平的实质是通过一定社会制度实现有关利益或者负担在当代人和后代人之间的分配，这种制度既不对当代人的自由或者机会造成限制，也不对后代人的自由或者机会造成限制。然而，历史往往不公平地进行着代际更替。由于时间的单向性，当代人与后代人之间的交换仅仅沿着一个方向进行，这是一个不可抗拒的历史规律。如果假定当代人和后代人都是具有道德感的主体，那么代际公平的核心就是要寻找不同时间的一致同意，即一种在一个社会的全部历史过程中公正地对待所有世代的方式。如果税收的正当性基础在于当代人的一致同意，那么可以说地方债的公平性的前提在于当代人与后代人的价值信守，其主要约束的是当代人集体的自私的物欲冲动。由于各个世代存在时间上的先后顺序，而且这种时间顺序是不可逆转的，当代人很容易运用对于后代人的压迫性力量，影响后代人生存发展和享有人类文明。不同世代的人和同时代的人一样相互之间有种种义务和责任。现时代的人不能随心所欲地行动，而应受制于一定的正义原则的要求。[1]

因地方债引发的代际的利益矛盾异常突出。地方债可能导致的代际不公平体现为：税收征收的对象是针对既有财产和已经发生的经济活动，因此不涉及代际问题。地方债则是对未来税款的透支，纳税人与享受公共服务者之间出现

---

[1] [美]约翰·罗尔斯：《正义论》，何怀宏、何包钢、廖申白译，中国社会科学出版社2014年版，第68页。

了时间上的错位：享受公共产品服务者将来未必纳税，而真正的纳税人未来并不一定能享受该项公共产品服务。除非地方债投资确属长期公共服务，后代也能够享受到，否则即存在代际不公平问题。从法律关系上看，税收实际上是当期交易，纳税人缴纳税款换取政府提供对价的公共服务。而且税款的数额与公共服务的内容是双方经过博弈而达成一致的结果。而地方债却是非当期交易，涉及三方主体即作为债权人的私人、作为债务人的政府和实际偿还债务的纳税人。作为债权人的私人具有很大的不确定性；而实际偿还债务的纳税人则是在未来才能确定，因此利益获得的机会也是未知的，甚至政府作为债务人其法定代表人也会随着任期制而不断更换。这些因素导致三方难以达成合理平衡。这意味着，后代纳税人要为前代的纳税人享受的公共服务买单。有鉴于此，自2003年以来，德国后代人权基金会（Foundation for the Rights of Future Generations，简称FRFG）提议在宪法中加入代际公正基本原则的宪法修正案。该草案目前被移送给法律委员会等待进一步的审议。其内容为："国家必须考虑可持续性原则，在制定政策中必须保护后代人的利益"，另外，它们还提议在第109条国家财政准则中应该增加相应限制国债的内容。①

如果地方债投资收益周期短，（不是指对认购人的偿还期）只用于当代人的享受，后代人只能承受偿债负担却不能享受益处，这当然不公平。但如果地方债对应的公共服务产品，如基础公共设施，通常其成本高而收益周期较长，而高昂的成本虽然是由后代纳税人来承担，但实际上，特定的公共产品也会由后代人共享。如水库、学校诸如此类的公共设施和机构，后代人承受基础公共设施的代价时，也享受了基础公共设施的福利。从这个意义上说，地方债的发行与偿还才符合代际公平原则。

代际公平不仅体现为不同代的人民之间，还可能体现为不同代即不同届别政府之间。世界范围内，普遍实行政府官员的任期制，在我国地方官员实际的任职期限更短。这加剧了不同届别的地方政府之间的利益冲突。上届政府借债当然要下届政府来还，这便形成了政府之间的代际公平问题。德国学者Püttner认为："按民主政治体制下政府之权力系附有期限，不论政府或国会权力均只能行使到下届选期为止。现时对公债（地方债）之发行，课未来政府以返还本息之义务，此侵犯到未来政府之收入权及未来国家之立法裁量权，而破

---

① Marco Wanderwitz, Peter Friedrich, Anna Luhrmann, Michael Kauch: Changing the German Constititution in favour of Future Generations——Four Perspectives from the young Generation. 转引自冉富强："公债（地方债）的宪法控制"，南京大学2010年博士论文。

坏宪法之限制，故属违宪之侵犯职权行为。"①在我国，由于组织人事制度，地方政府行政首长，一般任期都不长。因此，地方行政首长关注的是在自己短暂的任期内突显政绩，为此，一些地方官员好大喜功，大搞政绩工程、面子工程。于是往往出现一些地方不切实际的建设工程。但当无足够的财政资金时，只能借债融资。行政首长的盲目决策，发行的地方债大大超出地方政府的财政能力，导致后届政府财政陷入困境。滥发地方债后，行政首长通常会因政绩工程异地升迁，留下的地方财政的"烂摊子"只能由下届政府收拾。这不但是对下届政府的不公平，也是对下届选民的不公平。有些地方债甚至是通过地方政府融资平台发行的，政府与融资公司的权属不清，一些政府官员凭借强权"新官不理旧账"，导致融资公司利益受损。因此，为了解决政府代际公平问题，除了根据修改后的《预算法》要将政府的地方债纳入地方预算进行人大审查，以取代官员的长官意志，还要加强对地方债的审计、评估、考核，特别是对地方官员离任时的关于地方债上的审计，对官员进行的考核事项中纳入地方债的内容，并终生问责，实现地方债的权责统一。

第四节　从中央集权到地方财政分权

在中央集权的体制下，中央与地方关系无法理顺。中华人民共和国成立至今的4部宪法及其现行宪法的修正案都没有关于中央与地方权限的明确划分，导致在实践中中央与地方的关系处于不稳定状态，出现了"一收就死、一放就乱"的恶性循环。在计划经济体制下中央统得过死，地方没有自主权；市场经济体制下，中央逐步放权，地方自主权扩大，导致中央控制能力的削弱。如今又重新开始强化中央的权威，强调地方对中央的服从。与中央集权相比，地方自治能更好地理顺中央与地方的关系。这已经为中外宪法规范与宪法实践所证明。如日本国通过宪法和地方自治法确定地方自治的原则并明确划分中央与地方的权限。1946年中华民国宪法按照孙中山"均权"思想确立了地方制度，并通过列举明确划分了中央、省、县之间的权限范围。1946年中华民国宪法通过专章第十章规定"中央与地方之权限"分别列举规定了由中央立法并执行的事项；由中央立法并执行或交由省县执行的事项；由省立法并执行或交由县执行

---

① 转引自葛克昌：《国家学与国家法》，月旦出版社股份有限公司1996年版，第132页。

的事项；由县立法并执行的事项。① 其中，"省债"属于由省立法并执行或交由县执行的事项；"县债"属于由县立法并执行的事项。也就是说，地方债完全属于地方的事项。时至今日，国人仍对中央与地方的权限如何划分，在财政领域如何界定中央与地方财权与事权困惑不已。其实，1946年中华民国宪法已经作出明确的规定。

地方政府享有发债权的依据主要有财政分权理论、公共物品理论和民主理论。美国经济学家奥茨在"联邦财政主义理论"中，提出"奥茨分权化定理"，其认为地方政府将一个帕累托有效的产出量提供给它们各自的选民，总是要比中央政府向全体选民提供的任何特定且一致的产出量有效率的多。因为与中央政府相比，地方政府更接近自己的民众，更了解其所管辖区选民的效用与需求，在他看来，"地方政府之所以被创建出来，是由于偏好在地方区域内都相差无几，而在地方区域之间则相差悬殊"。② 著名经济学家哈耶克认为，地方政府更加了解本地区的实际情况，地方政府在进行地方治理和提供公共产品时的决策，能够增加社会福利。从公共产品理论出发，根据受益范围不同，公共产品分为全国性公共产品和地方性公共产品，地方性公共产品当然应当由地方政府提供。公共产品理论明确了中央与地方政府财政支出的责任，可以直接作为地方性政

---

① 1946年中华民国宪法规定，第十章 中央与地方之权限

第107条左列事项，由中央立法并执行之：一外交；二国防与国防军事；三国籍法及刑事、民事、商事之法律；四司法制度；五航空、国道、国有铁路、航政、邮政及电政；六中央财政与国税；七国税与省税、县税之划分；八国营经济事业；九币制及国家银行；十度量衡；十一国际贸易政策；十二涉外之财政经济事项；十三其他依本宪法所定关于中央之事项。

第108条左列事项，由中央立法并执行之，或交由省、县执行之：一省、县自治通则；二行政区划；三森林、工矿及商业；四教育制度；五银行及交易所制度；六航业及海洋渔业；七公用事业；八合作事业；九二省以上之水陆交通运输；十二省以上之水利、河道及农牧事业；十一中央及地方官吏之铨叙、任用、纠察及保障；十二土地法；十三劳动法及其他社会立法；十四公用征收；十五全国户口调查及统计；十六移民及垦殖；十七警察制度；十八公共卫生；十九赈济、抚恤及失业救济；二十有关文化之古籍、古物及古迹之保存。前项各款，省于不抵触国家法律内，得制定单行法规。

第109条左列事项，由省立法并执行之，或交由县执行之：一省教育、卫生、实业及交通；二省财产之经营及处分；三省市政；四省公营事业；五省合作事业；六省农林、水利、渔牧及工程；七省财政及省税；八省债；九省银行；十省警政之实施；十一省慈善及公益事业；十二其他依国家法律赋予之事项。

第110条左列事项，由县立法并执行之：一县教育、卫生、实业及交通；二县财产之经营及处分；三县公营事业；四县合作事业；五县农林、水利、渔牧及工程；六县财政及县税；七县债；八县银行；九县警卫之实施；十县慈善及公益事项；十一其他依国家法律及省自治法赋予之事项。

② Wallace E. Oates, "An Essay on Fiscal Federalism", Journal of Economic Literature, Vol. 37 (3), 1999, pp 1120—1149.

府享有本地区财政权力（包括举债权）来确保地方政府公共产品的理论依据。[①]世界各国政治制度的实践也表明，特定地域内的民主机制更具有真实性和有效性。地方民主的正当性理由是：只涉及本地方利益的事务由本地多数公民自主决定，既排除本地方少数人的专制，也排除上级政府或者本地方以外其他居民的专制。即使是涉及全体公民的事项，不合理限制或排除特定地方利益，以及该地方民众通过民主形式维护自身利益的权利也是违反民主原则的。保障地方民主是实现少数者权利、防止多数人专制的有效途径。地方债的发债权就是地方的决策权的一部分，地方发债属于地方的一项民主权利。我国长期以来在立法上不承认地方的发债权。

地方债发行体制可分为中央政府统一发债与中央政府、地方政府各自享有独立发债权两种形式。《美国联邦宪法第十修正案》规定：'宪法既未委托给合众国，亦未禁止各州（使用）的权力，分别被保留给各州或人民。'可以推论，在联邦政府征税和举债之外，州和地方政府仍然享有自己独立的征税权和举债权。即使在单一制国家，作为一定区域范围内的政治实体，地方政府也应当享有相对独立的法律地位，且以此为背景展开的自治活动中，可进一步推演出地方债这一属于地方自主权当然组成部分的重要内容。因为，发行地方债是地方财政分权一部分。

地方政府享有独立发债权并非联邦制国家独有的现象，在单一制国家也同样如此。独立的发债权取决于独立的预算权。在联邦制国家，联邦与邦（州）各自预算独立，《德国基本法》第109条第1项即规定：联邦与各邦之财政收支管理各自独立，互不依赖。为实现宪法上中央与地方均权制度，应确保中央与地方政府之预算各自独立，在预算之编制上各自拥有自主权，此即所谓"预算自主原则"。因此，各邦当然有举债权。在美国，由于联邦与州是独立财政实体，进行独立预算，因此州政府发行债券是其当然的保留的权力，故而有联邦债券、州债券两种类型。但实际上，因州具备一定主权，因此州债券仍然属于国债的性质。在美国，相当于地方债形式的债券为市所发行的市政债券，因市可以被认为是地方政府。美国的州与市之间即可视为所谓中央与地方的关系，但州不决定市政债券的发行，而是通过立法同时将州政府债券与市政债券纳入法律控制体系中。然而，同属联邦制国家的澳大利亚，在有关地方债发行权上，与美国有不同的进路：从放任、到管制、再到宽松，最终通过市场化机制调节联邦与州的发债权。20世纪初，澳大利亚联邦缺乏系统的管理地方政府债券的制度，各州政府都有自主借债权，作为独立主体在市场上分别进行融资。这导

[①] 杨莎莎：《中国地方债治理法律制度研究》，经济科学出版社2015年版，第63页。

致恶性竞争的出现,并使政府债务规模急剧膨胀,产生不良影响。1927 年,澳大利亚借款委员会成立,代表联邦接管地方债务,实施严格管理。地方债券由中央政府代发,借款数量、利率、时间和种类都受管制,这对规范借贷行为、提高政府信用起到了重要作用。但随着经济发展,这种管制政策逐渐暴露出过于僵化的弱点。20 世纪 50 年代后,联邦政府放松了管制,澳大利亚各州通过成立国库公司,对地方债进行市场化运作,既规避了中央政府代发地方债券带来的信息不对称和道德风险问题,又避免了州政府自主发债模式容易产生的过度发债现象。[1]

在单一制国家,如法国传统上是一个相对集权的单一制国家,但经历了多次的政治体制改革,特别是 20 世纪八九十年代的地方分权的体制改革,合理划分了中央与地方权责范围,规范了中央与地方的关系:中央政府主要职责是制定国家战略层面的规划,并对国民经济进行宏观管理,省级政府主要职责是负责实施国家的各项福利和保障政策,市镇政府负责本辖区的居民提供公共产品服务。[2] 此后,市政债券这一地方债形式逐渐发展起来。在改革以前,法国地方政府只能通过中央政府审批后才可以发行债券。改革以后,地方政府可以自主发行地方政府债券。再如日本,19 世纪 80 年代,日本确立了"发行地方债务必须通过议会"的原则。后来这一原则被 1946 年《日本国宪法》进一步明确。1947 年,日本出台了《地方自治法》,允许地方政府在一定条件下发行地方债。地方债券基本上分为普通债券和公共债券。普通债券由地方政府包括都、道、府、县、市、町、村直接发行。但由于财政上的高度集权,日本地方政府举债受到严格限制。2006 财政年度前,日本地方政府发行债券实行严格的审批制度:除非中央政府批准同意,地方政府原则上不得举债;地方政府发行债券须向总务省申报,总务省与财务省协商审批后下达各地发债额度。从 2006 年起,基于分权化改革,日本将严格的审批制转变为协商制。地方政府在一定条件下可直接举债,但报请总务省审批的地方政府可获两项优惠,总务省在计算对地方政府的转移支付时考虑偿债因素。[3] 可见,单一制国家的地方政府享有发债权不仅在理论上可被证成,而且一些国家已经取得成功的实践经验。单一制国家不仅同样存在中央与地方权限的相对划分,且地方政府享有发债权为地方政府享有自治权的应有之义。这表明,单一制或联邦制国家体制在地方债发行体制上并无决定性作用,地方政府的独立的发债权取决于地方独立的预算权,

---

[1] 陈碧声:"由乱到治:澳大利亚地方债管理式演变的启示",载新华网 2014 年 7 月 18 日。
[2] 黄凯斌:"法国中央与地方政府行政职责划分情况及其启示",载《江汉论坛》2007 年第 9 期。
[3] 刘晓凤:"美日法地方债制度的变迁及特点",载《中国财政》2010 年第 6 期。

也就是说，如果地方保有独立的预算权，就应当有独立的发债权。地方政府享有独立发债权，有利于地方政府更好地履行其职能，实现收支平衡，并更好地提供公共服务。这更有利于调动地方政府发展经济的积极性，实现资源效益的最大化。地方政府可以根据地方人民代表大会通过的发展规划，更加灵活地筹集资金，解决地方经济社会存在的问题。更重要的是，由于地方政府拥有了自筹资金、自主发展的能力，中央政府与地方政府之间的关系将会更加成熟，地方人民代表大会在监督地方政府方面将会有更高的积极性，我国的地方民主政治会更有活力。在奉行地方财政分权的单一制国家，财政调整应避免干预地方活动，在按照一定基准，满足各地方政府之基本财政收入需要，以维护全国统一的、最低的基本服务后，上级政府应尽可能维持中立，让地方政府自治与自主，并由其自行承担自治责任，使"自治"与"责任"相连接，这被称为财政调整的"事务中立原则"。[①] 1994 年中国实现分税制改革后，实行中央与地方的财政分权，钱颖一教授借鉴国外的经验称其为"财政联邦主义"，即地方取得了实质上的财政自主权。我国地方财政自主和财政的地方分权的制度体系已经确立，地方债的发行权就应当由地方政府保有，通过地方的民主机制来进行决策。既然地方政府在我国的宪法框架下属于一级政府、一级财政，因此在中央统一协调和约束的前提下，就应当有一级举债权。也就是说，地方债是否发、发多少、怎么发都由地方通过代议制体制进行决议。相信地方民主机制能够作出理性选择，因为当地民众是地方债的直接利害关系人。他们最有资格也最有能力作出判决，让中央替地方决策，实际上是让局外人或无直接利害关系人在替他们决策，不符合法理也不符合情理。

　　从民主角度说，不同层级代议制机关之间只是表达民意的范围不同，中央代议制机关体现的是全国范围内的民意，而地方代议机关体现的则是地方范围内的民意。同样作为代议制机关，全国性的代议制机关与地方代议制机关并不存在行政科层的上下级关系。特别是在实行地方财政分权的单一制国家，地方与中央也不是完全命令与服从的关系，地方机关特别是地方议会拥有相当大的自主权。在我国，《宪法》虽然没有对全国人民代表大会与地方人民代表大会之间的关系作出明确、具体的规定，但是地方人民代表大会也拥有其法定职权，且其权力并不受全国人民代表大会非法干预。也就是说，地方人民代表大会在地方事务上依法拥有独立自主的法定职权。我国《宪法》明确规定：地方各级人民代表大会依照法律规定的权限，通过和发布决议，审查和决定地方的经济

[①] 参见我国台湾地区财税法学者陈清秀教授于 2017 年 11 月 14 日在大连海事大学法学院所做的学术演讲："财政宪法的基本原则——从比较法的观点探讨"。

建设、文化建设和公共事业建设的计划。发行地方债应当属于广义的"决定地方的经济建设、文化建设和公共事业建设的计划"。我国现行《宪法》第 89 条第 4 项关于国务院的职权规定，国务院统一领导全国地方各级国家行政机关的工作，规定中央和省、自治区、直辖市的国家行政机关的职权的具体划分。也就是说，国务院作为最高国家行政机关，是地方行政机关的领导机关，而且有权规定中央与省级行政机关的职权划分。这一职权当然包括财政权，这一规定导致地方财政自主权被限制，长期以来地方政府发行地方债的合理诉求被忽视。

《立法法》第 8 条第 9 项确立了财政的法律保留的原则，即关于财政的基本制度，只能制定法律。这一"法律"是狭义的，仅指全国人民代表大会及其常务委员会制定的法律。也就是说，法律保留原则将法定事项仅保留给中央立法机关，地方立法机关无权分享。当然，法律保留的是"财政的基本制度"。"财政的基本制度"应当是关于财政的重要原则、主体框架内容等方面的规定。地方债的基础性立法如地方债发行的主体资格、发行程序、责任归属应当属于财政的基本制度，但地方债的具体细节如发行规模、偿还期限等内容则不属于财政的基本制度。前者属于立法法的财政的法律保留的范围，后者则应当归于地方的财政自主权，由地方人民代表大会审议决定，而不应当由全国人民代表大会批准或国务院决定。这样看来，《立法法》第 8 条第 9 项与《宪法》第 89 条第 4 项在中央与地方财政权限上存在着内在的紧张关系。

修改后的《预算法》将地方债的发行权授予省一级地方政府，而市、县、乡一级地方政府仍无发债权。其实，在我国分税制改革后，层级越低的地方政府其事权越多而财政越窘困，尤其是县、乡两级政府。据统计，县、乡两级的财政承担了目前我国接近 3/4 的人口公共产品的需求。尤其是在这部分需求很多都集中于农村，区域广阔，需求分散导致提供公共产品的成本更高。[1] 而且，政府级别越低，财权和事权不对称的问题就越突出，例如，我国县、乡政府承担了近 60% 的教育事业费，近 55% 的医疗卫生支出，以及大部分对农村的扶助支出。因此，只赋予省一级地方政府的发债权，其法理依据以及现实合理性令人怀疑。目前，实际的做法，省以下的政府的债券可由省政府代发，这与过去地方债由中央政府代发，本质上是一样的。地方政府无论层级，发债权是其作为区域经济体和财政实体的固有权力，而不是上级赋予的权力。中国宪法体制的本质是民主政治，而民主首先是基层的直接民主，意味着一定区域内民众的自治权力，而单一制不能背离民主的价值。即使单一制的民主集中制的原则也是民主基础上的集中，民主是集中的前提。即便是我国最基层的乡镇一级的政

---

[1] 杨莎莎：《中国地方债治理法律制度研究》，经济科学出版社 2015 年版，第 105—106 页。

府也应当有权发行债券，因为，乡镇政府也设置人民代表大会，也有民主议决的机制。地方政府享有发债权既符合法律理性也满足效率的要求。因此，新《预算法》只赋予省一级地方政府发债权的规定仍没有脱离传统管制型政府的窠臼，我国省级政府与市、县、乡级政府之间的事权与财权分离的问题仍没有解决。

有学者认为，鉴于我国过去地方债的乱象丛生，由中央政府加强对地方债的控制和监督是必要的。但实际上，过去地方债的混乱是如何造成的，是中央政府疏于管控的结果吗？分税制改革后，由于地方政府的事权与支出责任的严重失衡，使一些地方财政入不敷出，地方政府提供的公共服务逐渐增加，但财政支出的能力却明显不足，使地方政府存在发债的强劲的合理需求。但由于法律上明确禁止，地方政府只能在发行地方债上"明修栈道、暗度陈仓"。可以说，地方债的乱象正是由于法律不能回应地方政府发行地方债的合理诉求，是地方政府既要满足民众的公共服务的需求，又要规避由于政务不作为的法律责任的，不得已而为之的做法。地方债的乱的根源在于无法可依，而不是中央政府管控不利。且中国有近 300 个地级市、2800 多个县以及 4 万多个乡镇，各地经济发展水平不一，收支水平各异。地方政府不仅要承担基础设施、农林水利、交通运输、义务教育、社会治安、环境保护、行政管理一系列职责，有时还得分担本该中央承担的责任。各地情况如此复杂，差异如此之大，中央与地方之间存在着严重的信息不对称。中央代替地方进行决策不但不公正而且也没有效率。诚然，地方民主机制也会失灵，如追求短期效应，盲目过度发债。但只有当内部民主决策机制产生了"外部效应"时，中央才能进行干预，并且也只能通过法律的手段进行干预。且民主的宪法意蕴体现为地方民众直接行使的参与性民主，而不仅是所谓体现国家"公意"的间接民主，宪法意义上的民主不仅要实现多数人的统治，更要防止多数人对少数人的暴政。依此，即便以国家利益为正当理由，也不能剥夺地方利益的民意表达，也要遵循比例原则的限制。纵然由于法律效力位阶的原因，债权的地方立法作为下位法与国家立法的上位法存在冲突甚至相抵触而被确认无效，也要以地方立法完成了民意表达的法律程序既已制定生效为前提。也就是说，中央立法的效力高于地方立法，但不能取代地方立法。总之，治乱之本不在于加强中央对地方的控制，而是建构对地方债的法律规范体系。

更重大的问题是，如果中央代替地方在地方债问题上进行决策，那么地方债的责任谁来承担？假设地方债的发行权属于地方政府的自主权，那意味着地方政府自己承担地方债的责任与风险。但中央决定地方债的发行，是否意味着中央承担地方债的责任与风险呢？根据权责统一的原则，中央政府代替地方政府行使决策权，当然中央政府要承担相应的责任。其实，过去的中央代发地方债，隐含的逻辑便是，地方债最终由中央财政兜底。因此，地方政府从来不会担心地方债滥发的风险。但中央控制地方发债的结果是中央要为地方债务买单，这必然会造成了财政的不公正的结果，即让全体纳税人为某地纳税人分担债务。尽管在新预算法实施后我国财政部门出台规定明确中央政府对地方政府债务危机采取不救助原则，但鉴于目前我国的宪法体制及中央与地方事权与财权相分离的状况，中央政府很难做到"不救助"。因为，中央财政不救助的前提是中央政府不包办地方债的决策权。

当前，我国地方债治理的前提是我国中央与地方关系的深刻变革。关于中央与地方的关系，我国一直停留于政策性层面，至今仍没能超越毛泽东在20世纪50年代所提出的"发挥中央与地方两个积极性"的认识上。尽管我国《宪法》在总纲中明确规定："中央和地方的国家机构职权的划分，遵循在中央的统一领导下，充分发挥地方的主动性、积极性的原则。"但中央与地方的权力关系却没有专门、具体的法律规定。笔者认为，理顺我国中央与地方的关系，必须将我国中央与地方关系纳入法治的轨道。明确中央与地方的法定事权，由此才能理顺中央与地方的财权及支出责任。我国台湾地区的"财政收支划分法"确定了所谓行政任务与财政支出责任连接原则，规定："中央"与地方为执行其任务所需经费支出，应各自负担，亦即支出跟随任务而来。各级政府之任务事项，如需交由下级政府执行者，其经费之负担，除"法律"另有规定外，属委办事项者，由委办机关负担；属自治事项者，由该自治团体自行负担。

因此，制定我国的《财政收支划分法》显得尤其必要。为此，首先应当摆脱单一制体制的过分僵化和集权的传统观念的桎梏，通过立法，合理划分中央与地方的权限，理顺央地的法定关系，进而为地方债的法治化提供法律制度保障。

第六章　地方债的合宪性审查

第一节　地方债合宪性审查的原理

民主、法治及人权保障构成宪法的核心价值，而地方债的宪法原则为何？对此问题学者们众说纷纭。笔者认为可以将地方债的宪法原理分解为四个方面：其一，地方债的债权人保护；其二，地方债的平等保护；其三，地方债的民主议决；其四，地方债的法律治理。其中，地方债债权人保护从宪法的人权保障原则出发，通过对地方债风险的法律控制，保护的是地方债的债券持有人权利；而地方债的平等保护，是通过债券的同债同权，实现对地方债的持有人的债权利益的平等保护。地方债民主议决，是通过议会的审议机制实现对地方债的民主控制，实现地方债的稳健运行。地方债的法律治理，则通过地方债的立法体系的完善，使地方债实现有法可依、有法必依。

《日本宪法》第七章以下有 9 个条文规定财政的基本原则，《德国基本法》第十章也有 14 个条文规定财政制度，其为两国财政包括地方债的宪法规范依据。我国宪法并未对地方债作出明确的规定，但王锴教授则认为：由于公债（地方债）的发行有改变积累与消费的关系的作用，即将公民本来用于消费的资金用于投资国家公债（地方债），并且最终用于进行公共建设，故我国《宪法》第 14 条 a 款——国家合理安排积累和消费，兼顾国家、集体和个人的利益，在发展生产的基础上，逐步改善人民的物质生活和文化生活——不妨作为公债（地方债）的宪法依据。[1] 笔者却认为，将此宪法条款作为公债（地方债）的宪法依据未免有些牵强。我国地方债的宪法依据应当体现为宪法的原则性的规定。我国现行宪法经过几次修改，彰显了宪法精神和法治理念，特别是法治原则、人权保障原则和公民私有财产不受侵犯的原则。

首先，宪法确立的人民主权原则是我国地方债的民主理财制度的基础。根据宪法规定，中华人民共和国一切权力属于人民，人民选派代表组成地方到中

---

[1]　王锴："论公债（地方债）的宪法基础"，载《中州学刊》2011 年第 3 期。

央的各级人民代表大会行使国家权力。在中国，一切组织和个人都要在宪法和法律的范围内活动，不允许任何组织和个人凌驾于宪法和法律之上。在人民主权原则基础上，中国宪法还确立了人民代表大会制度这一国家治理的宪法机制。这些宪法原则和制度为我国地方债法律控制奠定了基础。宪法人民主权原则要求，应当体现议会主权。其目的在于更有效地提供公共服务。应当突出人民在地方债体制中的主体地位和主动性作用。因此，地方债的发行应当由人民决定，地方债的管理应当受人民监督。在"国家财政"体制下，财政权力主要掌握在行政机关手中，长期以来地方债的发行由地方政府决定，未纳入预算，因此地方债的发行权未能受到人民代表大会的有效监督。

其次，宪法确立的法治原则是我国地方债法律法律控制的前提。宪法中"依法治国，建设社会主义法治国家"的治国方略将国家的治理结构建立在法律之上，这一宪法原则在财政领域体现为依法理财，即财政的法律之治。其具体要求是，行政机关必须在立法机关制定的法律授权的范围内行使财政权，一切财政活动必须以宪法和法律为依据。任何行政机关不得在法律之外行使财政权。正是由于我国依法治国建设社会主义法治国家的宪法规定，才使我国地方债从无序走向规范。法治原则要求财政行为必须有法律依据。然而长期以来，我国立法机关在财政上的立法不作为，导致财政包括地方债立法缺失。财政领域已经纳入全国人民代表大会及其常务委员会的立法数量，在财政收入方面只有4部，财政管理方面只有2部。而财政支出领域及地方债方面的立法完全空白。其余的皆为行政法规及行政规章。[①]

最后，宪法确立的人权保障原则为我国地方债的法律控制提供了宪法保障。宪法中"国家尊重和保护人权"的规定，真正触及了宪法的核心价值，即限制国家权力，保护公民权利。人权入宪对我国财政法治建设的影响将是重大且深远的。公民私有财产不受侵犯是人权保障原则在公民财产权利上的具体体现；合法的私有财产的宪法保护又构筑了人权保障的坚实基础。人权入宪意味着我国公权力与私权利界限的重大调整，人权保障原则意味着我国政府的权力应受到更大的限制，而公民权利应受到更广泛的保护。在财政领域体现为树立纳税人的权利本位并扩大纳税人权利范围以及重构有限性的税收权力。地方债的发行作为一种政府的财政行为，对公民的财产权利产生直接的重要影响。因此，必须对关涉地方债的公权力进行规范为公民基本的财产权利提供法律保障。所以，公民私有财产不受侵犯的宪法原则对税权的规范和公民财产权的保护尤为必要。在地方债的发行和管理过程中，如果不对政府的权力进行限制，必然会

---

① 熊伟：《财政法基本问题》，北京大学出版社2012年版，第5—6页。

造成公民财产权利的损害。发债权变成了一种危险的权力。

由此，我国地方债立法原则及制度体系必须要随之进行相应调整。在地方债的法律理念上，应当对我国目前通行的地方债的法律理论重新进行审视和评价。可以说，我国现行地方债依然停留于传统的管理模式，没有体现现代法治政府的服务功能，没有凸显公民在地方债法律关系中的主体地位。在地方债的实体内容上，表现为我国的地方债法律制度强调国家权力、行政主导，而忽视公民权利及公共服务。在地方债法律的制度设计上应当体现对民生的关怀。

第二节　地方债的合宪性功能

财政是政府的经济核心，也是国家调节社会分配和经济总量、并达到社会总需求与总供给基本平衡的重要职能。地方债除了经济作用以外还具有社会价值和政治功能，甚至对于国家稳定和社会进步至关重要。一旦地方债过度发行财政陷入困境，地方政权就必然面临危机。因此，不能仅认识到财政的经济作用，而忽略其社会价值和政治功能，更不能仅仅将财政视为一种工具和手段，而无视其所蕴含的目的性价值。在我国，传统的财政理念将地方债仅仅作为服务于国家财政的工具，在我国计划财政体制下，地方债作为经济运行的手段，其根本目标是国民经济计划的完成和国家政权的稳定。

宪法意义上的地方债是财政更高法律价值的体现，是以国家与公民这一基本宪法关系为对象而进行的理性分析，而且必须置于宪法秩序中才能得到理解。表现为地方债是公民宪法权利和宪法义务的中介，地方债与国民基本权利保障相对应，地方债不仅体现国家与国民之间的关系，同时反映了国家"共同体"内所有成员之间的关系。而且，一切地方债的法律制度必须接受财政立宪主义原理的统率。[①] 财政权是西方宪法体制中权力分立的关键内容。现代宪法国家的权力分立的最重要内容之一是财政权的设置。世界上各宪法国家，财政权无不由议会掌管，议会最基本和最重要的职能便是监督政府的财政。中央地方关系的关键因素之一就是财政权的分配，财政的集权分权是中央地方关系确立、调整的重要内容。从一定意义上说，中央与地方关系取决于财政因素。而且，国家的宪法体制以财政权力为基础，并围绕财政权力而展开。

---

① 朱孔武：《财政立宪主义研究》，法律出版社 2006 年版，第 68—69 页。

从宪法上国家与公民的关系上来看，近代以降宪法国家的基本价值取向是对国家权力的限制和规范以及对公民权利的维护和保障。因此，财政的宪法功能也反映了这两方面的内容，体现为财政法基本职能：分配财政权力、规范财政权力的运作、对财政权力进行监督。而财政职能的变化，是随着政府的职能的变化而变化的，政府职能的变化集中体现在规范政府权力、保护公民利益。随着我国市场经济体制的建立和宪法民主制度的发展，地方债的价值功能也发生了深刻的变化，特别是中国宪法的修改对地方债法律制度的原则精神和制度框架都产生了重要影响。宪法中关于国家尊重和保障人权以及国家建立健全同经济发展水平相适应的社会保障制度的规定，在地方债的法律制度中必然反映为对公民利益的保护，对财政权力的约束、规范和监督。树立以公民权利为本位的宪法理念，取代以公权力为主导的思维模式。尤其财政权作为国家权力的基础和核心，其实施对公民的权利会产生重大的和直接的影响，因此，对财政权力的规范尤其重要。

一、对国家财政权力的控制

在传统的计划经济体制下，地方债法律制度的功能应当绝对服务于财政权力，而公共财政体制下，财政法应转变为对财政权力的法律控制，具体表现在以下三个方面。

（1）财政权力的授予。在公共领域，任何公共权力的行使都会直接影响到人民的切身利益，因此必须从权力的来源上寻求其正当性，而这一公共权力的正当性即是其合宪性。根据财政立宪的原则，财政的基本规范是宪法规范，应在宪法中予以确认。包括财政权力的主体、财政权力的范围和财政权力运行的程序（如议会对财政议案的审议程序）等，都应在宪法中明确规定。只有这样，财政权力的行使才具有合法性基础。我国宪法确立的人民主权的原则和人民代表大会制度及其人民代表大会的财政职权，为财政权力提供了宪法依据。根据人民主权的宪法原则，一切国家权力属于人民，可以认为，国家的财政权力是人民主权的授予。从根本上说，由于立法机关是由人民或人民选举的代表组成，法律的制定过程在理论上应当是人民意志和利益的体现，因此，当法律赋予有关机构一定的财政权力时，应当视为已取得人民的授权。在现代法治社会中，财政法对财政权力的授权功能是政府财政活动的前提和基础。财政法的授权功能最初表现为就具体事项所做的具体授权，这种消极行政的模式与自由市场经济时期的国家观是相适应的。随着财政职能的日益扩张，财政所面临的社会关系也越来越复杂，财政法的授权方式也不得不有所调整。具体授权难以有效发挥作用，一般性授权才逐渐为立法机关所承认和接受。

（2）财政权力的规范。财政权力一旦产生，就必须按照法治的要求进行规范。没有对财政权力的法律规范，财政权力就会成为政府的自主权力，财政行为便没有法律的限制，财政行为的公平、合理就只能完全寄托于政府的道德自律。实践证明，法律是控制权力的最坚固的防线，道德作为一种软约束常常在恶性膨胀的权力扩张中被冲撞得支离破碎。财政权力的规范功能是通过财政立法将财政权力行使规范化、法律化，在静态意义上表现为财政行为法、财政程序法及财政责任法。财政行为法一般规定各种财政行为的前置条件、实体标准、程序要求及法律后果，财政程序法则专门规定财政活动的具体程序。至于财政责任法，它是通过负面的法律责任督促财政机关依法履行职责，因而也能起到一种间接的规范作用。

（3）财政权力的监督。为了防范财政权力的滥用，需要在规范财政权力基础上对其行使和运行过程进行法律监督和全程控制。这种全程控制表现为对财政行为是否具有合法性进行事中和事后的审查，对财政违法行为有监督管理权的国家机关对事中的财政违法行为进行纠正，对事后的财政违法行为进行撤销并追究法律责任。财政法的监督功能是财政法规范功能的延续和补充，是使财政法得以落实的法律保障机制。财政权力的监督功能是由国家强有力的法律制裁手段来实现的，其目的就在于监督财政权力的合法有效运行。按照财政监督法的要求，财政监督机关应当依法监督财政机关正确履行职责。如果发现违法行为，可以进行相应的处理甚至制裁。为了使财政法的权力监督功能更加深入细致，除了专门的财政监督法之外，财政法一般都赋予权力机关对财政行政机关、上级财政机关对下级财政机关的财政监督权。此外，法院还可以对财政机关的财政违法行为进行司法审查。

二、对公民的财产权利的保障

财政法对公民的人权保障集中体现在公民的财产权利上，因为财政法职能在于分配财政权力，而财政权力则决定了不同主体之间的利益分配。财政法调整的是公法主体与私法主体之间的利益关系，在以国家掌握和行使财政权的过程中，一个本能的倾向是偏重于国家的财政利益的优先保全。因此，从这个意义上说，强调对公民财产权利的维护和保障应当成为地方债法律制度的基本宗旨。而且，随着社会的发展，公民的权利诉求的日益增强，公民权利保护会越来越依赖于国家财政的支持。正如一位美国学者所言：所有的权利都需要国库的支持，权利依赖于政府，公民的福利权和私有财产权都有公共成本，这必然带来一个逻辑上的后果：权利需要钱，没有公共资助和公共支持，权利就不能获得保护和实施。① 特别是现代政府行使的财政权力的公共性越来越广，意味着政府对于公民的财产权利的干预越来越多，私人利益对财政的依赖就会越来越大。而我国地方债立法的滞后，使公民的财产权利并未得到有效保护。在我国，地方债法律制度对公民财产权利的保护表现为以法律方式确认公民权利，并规定相应的实现和救济方式。此外，在公民的公共生活领域，地方债法律制度保障财政资金的有效合理利用对社会的安定，财政资金使用的公益原则及公共设施的营造对公民整体的福利的提高和利益的保障，都起到非常重要的促进作用。

总之，地方债法律制度对财政权力的法律控制和对人权的保障功能是统一不可分割的，财政权力法律控制的出发点和目的是为了人权保障，而人权保障为财政权力的法律控制设定了基本的原则。但从本质上，地方债的法律制度通过对公权和私权关系的调整，实现对国家利益和私人利益的调和，使公共利益和私人利益达成法律价值上的平衡。

第三节 地方债的宪法规范基础分析

公债（地方债）和税收的前提在于产权的私有以及国家与财产权的分离。中华人民共和国成立之初，并未完成生产资料的社会主义改造，在这一向社会主义的过渡时期，还存在着非公有制经济，包括民族资产阶级和小资产阶级。因此一定程度上存在财产的私有，这一时期产生的我国第一部宪法即1954年《宪法》规定，中华人民共和国的生产资料所有制现在主要有下列各种：国家所有制，即全民所有制；合作社所有制，即劳动群众集体所有制；个体劳动者所有制；资本家所有制。国家对资本主义工商业采取利用、限制和改造的政策。并逐步以全民所有制代替资本家所有制。1954年《宪法》同时规定：国家保护公民的合法收入、储蓄、房屋和各种生活资料的所有权。这为国家公债的产生提供了经济基础和宪法规范依据。1949年10月1日中华人民共和国成立后，百废待兴，为发展经济，为国家建设筹措资金，中央人民政府政务院决定于

---

① ［美］史蒂芬·霍尔姆斯、凯斯·R·桑斯坦：《权利的成本——为什么自由依赖于税》，毕竞悦译，北京大学出版社2004年版，第3页。

1950年以及1954—1958年分别发行"人民胜利折实公债"和"经济建设公债"。① 当然，这是当时中央政府发行的，不是地方债，但与地方债实质上是一致的。即皆以财产的私有为前提。

1956年，我国实现了生产资料的社会主义改造，生产资料的私有制形式被彻底消灭，取而代之的是生产资料的完全公有制，并将其作为社会主义社会的经济基础，在"一大二公"的绝对公有制的意识形态的主导下，私有制甚至私有财产都成为被消灭的对象。形成了"国家财政"的模式，一切经济资源都被纳入经济计划，从而直接成为财政的活动对象，市场交易和价值规律则被彻底抛弃。② 在这一时期不可能有政府公债。我国1975《宪法》第5条规定：中华人民共和国的生产资料所有制现阶段主要有两种：社会主义全民所有制和社会主义劳动群众集体所有制。当时的农村人民公社的集体所有制经济，一般实行三级所有、队为基础，即以生产队为基本核算单位的公社、生产大队和生产队三级所有。强调社会主义的公共财产不可侵犯。保留了1954年宪法的规定，国家保护公民的合法收入、储蓄、房屋和各种生活资料的所有权。为什么国家要保护公民生活资料而不是生产资料的所有权呢？因为生产资料的私有会导致剥削，而生活资料的私有却不会。虽然宪法规定国家保护公民的合法收入和储蓄，但当时由于生产效率的低下加上自然灾害，公民处于普遍的贫困之中，由于物质的极度匮乏，国家对公民日常的生活消费品采用凭票供给制。可见，公民几乎没有收入和储蓄。城市职工的住房是单位分配的，不属于私有，农民在集体

---

① 人民胜利折实公债（地方债）是借鉴我党早期苏维埃借谷券和红军借谷券的方式用货币形式以粮食为基础经过折实方式，对机关、学校、国有企事业人员工资进行补贴。券面值分1、5、10、100、500分五种，发行总额为2亿分。这里的"分"并非指流通货币中的1分面额，而指实物，内容含大米六斤，面粉一斤半，白细布四市尺，煤炭十六斤。其中米的概念是华北区为小米、东北区为高粱。折实公债（地方债）补偿时间为5年，第一年10%，最后一年30%，呈逐步提高状态，公债（地方债）规定年息为5厘。公债（地方债）票面图案分别为压路机、工农兵形象、天安门群众游行和军人骑马等，票面图案体现了人民政府振兴工业、加强工农联盟，巩固人民民主专政和国防建设等一系列的战略方针。国家经济公债（地方债）是为实现我国社会主义建设之需而发行，1954—1958年共发行30.3亿元，其中除1958年规定发行6.3亿元外，其余4年均发行6亿元（这里的"元"指第一套人民币面值）。1954—1957年版附有息券种，每年支付利息剪去一张息票，1958年版为无息券种。1954年版公债（地方债）是早期券种：1万元、2万元、5万元是竖式版，10万元、50万元是横式版（以后历年效仿）。蓝色基调的1万元主图是播秧图，红色2万元是卡车运输图，浅紫色5万元是工厂图，绿色的10万元是联合收割机图，最高面值的50万元是土黄色火车图，此版设计等同于第一套人民币，比较讲究，集中体现了我国第一个五年计划时期的经济建设成就。此套公债（地方债）本息已于1968年全部还清。参见陈晓友："建国初期的国家公债（地方债）"，载《扬州晚报》2012年10月7日。

② 熊伟：《财政法基本问题》，北京大学出版社2012年版，第2页。

土地上建的住房也不是完全意义的私有。也就是说，实际并不存在财产的私有，这是由当时的体制所决定的。

虽然 1976 年"文化大革命"结束，但我国主导性的意识形态并未在短时间内根本扭转，1978 年宪法在经济体制上基本沿用了 1975 年宪法的规定。即中华人民共和国的生产资料所有制现阶段主要有两种：社会主义全民所有制和社会主义劳动群众集体所有制。农村人民公社经济是社会主义劳动群众集体所有制经济，现在一般实行公社、生产大队、生产队三级所有，而以生产队为基本核算单位。但基于农村极度贫困的现实以及农民生活难以维系的压力，1978 年宪法在上述原则性规定的基础上，做了下列变通的规定：在保证人民公社集体经济占绝对优势的条件下，人民公社社员可以经营少量的自留地和家庭副业，在牧区还可以有少量的自留畜（这可以被视为我国农民土地的家庭联产承包责任制的序曲）。这意味着，农民可以通过经营自留地和副业改善基本生产状况，这符合 1978 年《宪法》第 11 条"逐步改善人民的物质生活"的目标。这一宪法规范实际上承认了公民可以有限制地拥有私有财产，这也就为公债（地方债）的产生提供可能。但由于 1978 年宪法出台的特殊历史背景，这部宪法几乎还没有来得及实施就面临着修改的窘境。因此，当时也没有发行政府公债（地方债）。非常耐人寻味的是，在绝对的公有制体制下，我国从 1959—1980 年没有发行政府公债（地方债）。

1982 年宪法是在中共的十一届三中全会以后制定的，此时，我国在思想上实现的拨乱反正强调以经济建设为中心，宪法从"革命宪法"过渡到"改革宪法"，随着我国计划经济向市场经济的转型，财政的活动范围及方式发生了翻天覆地的变化，从彻底取代市场到弥补市场失效，从掌握一切资料到提供公共物品，中国财政的公共性逐渐凸显。[①] 从"国家财政"到"公共财政"的转化初现端倪。但受到历史的局限以及社会主义公有体制异常强大的传统力量的作用，1982 年宪法仍然确认公有制的经济基础以及"国家在社会主义公有制基础上实行计划经济"（第 15 条）。《宪法》第 6 条规定，中华人民共和国的社会主义经济制度的基础是生产资料的社会主义公有制，即全民所有制和劳动群众集体所有制。第 7 条规定，国营经济（1993 年宪法修正案改为"国有经济"，下同），即社会主义全民所有制经济，是国民经济中的主导力量。国家保障国营经济的巩固和发展。1978 年由安徽小岗村民间自发的农村土地联产承包责任制并未得到了宪法上的确认。宪法仍然规定，农村人民公社、农业生产合作社和其他生产、供销、信用、消费等各种形式的合作经济，是社会主义劳动群众集

---

① 熊伟：《财政法基本问题》，北京大学出版社 2012 年版，第 2 页。

体所有制经济。参加农村集体经济组织的劳动者，有权在法律规定的范围内经营自留地、自留山、家庭副业和饲养自留畜。

当然，1982年宪法毕竟是具有改革精神的宪法，在宪法条文中也体现了经济改革的成果，承认了非公有制以外的多种所有制（实际上就是私有制，但囿于当时人们的思想观念，还不能明确地提私有制）的合法地位。如1982年宪法规定，国家在社会主义初级阶段，坚持公有制为主体、多种所有制经济共同发展的基本经济制度，坚持按劳分配为主体、多种分配方式并存的分配制度。这是观念上的重大突破，为后来我国经济体制改革奠定了宪法基础和制度的根本保证。1988年宪法修正案首次确认了私营经济的合法地位，《宪法》第11条增加规定："国家允许私营经济在法律规定的范围内存在和发展。私营经济是社会主义公有制经济的补充。国家保护私营经济的合法的权利和利益，对私营经济实行引导、监督和管理。"这是我国宪法对我国经济体制改革成果的确认，标志着我国宪法上的经济制度的重大发展，尽管仅仅将私营经济作为社会主义公有制的补充。1992年开始我国从计划经济向市场经济的转型，随后1993年修宪用"社会主义市场经济"取代"计划经济"；用"国有经济""国有企业"取代"国营经济""国营企业"，并删去"农村人民公社"的提法，确立"家庭联产承包为主的责任制"的法律地位。1999年修宪在确认原有的基本经济制度和市场经济的基础上，确立了"在法律规定范围内的个体经济、私营经济等非公有制经济，是社会主义市场经济的重要组成部分"。进一步提升了非公有制的法律地位，由原来的社会主义公有制的"补充"（附属地位）提高为社会主义市场经济的"重要组成部分"（平等地位）。这意味着我国非公有制经济真正成为市场经济的主体，在与公有制经济进行公平的市场竞争有了制度的保障。随着市场经济发展，我国公民的私有财产获得巨大的增长，在公有制和非公有制体制并存的情况下，公民的私有财产是否应当受到法律保护，有必要在宪法和法律上作出明确的规定，2004年宪法修正案从根本上确立了私有财产的合法地位，规定"公民的合法的私有财产不受侵犯""国家依照法律规定保护公民的私有财产权和继承权"。财产权作为人权的重要组成部分，这一规定使得2004年人权入宪的规范有了更为实质的内涵。2018年修宪体现的是我国政治体制上的变革，未涉及经济体制上的内容，也就是宪法所确定的既有的经济体制和基本经济制度保持不变。

融入改革精神的1982年宪法及其五个宪法修正案，确认了我国经济体制改革的重大成就，为非公有制经济和公民的私有财产的法律保护提供了宪法的规范依据。也正是在此期间我国国民的收入水平和私人的财富有了显著的提高。这使得政府公债（地方债）的发行有了可能。值得注意的是，我国政府公债

（地方债）经过几十年的沉寂之后，恰恰是从20世纪80年代初开始出现并迅猛发展。

因此，从1982年的宪法文本中解读地方债。应以宪法所规定的我国产权制度为基础，应以我国非公有制经济和私有财产法律地位为根据。中华人民共和国成立以后，地方债取决于我国产权制度这一基本结论，也得到了实践的验证，即在完全意义的公有制体制的1959年到1980年，我国没有发行政府公债（地方债），而确定了非公有制合法地位的改革时期的1982年宪法及其修正案从1982年至今，我国政府公债（地方债）开始出现并迅猛增长。

第四节 地方债合宪性分析

地方债的合宪性控制在于宪法对财政权的实质要求，即保证财政民主的基础上，实现公民对公共财政的平等的参与权以及保障公民的财产权。地方债合宪性审查要求地方债的法律规范和法律行为与一国宪法原则和宪法体制相符合，即地方债法律制度的制定和实施与宪法规范及其体现的宪法精神相一致。地方债的合宪性可以体现为多个层面。根据不同的标准，可分为地方债主体的合宪性、地方债行为的合宪性，地方债实体法的合宪性、地方债程序法的合宪性，地方债立法的合宪性和地方债执法的合宪性等。就我国目前地方债规范体系及其法律实践的状况，地方债的合宪性主要表现在地方债立法的合宪性及地方债执法的合宪性上。德国学者认为公债（地方债）发行引起的通货膨胀是一种隐藏性税收，应以违宪视之。其中，以帕皮尔主张最为有力。其认为"隐藏式增税，纯系专断之产物，关于租税负担水准与公课之提高之必要性，对于纳税义务人作不同类型之税负分配，均不经立法者之权衡，此种因通货膨胀之机制作用，欠缺程序法上应经立法机关议决之最起码要求而属违宪"[①]。

一、地方债立法的合宪性分析

（1）地方债立法主体的合宪。财政立法权是议会的天然权利，民主代议制的产生就是为了通过财政立法来制约王权。但由于财政宪法规范及财政法律保留原则的缺失，致使我国财政立法权多数被行政机关僭越，而权力机关很少行使财政立法权。地方债立法权的行政主导的色彩更为浓厚。尽管我国宪法规定，

---

① 葛克昌：《国家学与国家法》，月旦出版社股份有限公司1996版，第113页。

人民代表大会及其常务委员会代表全国人民行使一切权力，包括财政权，但并没有明确规定人民代表大会及其常务委员会的财政立法的专属权。我国的《立法法》确立了财政法定原则即财政的法律保留原则，体现在《立法法》第8条第8项规定："下列事项只能制定法律：……（八）基本经济制度以及财政、税收、海关、金融和外贸的基本制度。"由于地方债涉及国家与公民之间的分配关系应属于财政的范畴。因此，可以说，对发行地方债进行法律保留也是我国《立法法》财政法定原则的题中应有之义。然而，问题是财政的法律保留原则实际上否定了地方的财政立法权，但地方债的立法权应当属于地方，因此，如何处理中央立法权与地方立法权的关系是理解财政法律保留原则的关键。由地方在不违反宪法及中央立法的前提下，自行制定地方债的基本要件事项，以便由地方自行筹措地方事务所需财源。亦即地方可以按照当地居民的需求，决定地方债以利于提供公共服务。这符合民主自治的宪法原理。然而，地方债涉及各地方的财政平衡和相互竞争，需要由中央进行统筹和控制。《德国基本法》第72条规定，为建立在联邦地区之相同价值的生活条件，或基于整体国家利益，为维持法律或经济的统一性，有必要由联邦法律加以规定时，联邦即享有立法权。如税收立法权方面，为适当公平分配国家与地方的税源，维持国民生活条件的统一性以及全国整体经济秩序的统一性，以维持课税的公平以及竞争中立性，地方税的立法权，原则上也宜由国家统一立法。而只在一定的限度内，赋予各地方团体某种程度的税捐立法权。从这个意义上说，为了维护地区间财政的平衡避免地区间的恶性竞争，以实现全国范围内各地区的基本公共服务均等化，由中央进行财政的统一立法并在一定程度上限制地方财政的立法权，实不悖于宪法的价值。但其前提是，地方财政立法权在与中央财政立法权的明确划分的基础上得到基本的尊重。但我国《立法法》的财政的法律保留原则却倾向于对地方财政立法权的限制，而并无对地方财政立法权的肯认。这是由我国宪法上中央集权的单一制体制决定的。

长期以来，人们习惯于将地方债作为一种财政手段，仅仅具有工具性价值，很少有人以国家与公民的基本宪法关系的角度来认识地方债，从根本法的视角来关注地方债。由此导致地方债立法的层级过低，地方债的行政立法甚至"红头文件"盛行。中国的地方债立法主要体现在中央层面的国务院甚至财政部的行政法规、部门规章，以及地方层面的地方政府规章。这些行政机关既掌握着财政执法权又拥有财政立法权，这一权力合流明显有悖于自然公正的宪法原则。

当下，我国地方债的法律依据是修改后的《预算法》，这似乎解决了地方债规范性文件效力层次过低的问题。预算法具有特别重要的宪法意义。因为通过预算法控制国家的财政收支，可以限制国家的权力范围，保障公民的自由空间,同时,预算意味着财政的决策权与执行权的分离、中央与地方的相互制衡。① 然而,预算法对地方债规定的目的在于通过将地方债纳入预算体制来实现对地方债的监督。主要是通过对地方政府发债的人民代表大会审议机制,实现地方债财政民主的价值功能。因此,预算法不该也不能成为地方债的基本法律。因为,预算法注重于对地方债规模的控制,防止地方政府由于"短期效应"和盲目建设超发或滥发地方债。地方债的"发、用、还"这三个基本环节涉及复杂的法律问题,而预算法主要解决地方债发行的预算的刚性约束,地方债的其他环节,预算法却很难调整。如债务预警与公开制度、考核与问责机制。就新的预算法的六个方面的规定而言,其实际上已经超出了预算法的立法框架。规定了本不属于预算的事项。如授权省一级政府发债,这涉及中央与地方的财政权力的分配就不属于预算的问题,勉为其难在预算法中进行规定,则"名不正、言不顺"。当然,新预算法的这一立法模式是应对我国目前地方债的失控而采取的积极措施,在无地方债专门立法的情况下,预算法不得不先行代为规范。有一定的现实合理性。但这与实现地方债立法的规范化、科学化的目标相悖离。因此,将来应当把预算法中关于地方债的非预算的规定从预算法中剥离出来。

我国现行的关于地方债的规范性文件包括:①《中华人民共和国预算法》(中华人民共和国主席令第十二号);②《关于加强地方政府性债务管理的意见》(国发〔2014〕43号);③《关于印发〈地方政府一般债券发行管理暂行办法〉的通知》(财库〔2015〕64号);④《关于做好2015年地方政府一般债券发行工作的通知》(财库〔2015〕68号);⑤ 2015年《地方政府一般债券预算管理办法》(财预〔2015〕47号)。除了《预算法》作为地方债的基础性立法之外,其他皆为财政部的规章或者部令。这与财政法治的原则不符。当然,财政法治并不排斥财政的行政立法,而且立法机关对行政机关的授权立法(立法权的横向配置)已经成为世界各国的通例。议会在保留基本的财政立法权的同时,可以将某些非基本的财政规范的制定权授权给行政机关,但这种授权立法必须是针对特定财政事项,而且法律授权内容要明确具体,否则行政机关不能进行财政立法。没有明确具体的立法授权所制定的有关财政的行政法规及规章应当认定无效。然而,我国仅存的关于地方债的行政立法,并无法律的明确授权。

在国外,财政立法的违宪主要表现为议会超越宪法规定的权限,如根据1787年美国《宪法》第1条第8项的规定:"国会有下列各权:(1)赋课并征

---

① 熊伟:《财政法基本问题》,北京大学出版社2012年版,第31页。

收直接税、间接税、输入税与国产税，偿付国债……"在这里，宪法并未规定国会有发行国债的权力，因此，美国联邦政府最初因为修建基础设施以及应付内战而发行的国债并无宪法的依据。在我国，财政立法的合宪性问题包括两个方面，即全国人民代表大会及其常务委员会的财政立法不作为和行政机关的财政立法乱作为。这一明显违背宪法原则和法治精神的现象至今仍没有引起人们足够的重视。

（2）地方债立法改制的合宪。虽然从20世纪90年代起，我国实施了分税制，形成了财政联邦制的利益格局，地方债也应运而生。从某种意义上说，分税制的改革对我国地方债的产生起到了基础性的决定作用。虽然根据我国宪法，可以认为，在最高权力机关掌握财政立法权的同时，可适当分配给地方权力机关部分财政立法权，但这只是法理上的逻辑推理，还有待于宪法的确认。由于缺乏明确的宪法根据，目前我国中央和地方的财政税收的立法权限没有统一的标准和确定的规范。但我国历次的财政改革并没有宪法依据。特别是关于中央和地方的财权的划分（立法权的纵向配置），亦无宪法依据，甚至也无法律依据。没有法律依据的所谓财政体制的改革，其规范性和稳定性没有保障，而且这一改革过程也充满一定的随意性和风险。

我国改革开放伊始，法律初创，诸多领域的法律处于一片空白，许多改革措施无法可依。此时，当然不能因为没有立法就停下改革的脚步。为了推进改革，鼓励先行先试，在试错中摸索，进而为法律的制定和完善积累经验。然而，随着我国法律体系的初步建构，法制的日益完善，改革所涉及的各领域已经逐渐实现了有法可依。此时，应当尽量避免改革的盲动性，过去是"摸着石头过河"，现在应当是"沿着法律的航标过河"。因此，试错不能逾越法律边界。以往在改革过程中，有人提出过"良性违宪"的命题，即当宪法滞后不能适应社会发展的要求时，基于改革的需要或者善良的愿望，可以突破宪法的规范。但问题是：地方债的发行和使用是利益的再次分配及权力的重新配置，谁有资格来评判其所依据的宪法和法律是否滞后？如果宪法和法律滞后，就可以不再被遵守吗？当法律的正义性（要符合普遍善良的道德）与法律的规范性（保障国家的法律秩序）发生矛盾冲突时，德国法学家拉德布鲁赫的解决方案是：除非法律违反正义达到不能容忍的程度，否则法律应当被遵守。即在法的安定性价值与实质正义价值之间进行权衡。"拉德布鲁赫公式"要求，在一般情形下，法的安定性具有优先性；只有在极端情况下，即法的不正义已经超出可容忍的限度，法的正义性才能超越法的安定性。[1]可见，为了维持法的安全性所带来

---

[1] ［德］罗伯特·阿列克西：《法概念与法效力》，王鹏翔译，商务印书馆2017年版，第56—57页。

的社会秩序，法律不能被随意抛弃和任意突破。因此，当下要转变传统改革发展的理念，不能先改革，后立法，而应当是先立法，后改革。在地方债改制上，应当在法律基础上，以法律为先导进行，要真正做到"重大改革于法有据"。

(3) 地方债立法目的的合宪。地方债立法目的的合宪并不是从法律规范意义上要求地方债的立法规定和宪法规定的一致性，而是通过法律规范所体现的法律精神和原则上进行把握。当宪法规范缺失时，仍可以通过宪法所体现的原则精神对地方债的立法进行监督和控制。地方债立法的价值取向是通过国家财政权力的法律控制实现公民的私有财产权利保障。这是人权保障、公民私有财产不受侵犯宪法原则的具体要求。通过制定地方债的法律制度及地方债预算的监督，实现地方债的民主决策及风险可控，防范对公民的生存权及私有财政权的侵害。地方债的立法不仅要体现公民的权利本位和人权保障原则，还要彰显公平的价值理念。这种公平体现为地方债的所在地方的公民与全体公民之间的利益分配以及此代与后代公民之间的利益分配。

二、地方债法律适用的合宪性分析

由于缺乏法律的控制，地方政府基于利益驱动随意发债的问题仍没有根本解决，这构成了对公民财产权利的巨大威胁。必须通过法律严格控制政府的权力，公民作为债权人的利益才可能得到保护。近几年，随着我国法治建设的发展，地方债的管理注意到对公民权利的保障和对财政机关权力的约束。但由于地方债的立法条文法律义务约束的对象是公民而非行政机关，因此，公民实际上仍常常处于一种弱势和被动的地位。由于没有对行政机关发行地方债的权力进行硬约束，地方政府实际上仍保有很少受到限制的发债权，因此，地方债蕴含着很大的风险，公民的权利非常容易受到普遍的损害。

政府对地方债的滥发会造成对公民财产权的巨大侵害，为此，应当通过一定的宪法机制限制地方政府滥发地方债，如通过议会审议以及预算控制，包括在宪法中规定发行地方债的上限。当然，地方债的适度规模是多少，应当在健全财政主义的指导原则下，考量地方债带来的本息支出是否已造成财政僵化的效果，并充分考量国家偿债能力的高低，以及国民对地方债的忍受程度来综合评判，通过程序的民主性来保证地方债发行规模的适度性。[①] 基于此，应将公债（地方债）的规模纳入国会审议的范围，从而广泛采纳各方意见，并接受人民的监督。我国《宪法》第61条、第67条分别规定了全国人民代表大会对预算和预算执行情况的审议权以及全国人民代表大会常务委员会对预算执行的部

---

① 王锴："论公债（地方债）的宪法基础"，载《中州学刊》2011年第3期。

分调整方案的审议权。第 99 条第 2 款规定了县级以上地方人民代表大会对地方预算和预算执行情况的审议权。对预算的审查内容就包括基本建设支出总额、举债总数量、农业、教育、科技、环保、社会保障等方面的资金、行政经费总数和行政工作人员工资总数、重大对外经援和军援项目及数量等。由于传统财政的国家中心主义的观念支配，我国地方债的发行、使用和偿还的出发点仍是维护国家利益，公民个体的利益没有得到应有的尊重。特别是针对地方债尚未建立起完整的救济机制，因为地方债发生纠纷是否可以到法院诉讼，是什么意义上的诉讼，在法律上仍缺乏明确的规定。由于在观念上，我国仍不承认地方政府破产，在地方政府资不抵债时，债权人不能申请地方政府破产，也不能到法院提起诉讼，因此，债权人的权利不能得到保障。

地方债纳入预算，基于民主宪法原理，预算案必须由立法机关审议通过，而具有法律之形式。故被称为"措施性法律"者，有别于通常意义的法律。预算案类似于组织法律，仅具有拘束政府的内部效力，并未直接拘束一般国民。预算经国会通过后，政府机关被授权执行但并不能导出行政部门负担给付特定支出的义务。国会对于预算的审议权，属于其专属权限性质，不得让渡他人。为减轻国民负担，国会原则上可自由删减预算。我国台湾地区所谓"宪法"第 70 条规定，"立法院"对于"行政院"所提预算案，不得为增加支出之提议，旨在防止政府预算膨胀，致增人民之负担（释字第 264 号解释）。"立法院"依台湾地区"宪法"第 63 条之规定有审议预算案之权，发现有不当之支出者，得径尽为合理之删减，以达成监督施政，避免支出浮滥致增人民负担之目的（依释字第 391 号解释）。① 议会对地方债的预算进行审议作出决定承担的是一种政治责任，即宪法责任。在西方国家因预算产生的财政危机导致宪法危机时有发生，最终的结果可能是议会解散或内阁下台。我国与西方国家的宪法体制迥异，所以地方债的预算可能会产生财政危机，但不会导致宪法危机。因为所有预算蕴含的财政危机都能够被一院制的代议制体制消解。但这并不意味着，因地方债的预算产生的危机不存在任何责任。责任是现实存在的，只不过宪法责任被转化为法律责任甚至是纪律责任。在我国地方人民代表大会是当地最高权力机关，对人民代表大会关于地方债审议的行为存在的问题，如何处理似乎于法无据。然而，2018 年 7 月 17 日，财政部通报安徽、宁波、云南、广西等地违法违规举债，开了对地方人民代表大会问责的先例。即对地方人民代表大会违法违规出具决议举债的，由上级人民代表大会常务委员会或本级人民代表大

---

① 我国台湾地区财税法学者陈清秀教授于 2017 年 11 月 14 日在大连海事大学法学院所做的学术演讲："财政宪法的基本原则——从比较法的观点探讨"。

会全体会议作出决议，撤销原违法违规决议，对负有主要领导责任的时任地方人民代表大会常务委员会领导给予党内警告、行政记过等党规政纪处分。典型案例是，2016 年 8 月，云南省某县金汇国有资产经营公司与××信托司签订信托融资协议，计划融资金额 5 亿元。某县人民代表大会常务委员会出具决议，承诺将该笔融资资金列入县本级财政公共预算，按时足额偿还贷款本息；某县人民政府签订了关于"财产信托标的债权"的《债券债务确认协议》，承担无条件和不可撤销的标的债权的支付义务；某县财政局出具将相关偿付"财产权信托标的债权"列入财政预算和中期财政预算的函。截至 2017 年 2 月底，该笔融资到位 4.24 亿元。整改期间，相关承诺函被撤回。对相关责任人问责处理情况包括，对负有主要领导责任的某县人民代表大会常务委员会副主任马某（时任某县委常委、常务副县长）给予党内严重警告处分。对负有主要领导责任的某县政协副主席许某（时任某县人民代表大会常务委员会副主任）给予行政记过处分。上述宪法责任的消解似乎意味着，团体责任置换成个人责任、职能责任转化为领导责任。这实质上是让主要责任人作出特别牺牲，以一人之身承担团体的责任。最终导致权力与责任分离，权责不一致。因为人民代表大会是合议制机关，审议的事项是集体决议，人民代表大会的负责人也只有一票表决权，因此，人民代表大会对集体决议的结果应当集体负责。人民代表大会与行政机关不同，行政机关实行首长负责制，对于行政机关的事项行政机关的首长有最后决定权，因此，行政机关的首长要对行政机关的事项负个人责任、最终责任。本案中，对时任某县人民代表大会常务委员会副主任的许某给予行政记过处分，似乎不符合规定。为加大对地方债问责的力度，财政部在《关于坚决制止地方政府违法违规举债遏制隐性债务增量情况的报告》中提出，将出台地方债终身问责、倒查责任制度。在权责不统一的前提下对人民代表大会负责人的问责力度的加大，意味着权责分离的问题将更加严重，与宪法原则的要求好像不太相符。

  总言之，地方债的合宪性问题最终需要通过地方债的合宪性审查来判断，需要用合宪性进行违宪的责任追究。在进行地方债的合宪性时，必须以现行的宪法原则和宪法规范为标准，一切地方债的法律制度的创制及其实施必须接受合宪性审查。为此，需要在现行宪法监督体系的基础上建立健全财政合宪性审查的适用程序、运行机制和责任制度。可以说，合宪性审查是以立宪为前提的，但我国宪法关于地方债的规定尚付缺如是地方债合宪性审查的前置性障碍。

第七章　地方债的一般法律控制

地方债的合宪性审查与法律控制之间存在着密切的逻辑关联，地方债合宪性审查是通过宪法审查的机制对地方债的立法进行审查，以保证其与宪法原则与宪法规范的一致性；而地方债的法律控制是通过法律程序对地方债的执法行为进行控制，以保障其与法律原则与法律规范的一致性。可见，地方债的合宪性审查是更高层次上的法律控制，而地方债的法律控制是地方债合宪性审查的具体措施。就精神实质而言，两者是相互融通的，即以财政权力约束为基础，以财产权利保障为核心，以财政法治为根本。就功能而言，两者是互补的，地方债的合宪性审查是从源头上解决地方债的合法性问题，而地方债的法律控制是在具体的法律适用中实现地方债的合宪性问题。

地方债一般意义上的法律控制，从时间的维度，可将其分为地方债的事前控制——预算监督；地方债的事中控制；地方债的事后控制——审计监督。

第一节　地方债的事前控制——预算监督

公共财政以议会取代王权而对财政施加控制为前提，并以政府预算制度的确立为成熟的标志。公共财政的制度基础是政府预算，是建立在政府预算基础上的财政制度。"从根本上看，公共预算的本质是政治，是一个国家极其重大的政治问题。收支测算背后反映的是政府在未来某个时期内的活动选择以及相应的成本估算，是政府的政策选择以及相应的成本。总而言之，公共预算是关乎国家治理的大事，是国家治理的核心"。[①] 预算作为政治体制的一部分，是纳税人及其代议机构控制政府财政活动的机制，是有关资源配置的公共权力在不

---

① [美] 菲利普·T 霍夫曼、凯瑟琳·诺伯格：《财政危机、自由和代议制政府》，储建国译，上海人民出版社 2010 年版，译丛序言第 3 页。

同主体之间的分配，是权力制衡结构以及民主政治程序。宪法国家从来都是把预算作为宪法的重要内容，并通过财政立宪原则奠定预算法治化的基础。从公共权力的分配、权力制衡角度看，宪法意义上的预算实质上是立法权赋予行政权执行预算内容之权限，此时牵涉到国家权力（立法与行政）机构相互的制衡关系。[1] 另一方面，作为民主政体基础的政府预算制度体现财政民主的诉求。具有独立财产权利的纳税人负担着国家的财政供应，必然产生对国家财政施加控制的意愿，预算制度便是这样一种保证政府收支不偏离纳税人利益的民主法律程序，并以法律保障个人的财产权利不受政府权力扩张的侵犯。总言之，预算作为公共权力配置资源的规则，是公共财政运作的控制和组织系统，是代议制政治的基础，其价值核心是民主财政。预算既为宪法的核心，也是衡量一国宪法优劣的标准。[2]

公共预算既是我国财政制度建构的基础，也是地方债有效控制的制度前提。可以说，预算对地方债而言是一种源头控制机制。实现地方债的法律控制机制，必须首先将地方债纳入预算监督体制。对于地方债而言，预算监督的意义在于，基于议会议决原则与财政健全主义，由议会来审议、决定地方债的发行及其规模，以实现对地方债的议会控制。议会议决原则从宪法上民主国原则、法治国原则为起点，到财政宪法、财政法所称的"财政民主主义"，并往下延伸到一般行政法上"依法行政"的"法律优越""法律保留"原则，[3] 而财政健全主义则通过强制平衡预算、建设公债（地方债）原则、公债（地方债）上限法定原则、公债（地方债）期限限定原则和债务资金设置原则，旨在实现国家永续发展和人民权利保障。[4] 基于此，预算制度对地方债的规范作用包含两个方面：实体方面的控制，如对于地方债的限额、期限、还款方式等内容，以预算案的方式使其成为具有法律强制执行力的事项，对地方政府课以依照议会议决的计划完成其举债、用债、偿债的法律义务；程序方面的控制，即通过对预算编制、执行中的监督以及通过将预算与审计制度结合的方式，使议会监督扩展至政府举债、用债以及偿债的整个过程。

在实体控制方面，预算案中应包含地方债的种类、用途、总额上限、还款日期、还款方式等内容，而现有《预算法》中仅规定了举借目的（公共建设）、

---

[1] 蔡茂寅：《预算法之原理》，元照出版有限公司2008年版，第2页。
[2] 杨大春：《中国近代财税法学史研究》，北京大学出版社2010年版，第87页。
[3] 廖钦福："'宪法'公债（地方债）概念及基本原则之研究"，台湾中原大学财经法律研究所1999年硕士论文，第145—256页。
[4] 廖钦福："论公债（地方债）财政健全主义原则之基础理论及其实践之手段"，载廖钦福：《驯服于宪法秩序下的财政国家》，翰芦图书出版公司2003年版。

举债规模、举债程序（报本级人民代表大会常务委员会批准）、债务用途（公益性资本支出），既未明确举借债务规模或上限的具体额度，也未涉及偿还资金的具体来源，更未对债务的种类或省以下政府机构举债作出任何规定。从发达国家和地区的经验来看，一般都把地方债的最长期限、最高限额、债券种类及用途等事项通过立法加以规定，如我国台湾地区在"公共债务法"第 5 条规定："中央"、"直辖市"、县（市）及乡（镇、市）在其总预算、特别预算及营业基金、信托基金以外之特种基金预算内，所举借之一年以上公共债务未偿余额预算数合计不得超过"行政院"主计总处发布之前三年度名目"国内"生产毛额平均数之 50%；其分配如下：一、"中央"为 40.6%。二、"直辖市"为 7.65%。三、县（市）为 1.63%。四、乡（镇、市）为 0.12%。……县（市）及乡（镇、市）所举借之一年以上公共债务未偿余额预算数，占各该政府总预算及特别预算岁出总额之比率，各不得超过 50% 及 25%。"中央"总预算及特别预算每年度举债额度，不得超过其总预算及特别预算岁出总额之 15%。各"直辖市"、县（市）及乡（镇、市）总预算及特别预算每年度举债额度，不得超过其下列二款合计之数额：一、前二年度总预算及特别预算出总额 15% 之平均数。二、前款平均数乘以其前三年度自筹财源决算数平均成长率之数额。"中央"、"直辖市"、县（市）及乡（镇、市）为调节库款收支所举借之未满一年公共债务未偿余额，其未偿还之余额，"中央"不得超过其当年度总预算及特别预算岁出总额 15%；各"直辖市"、县（市）及乡（镇、市）不得超过其当年度总预算及特别预算岁出总额 30%。"中央"、"直辖市"、县（市）及乡（镇、市）所举借之公共债务，如有超过本条所规定之债限者，于回复符合债限前，不得再行举借。巴西参议院在其第 78 号法案中规定，地方政府借债额必须小于或等于资本性预算的规模，新的借款不得超过净收入的 18%，偿债成本不得超过经常性净收入的 13%，债务总额必须低于经常性净收入的 200%，债券到期时至少偿还余额的 5%，如果借款政府的偿债支出小于经常项目净收入的 13%，必须在债务到期偿还 10% 以上的余额，或者将偿债支出提高到经常性净收入的 13%。① 而参照美国、日本等国家地方政府举债用途，除了一般公共建设之外，还可用于支持并补贴私人活动、为短期周转性支出或特种计划提供现金等用途。② 鉴于此，我国应使地方债的期限、限额、种类、用途等事项进一步细化，相关指标或参数进一步明确化，以实现议会对地方债事项的完整、精细化议决。

---

① 李萍：《地方债管理：国际比较与借鉴》，中国财政经济出版社 2009 年版。
② 同上。

在程序性控制方面，由于原来的《预算法》并未将地方债纳入《预算法》的调整范围，因此，可以说过去地方债并不受预算控制。《预算法》修改后，地方债被纳入预算监督的范围，但由于我国《预算法》程序（包括预算编制、审议、执行）规范并不健全，导致预算约束力不强，立法权对行政权监督不力。因此，未来应当完善我国《预算法》的程序规范，建立健全我国预算程序方面的法律制度。

首先，应当扩大预算的公众参与。在预算的编制过程中，应当广泛听取意见，建议将听证程序纳入《预算法》中，必要时可以由财政部门组织听证，使预算案更完整、更合理。

其次，扩大人民代表大会预算审批权的职能范围，强化人民代表大会对预算草案的修正权。大多数国家的议会都可以对政府预算进行修正，但每个国家可以修正的范围和方式不同，例如，美国议会可以修改政府预算的总数和构成，英国、澳大利亚等国家的议会可以改变用途，但不能增加支出总额。[①] 我国可以从提出主体、范围、程序等几个方面完善人民代表大会对预算案的修正权，真正实现人民代表大会对地方债规模的有效控制。

最后，赋予人民代表大会常务委员会以预算执行阶段的调整和监督的职权。《预算法》第 35 条虽然规定省级政府应将限额举借债务列入本级预算调整方案，并报本级人民代表大会常务委员会批准，但此一规定并未涉及人民代表大会常务委员会应否主动参与到预算执行中的问题。在预算执行中，一旦发生必须对预算进行调整的情况，在省级政府未主动将其列入调整方案时，人民代表大会常务委员会只能被动放任此种违法情况存在。《预算法》应当明确预算调整的实际要求和程序，例如，预算的调整只能在特殊情况下允许进行，这些情形包含战争和自然灾害等紧急情况，以及经济出现明显过热或衰退等需要采取临时财政措施进行宏观调控。人民代表大会常务委员会在审议预算调整方案时，应当经全体委员 2/3 以上多数通过，并经过本级行政首脑签署公布后生效。[②] 当人民代表大会常务委员会监督预算执行情况的权力为法定权力时，便可以要求地方政府就地方债涉及预算执行的情况，定期向同级人民代表大会常务委员会进行报告，甚至必要时，人民代表大会常务委员会可以对同级政府的地方债的预算执行违法行为进行质询。

上述关于地方债程序性法律制度的完善虽然是普遍意义上的，但对地方债

---

① 马骏、赵早早：《公共预算：比较研究》，中央编制出版社 2011 年版。
② 刘剑文、熊伟：“预算审批制度改革与中国《预算法》的完善"，载《法学家》2001 年第 6 期，第 59 页。

的预算程序控制而言却是基础性的。总之，预算法律制度的完善对于地方债的法律控制具有决定性的意义，这也是《预算法》本身规定地方债的基本法律规范的目的所在。当然，实现对地方债的预算控制的根本在于重塑人民代表大会的宪法权威，强化人民代表大会对政府的硬约束。如果人民代表大会的宪法地位被虚置，国家权力机关与行政机关的宪法关系扭曲，地方债的人民代表大会监督和预算审查的制度设计就不会有实际意义。

第二节 地方债的事中控制

一、地方债的分类管理制度

法学具有科学的特征，分类则是认识对象的技术手段，类别的建立能够提高法律适用的明确性和精确性，建立科学的法律控制系统。预算法颁布之初，并没有着眼于地方债的不同类别提出有针对性的法律控制意见。随着预算法治的进一步推动，为更有针对性地进行地方债的治理，有必要通过分类建立差异化的地方债法律管理系统。地方债分类管理制度的法律渊源为依照新《预算法》与《国务院关于加强地方政府性债务管理的意见》所颁布的《地方政府一般债券发行管理暂行办法》（以下简称《办法》）与《地方政府专项债券发行管理暂行办法》，地方债分类的标准为债券用途、还款来源、还款期限等方面的不同，在此基础上，我国形成一般地方债券与专项地方债券分类管理的法律制度。此外，在风险处置制度中还存在为实行风险的分类处置所建立的政府债务与或有债务的分类。只不过，一方面，政府债务类别的成立原本就以一般债券与专项债券的分类为基础，另一方面，在风险的分类处置即风险事件的应急响应中，政府债务与或有债务必须回归一般债务与专项债务的总体框架下进行理解，因而，一般债券与专项债券的分类才是促成差异化管理的根本原因。

在预算法治体系中，地方债的分类管理与全口径预算管理为一体两面。全口径预算管理要求政府所有财政收入和财政支出都应纳入预算管理之中，且应依预算科目的划分分门别类地进行管理。为与建立在科目划分基础上的预算管理体系保持一致，地方债的分类是其纳入预算管理体系的必备要件。依此，预算中一般预算与专项预算（政府性基金预算）之间的分类，和地方债的一般债券与专项债券之间的分类是一一对应的。

一般债券与专项债券的共同特征为由地方政府——省、自治区、直辖市政府（含经省级政府批准自办债券发行的计划单列市政府），针对公益项目所发行的，具有特定目的、固定期限与明确还款来源的债券。一般债券与专项债券的区别主要体现在目的、期限和还款来源、收支管理渠道等具体内容上的不同。在省、自治区、直辖市政府（含经省级政府批准自办债券发行的计划单列市政府）所发行的债券中，一般债券用于没有收益的公益性项目，以一般公共预算为债务还本付息的来源，还款期限一般为1年、3年、5年、7年和10年，债券资金收支通过一般公共预算进行管理；①而专项债券适用于有一定收益的公益性项目，还款来源为以公益性项目对应的政府性基金或专项收入，发行期限分为1年、2年、3年、5年、7年和10年，债券资金收支通过政府性基金进行管理。一般债券与专项债券通过债券承销团，按市场化原则发行并偿还，其利率采用承销、招标等方式确定，发行时均需进行债券信用评级，发行中应依法定信息公开范围内主动公开相关债券信息。

分类管理最终体现了法律本身的平等性，以及在法律控制的目标与手段之间符合比例地衡量确定的原理。一般债券与专项债券之间，及一般预算与政府性基金之间存在诸多实质性的不同，根据"相同情况作相同处理，不同情况作不同处理"的规律，立法者应使此种差异通过立法形式表现出来，执法者应使此种差异具体化为不同的行为，此即分别制定一般债券与专项债券的单行立法，并在债券发行中建立起分类管理制度的法理依据。同时，对于立法者以及行政机关而言，当针对的是本身带有收益的公益项目时，因此类项目具有受众明确且获益直接的特点，便无需采用一般预算即课税的方式进行还款，采用政府性基金的课征渠道就可满足手段与目的之间的一致性。由此观之，一般债券（一般预算）与专项债券（政府性基金）分类管理制度的最终效果，在于基于不同手段与目的之间的联结，设置更加有效的不同的法律控制模式，如针对一般债券所体现的权力对私人权利影响更深远的特点，法律控制的重心不可避免地倾向对私人的公法权利保障方面，而专项债券意在更加灵活地获取必要资金，因而法律控制的重点更倾向如何提高授权的明确性，如何提高管理的效率性等。

二、地方债的信用评级制度

与一般市场主体不同，地方债的法律意涵并不是通过市场交易获取利益，而是作为服务于公众并创造公共利益的必要手段。因而，一方面，对这一行为的法律评价不能简单地类推适用建立在理性经济人假设基础上的私法理论，因

---

① 财政部："地方政府一般债券发行管理暂行办法"，载《交通财会》2015年第4期，第87—89页。

其行为的公法属性要求与之相关的法律评价必须以权力是否合法行使的方式展现，不能单纯以协议（合同）义务的适当履行回避公法义务是否履行的问题；另一方面，虽然适用于政府主体的评价指标，与适用于市场主体的评价指标具有高度相似性，但这些指标的实际操作可能更多依赖后者无需具备的一些要素，例如，必须依赖政府方面主动公开信息，必须准确掌握政府外在的意思表示与内在意图之间的关联等。更重要的是，评价政府行为的机构，因其市场主体的身份，本属政府经济法律控制系统中的被法律控制方，如何在被政府恰当法律控制的同时排除政府的不正当干涉，保有行使评价的权利所需的独立地位，只能从这一评价制度本身的规范性中寻找答案。这种复杂的形势说明，对政府行为进行评价的制度，只有自我构建为政府主体与作为市场主体的评价机构之间进行正和博弈的制度通道，才能恰当地解决评级机构的独立性与政府经济法律控制职权正当行使之间的矛盾。

与一般市场主体发行债券相似，衡量其是否具有履约能力并预测其履约情况的制度为信用评价制度。影响信用评级的因素包括经济基础、财政状况、金融生态环境、偿债能力、政策扶持力度、发展潜力、基础设施建设能力等，[1]地方债信用评价制度的主要内容为通过地方债履约情况的评价和违约情况的预测，衡量地方政府融资的总体态势、风险识别和防控以及整体上的健康发展水平。[2] 我国在 2014 年，通过财政部《关于 2014 年地方政府债券自发自还试点信用评级工作的指导意见》首次引入地方债信用评级制度，《关于做好 2015 年地方政府一般债券发行工作的通知》强化了这一制度建立的必要。地方债的信用评级制度由以下内容组成：（1）在主体方面，如美国、印度都是市场评级机构负责评级，日本则因其发债规模和利率水平都由中央政府控制，因而不存在严格意义上的信用评级体系。[3] 我国评级机构的选择由财政部门按市场化原则择优选择，通过签订协议的方式确定双方权利义务，并将所选择的评级机构予以公示。（2）在评级的程序和方法上，普遍认为应建立一套与适用于一般经济主体所不同的评级方法。[4] 评级程序包含项目立项与准备、信息收集与实地调查、信用分析和初评、结果反馈、评级结果发布、跟踪评级等流程。信用评级的主要内容为围绕各期限地方债进行综合性评级。首次评级进行一次，此后跟

---

[1] 安国俊：“中国地方政府债信用评级体系亟待完善”，载《银行家》2015 年第 3 期，第 91 页。
[2] 应明：“地方政府债券信用评级体系的国际经验及启示”，载《金融与经济》2016 年第 10 期，第 71 页。
[3] 应明：“地方政府债券信用评级体系的国际经验及启示”，载《金融与经济》2016 年第 10 期，第 70 页。
[4] 苏英：“地方政府债券信用评级研究综述”，载《改革与战略》2010 年第 5 期，第 183 页。

踪评级每年开展一次。(3) 在信用评级等级方面，2014年通知规定地方债信用评级的等级划分为三等九级，2015年规定信用级别中的"AAA级可以用'—'符号进行微调"。(4) 评级的目标是为地方债监管部门提供监管的依据，评级的法律后果可能通过公法责任的承担来体现，如因评级较低而引发债务预警，可能导致相关责任人被追究行政责任等。

信用评级具有信息披露、风险揭示和价格发现的功能，实质上具有限定地方政府举债程序和引入外部监督的效果。然而由于现行政府信用评级法律规范的不明确、不完整，评级如何进行多数委诸私法规范，难以达到通过评级对地方政府举债权本身进行监督和限定的法律效果。同时，由于地方政府具有被评级对象与市场监控主体的双重身份，但后者的功能发挥却因缺乏明确的公法授权而存在根本障碍，评级机构所进行的评级过程因缺少恰当的政府法律控制，使得结论的合法与否并不具备制度性保障，最终影响评级制度本身效用。

申言之，既然地方债不是私法行为，便无法完全类推适用如《证券法》《公司法》《企业债券管理条例》《可转换公司债券管理暂行条例》《贷款通则》等私法规范。问题是，无论是《2014年办法》与《关于2014年地方政府债券自发自还试点信息披露工作的指导意见》中，还是《地方政府一般债券发行管理暂行办法》与《地方政府专项债券发行管理暂行办法》中，除了概括授予信用评级机构签订协议和选择评级机构的职权，没有对作为评级制度核心的评级协议所包含的权利义务内容，以及政府在评级过程中的职权予以明确规范。对信用评级机构评级义务的展开，也仅仅规定了在独立、客观、公正的原则下，遵守信用评级规定与业务规范、及时发布信用评级报告两项义务。责任条款中关于法律效果的规定也普遍达不到规范明确性的要求，如仅规定"应承担相应责任"等。这说明，现行法律秩序实际上并未充分体认到地方债公法属性的判定，起码并未完整地意识到，由于对地方债的评级并不仅仅是市场性或私法性的行为，而是作为对公权力进行法律控制或公法权力限制的前提和依据，沿此方向，地方债信用评级制度构建的重心便不是授予政府选择评级机构的职权，而是通过选择评级机构确立法律控制的衡量标准，并通过评级协议，将遵守权限的法定义务落实为遵守评级结果的约定义务，并将评级结果直接作为是否进行法律控制或限制的基准。

另外，健康的市场秩序，以各级政府积极履行其在市场准入和市场主体内部管理等方面的经济法律控制职责为前提。因而，评级机构依约独立行使信用评级权利的背后，必须以成熟的市场法治与政府经济法律控制义务的履行作为支撑。在信用评级方面，为保障评级结果确能反映政府发债行为的社会效力和法律效力，对政府在信用评级过程中公权行使进一步限定，帮助评级机构建立行业自律性组织进行自我管理,明确政府在评级机构市场准入方面的许可权限,形成定型化的评级机构内部管理规程,这些都是使信用评级能够顺利进行的制度性的前提要件,如可从统一《信用评级管理指导意见》和《证券市场资信评级业务管理暂行办法》的相关规定,并将之确立为政府行为的法律标准等。总之,作为评级对象的政府只有首先更多地负担起其已有和应有的公法义务,才能确保经过正当信用评级程序所产出的信用评级结果具备正当性、合法性,发挥信用评价制度作为法律义务履行和法律责任承担的评判标准的作用。

三、地方债的债务报告和信息披露制度

地方债的公法属性决定了地方债法律制度的建构必须遵循一般性的公法原则。为确保地方债运行周期所涉各方法律主体,在行使法律所保障的各项权利时,具备大致相等的理性水平,应将权利行使所需要的基础性的事实条件以制度的形式固定下来,为各主体自主、平等地进行法律交往提供保障。在作出理性决策所需的各种事实要件中,对决策对象相关信息的了解和分析是使行为具备理性的开始,也是使事实上并非平等的各方法律主体获得法律上的平等地位的关键。在地方债从发行至偿还的整个法律周期中,信息公开的要求贯穿地方债法律控制的各个阶段,围绕信息公开主体、公开方式、公开标准等内容,形成以地方债的债务报告和信息披露为主的法律制度。

地方政府债务报告的目标为考核政府融资成本的费用、反映债务资金的来源和使用情况、评价债务风险和政府绩效三个方面。债务报告由下级政府对上级政府的报告、政府对立法机关的报告、向债权人与信用评级机构的报告和对社会大众的报告四个方面组成。[①] 地方债发行兑付过程中出现的重大事项应及时向财政部报告,有关中央出台的重大政策措施应当单独统计、单独核算、单独检查、单独考核。地方债信息披露的主体包括财政部门、各级人民代表大会以及信用评级机构,披露的范围包括政府债务限额、举借、使用、偿还等情况,披露重点包括在发行前披露当期债券基本信息、债券信用评级报告和跟踪评级安排;在全年首次发行前披露债券发行兑付相关制度办法、本地区中长期经济规划、地方政府债务管理情况等信息;每次发行日终了时披露当次发行结果;还本付息前披露还本付息相关信息;在债券存续期披露财政预决算和收支执行情况、地方政府债务管理情况、跟踪评级报告等信息,披露季度经济、财政有关数据;披露对地方政府发生的可能影响其偿债能力的重大事项,如地方债本息未按期支付、重大的债务赎回或债务豁免、其他影响地方债还本付息的重大

[①] 孙鹏云:"地方政府债务报告制度优化探讨",载《财会通讯》2016年第7期,第61页。

事件等。在披露本地区财政收支状况时，按照地方政府本级、辖区（不含省级政府辖区内单独发行地方债的计划单列市）口径同时公布近三年一般公共预算收支、政府性基金预算收支、国有资本经营预算收支。

在现行财政制度语境下，债务报告与信息披露的主要作用，固然在为政府财务报告由收付实现制向权责发生制的转变所做的必要准备上，但这仅仅是对其规范意涵的狭义解释，且揭示政府负债与举债的真实情况，通过会计形式的变换提高政府财务管理的科学性、效率性，以及降低管理成本，这都不是我们的最终目的。考虑到地方债的宪法控制背景与一般化的法律控制结构，如何使债务报告与信息披露的行为及数据转化为以权利保障与权力限制为内容的公法事实构成，促成财务报告这一技术手段与公法有关权利请求、义务履行或责任承担的法律后果的耦合，这才是地方债数据信息公开制度构建的本意。依此，一个完善、精确、缜密的政府财务报告仅仅是地方债信息公开权利义务确立、变更或消灭的媒介，这一财务报告以何种方式、何种程序、在何种范围内形成才能更加有利于信息公开应当成为地方债债务报告和信息披露法律制度构建的重点。由此可知，地方债债务报告与信息披露制度的规范内涵，在于通过信息公开提供公众参与的渠道，确立权益是否受有侵害的判断标准并作为向政府及法院提出权利请求的依据，以及作为连通行政自我监督与外部监督的枢纽等。此外，信息公开的普遍性要求，使债务报告与信息披露制度的规范效力，不可避免地与其他包含信息公开内容或以信息公开为前提的法律制度，如事中风险预警制度与事后审计监督制度的规范效力之间存在重合，基于逻辑上的关联关系，可以说这使得债务报告与信息披露具备使分散的法律控制手段之间产生体系关联性的能力，有助于建立包含事前、事中与事后控制的完整的控制链条。

四、地方债的准备金制度

地方债的偿债准备金属于政府性基金的一种，是指地方政府为按时、按约、按额偿还政府到期债务，保障各级地方预算正常运行所设立的一类专项资金。偿债准备金的设立以提高本级政府偿还政府性债务能力，维护政府信用，防范本级政府债务危机的产生为目的。在偿债准备金设立之前，地方政府偿债的资金主要来源于税收收入以及土地出让金，但随着国家房地产调控措施的实施以及国家整体经济增速的放缓，加之地方债规模不减反增，能否在二者之外开辟更加稳定的偿债资金汲取通路，有效扩展地方债偿债资金的规模，决定着地方债未来发展的顺利与否。这一崭新的资金汲取通路的发现，只有通过对当前预算体制进行合理的内部调整才可完成，因地方债运行所需的全部规范结构均以对预算制度本身的利用为基础。由此可知，地方债偿债资金的设置，本质上就是对基本的预算制度框架的一种变通适用。通过在预算体制内部分化出专门的偿债基金，能够提高预算使用的整体效用，增进地方债与预算法治秩序之间的契合度。

2011 年时我国就有 74.6% 的市级政府设立了偿债基金，到 2013 年 6 月底，我国 28 个省级、254 个市级、755 个县级政府建立了偿债准备金制度，准备金余额为 3 265.50 亿元。① 财政部于《2014 年地方政府债券自发自还试点办法》中首次明确发债应当同时建立偿债保障机制。自预算法修改并将政府性基金作为预算管理的对象之后，2015 年《国务院办公厅关于进一步做好盘活财政存量资金工作的通知》中进一步明确通过预算对地方债的偿债准备金进行管理的要点。从 2015 年 1 月 1 日起，偿债准备金的确立需以三年滚动预算的编制并在分年度纳入预算的前提下才可设立，已设立的偿债准备金应纳入预算管理，优先用于偿还到期政府存量债务。按此标准，已经设立偿债准备金制度的 28 个省级、254 个市级、755 个县级政府需将偿债准备金纳入预算，优先用于偿还。安徽省、长沙市、武夷山市、承德市、曲靖市、重庆市渝北区等多地地方人民政府已发布本级政府偿债准备金管理办法。但本项目组调研的某市并未设立偿债基金，也没有建立地方债偿债基金制度。

偿债准备金需综合地方政府的债务规模，以及政府债务占地方财政收入的比例，通过将一定比例的地方财政收入提取出来，并作为专门性偿债基金的方式来设立。偿债基金包含综合偿债基金与专项偿债基金两种形式。前者适用于公益性项目投资，资金来源为通过调剂的政府财政结余以及安排年度预算，后者适用于政府为某个具体项目建设筹集的资金，资金来源为该项目收益。偿债准备金管理实行筹、借、用、还相统一，以"谁筹谁管、谁放谁收、谁借谁还、各负其责、确保外债偿还"为原则。偿债准备金的使用，要求订立贷款合同，明确规定贷款数额、用途、期限、利率、结算办法和违约责任等条款。偿债准备金的使用要求用款单位必须提供担保或者财产抵押公证，不能依照合同规定归还本息时，由担保法人承担相应责任或拍卖抵押财产。偿债准备金应单独核算，并接受财政、审计部门的监督和审计。因偿债准备金不足或使用偿债准备金不能按期收回等原因，造成不能及时足额偿还外债的，市财政部门将通过预算扣款和削减经费指标的办法予以处理。

偿债准备金制度功能的发挥，需要各级政府首先依照国家有关法律法规的规定，制定包含资金来源、规模、用途、监督管理、会计核算办法等内容的专

---

① 赵静扬："地方债自发自还试点将扩围部分地区短期偿债压力大"，载《中国证券报》2014 年 7 月 8 日。

门性规范，对偿债准备金所涉预算基本框架的变动进行完整的法律授权。在依照法律法规对本级财政各项收入，及税、费等预算科目进行调整时，应以本级政府的实际情况作为对相关法律法规进行合理解释的参照基准，建立与其财政能力相适应的偿债准备金制度。目前我国偿债准备金制度在各地的发展并不平衡，市、县级政府准备金设立的比例远不及省级政府，偿债准备金规模尚不足以独立应对政府偿债需求，依据我国审计署统计数据来看，我国地方债存量债务额度之大远远超过各级政府偿债准备金的规模，因此偿债准备金制度仅是防范风险的手段之一，地方债的偿还依旧需要以地方财政收入的增加为根本，并与预算框架内调剂其他资金来源，处置政府资产等其他财政手段协同使用。

第三节 地方债的事后控制——审计监督

地方债的筹集、使用、偿还针对的是公共资金，因此，应当将其纳入审计的监督范围中。现代审计制度建立在"受托经济责任原理"之上，它意味着：委托人授予受托人经营管理资源的权力和管好、用好这些资源的责任，受托人接受委托并承担其履行相应责任的义务，其中，责任应具有可计量性，即能够通过货币形式或其他标准予以计量，并通过一定的形式对计量结果予以报告。[1] 审计部门负有对所有公共机关履行其公共财产"受托经济责任"进行审计的职责，与国会监督、财政系统的自我监督共同构成了目前多数国家实行的财政监督体制。[2] 在宪法意义上，审计是对公权力的经济层面的控制或者对国家财政公权力的监督。由审计部门对公共财产管理情况、公共财政支出情况进行审计，能够限制政府的职权滥用，打造财政节约型政府。如果没有审计监督，政府财政支付会失去节制，公共资源的用度将失去控制。

审计作为一种财政监督机制，蕴含着重要的宪法功能，而独立性是审计监督权的本质属性。有学者认为，审计的独立性包括审计机构的独立性、审计人员的独立性、审计经费来源的独立性以及审计工作的独立性四个方面。[3] 但笔者认为，宪法意义的审计独立性是审计机构、审计职权上的，即审计机关与被审计机关在组织及职权上的分离而不受制于被监督对象，以保障审计监督权的

---

[1] 曾寿喜、刘国常：《国家审计的改革与发展》，中国时代经济出版社2007年版。
[2] 贺邦靖：《国外财政监督借鉴》，经济科学出版社2008年版。
[3] 李奎、张芳丽："关于政府审计独立性影响因素的问卷调查"，载《会计月刊》2006年第7期。

行使。自古以来国家财政属于王权财政或者官房财政，审计权作为一种财政权服膺于王权，属于行政权的范畴。近代以降，自由主义的宪法体制的设立使审计权与财政权分离，作为对抗国王财政权的审计监督权才应运而生。因此，宪法意义上的审计权的独立性当初是指审计权相对于行政权的独立性。无论立法型的审计体制、司法型的审计体制还是独立型的审计体制皆发端于此。在传统意义上，审计权属于行政权，因而宪法意义的审计权独立性在于寻求审计与行政权的分离。随着"行政国家"时代的到来，行政职能的扩充，行政机关所占有和使用的公共财政资产、资金、资源的比重越来越大。对行政机关财政行为的审计监督变得越来越重要。可以说，审计监督的价值功能的发挥在很大程度上取决于其独立性，而审计监督权的独立性首先而且主要是相对行政机关的独立性。当然，立法机关和司法机关也同样是公共财政的占有者、使用者，也应当纳入审计监督的范围。只不过，与行政机关相比，立法机关和司法机关的公共财政的占有、使用的比重较小。[①] 因此，对立法机关和司法机关的审计监督的现实迫切性不那么大。如果审计监督权只能借助一个机关对其他机关进行监督的话，很显然，选择借助立法权和司法权从而对行政权进行监督，比选择借助行政权进而对立法权和司法权进行监督更有法律的正当性和现实的合理性。可见，在国家机关体系架构中，审计权的独立性与其说是与立法权、司法权相分离，毋宁说是与行政权相分离。当然，立法机关和司法机关毕竟也占有、使用公共财政资源，因而也应当接受审计监督。为此，独立于其他机关之外的审计机关得以产生。其将立法机关、司法机关、行政机关全部纳入审计监督范围，真正实现了审计监督的全覆盖。然而，作为特定的专业技术性的监督体制，审计监督权无法与其他机关分享，因此其终究不可能解决"监督监督者"的逻辑悖论。因为，独立审计机关本身也不免要占有、使用公共财政资源，对其自身的审计监督又成了新的问题。因此，独立审计模式仍然无法克服立法审计模式、司法审计模式的弊病。

一、审计监督权独立性的宪法意涵

在现代民主国家，审计作为宪法性质的组织，被视为评价政府职权的经济性、效益性的一种体制设计和制度安排，以保证公共资源不被滥用、浪费以及更有效益，有其不可替代的价值功能。一般的宪法体制是看守公共权力的滥用，而审计则监视公共钱财不被滥用。其共同之处在于对国家公共行为进行监督。

[①] 按应松年教授的说法，我国国家公权力 90% 以上表现了行政权，如果以事权与支出责任正相关的标准，可以说我国国家财政资产、资金、资源的 90% 以上是由行政机关占有、使用的。

在公共财政领域，对公共钱财的监督是多层次和分阶段的。传统上，预算是对公共财政的一种事前的控制①，而审计则是对公共财政事后的监督②。在美国，审计总署几乎是国会可以用来调整行政部门片面用款要求的唯一机构。③ 因而美国联邦政府审计机关的名称是 Government Accountability Office，而不是 Government Audit Office，这其中的 Accountability 就是公共经管责任，联邦审计署的职责就是搞清楚各联邦机构 Accountability 履行情况。④ 但无论如何，预算与审计两者皆不可或缺，共同发挥作用，共同构筑国家公共财政的良性运行。其中任何一个环节失灵、失效，都必然会导致整个公共财政的失序、失控。预算的事前控制借助议会体制，以财政民主原则为指导；审计的事后监督分属于不同的机构，以分权制衡原则为依归。但保证审计权的独立性似乎是各种不同体制的共守之规则，以期增进审计监督职能的权威和效力。但在宪法意义上，审计监督权是公权力对公权力的监督，为此必须保障其在权力体系内的职能、组织上的独立性，不能成为其他部门的附属权力，且不受利益掣肘。质言之，独立性是审计监督制度的灵魂。⑤

比较世界各国的审计制度实际是在分析其宪法体制，因为世界各国审计机构都附立于本国的宪法体制中，审计功能的发挥皆蕴含于宪法体制运行过程，而审计体制设计的基本宗旨便是保证审计监督权的独立性。审计制度之所以载入宪法，主要原因在于审计监督是国家行使政治与经济管理职能的一个重要方面⑥。通过宪法规定审计制度，可以使审计权的独立性取得根本法的法定形式，更重要的是，审计一旦通过宪法确立，其便具有了权威性和稳定性。至今世界上几乎每个国家都有自己的宪法，大多数成文宪法国家都在其宪法中规定了审计制度。根据《世界各国宪法》⑦，通过考察亚洲、欧洲、非洲、美洲、大洋洲共 193 国宪法，绝大多数国家宪法规定了审计体制，为强调其独立性，要么

---

① 如果将决算作为国家预算体制的一个环节，那么预算也存在着事后的控制。
② 当然，随着新宪法主义的兴起，审计已经不再保留在事后的监督，审计的范围和时段都日益扩展。
③ Richard E. Brown, The GAO—Untapped sources of Congressional Power, The University of Tennessee Press, 1970, p. 10.
④ 郑石桥、刘庆尧："《审计法》涉及的若干基础性问题的再思考——基于十九大报告的视角"，载《南京审计大学学报》2018 年第 1 期。
⑤ 郑和园："治理现代化导向下我国审计监督制度完善路径探究"，载《山西师大学报》（社会科学版）2018 年第 6 期。
⑥ 杨肃昌：《中国国家审计：问题与改革》，中国财政经济出版社 2004 年版，第 127 页。
⑦ 韩大元、于谦主编：《世界各国宪法》，中国检察出版社 2012 年版。

"监审分立",要么审计监督机关独立存在。① 当然,上述世界各国规定国家审计制度的宪法渊源各有不同,多数国家采取宪法典及其修正案的形式,有更多国家在宪法中明确规定审计制度的同时辅之以普通单行法作为配套的立法。而没有成文宪法的国家如英国,审计制度通过一系列单行立法和宪法惯例加以确立。但无论如何,审计监督权的设置都与其所处的特定国家的宪法政体相关,表现为审计权力与其他国家权力之间并存的耦合关系和监督关系。

在传统国家,审计权一般都属于行政权的一部分。公元1314年,英国国王任命了历史上第一位国库主计长。从此以后,历代王朝都设立了审计机构,国家审计职责和权力得到不断发展和加强。有人认为,在现有宪法体制确立之前已经产生了司法型审计体制,其作为佐证的史料是:早在1256年,法国国王颁布"伟大法令",要求各城市市长、政府官员在11月11日的前一天携带城市收支账目来到巴黎接受审计。当时的审计官是国王任命的精通财经、法律和数学的教士。1318年法国国王颁布法令,其中规定:"我命令所有的账目必须每年审查一次"。1320年法国设立审计厅,作为皇家的行政法院。总的看,法国是一个司法权力很大的国家,"法皇从来视司法为皇家最光荣的职责",故常常亲自审判案件或亲临旁听。可见,在法国将审计置于司法系列更显示出审计的权威性。这种体制在17世纪法国著名的法学家孟德斯鸠所创立的"三权分立"和"权力制衡"理论中找到了理论依据。② 笔者认为,这可能是对历史的误读。因为,在法国传统的专制体制中,司法权始终服膺于王权之下,以至于在法国大革命时期,司法机关仍然是专制王权盘踞的最后一座堡垒。因此,在18世纪前一直保持专制传统的法国,司法机关充其量只是国王审计的御用工具。孟德斯鸠"三权分立"的学说不是以上述体制为理论依据,恰恰相反,是对上述体制的一种理论批判。③ 因此,宪法意义上的审计本质上要求形成与王权相分离的一种对抗权力,最早的英国议会制度,即是这样一种对抗性权力的发明。可以说,没有分权制衡的国家政体形式,宪法意义的审计便无从依归。从这个意义上,独立性作为审计权的本质特征,是宪法对审计权的基本要求。当然,如果我们试图模糊审计主体和对象之间的关系,不区分审计权归属和监督对象的实质性差异,把审计仅仅看作一种国家经济审核行为,甚至把审计仅仅视为一种财政工具或经济手段,那么审计在从有文字记载的史料上看,其历史久远得

---

① 程乃胜:"监审合一抑或监审分立",载《中国法律评论》2017年第4期。
② 廖洪:"论我国国家审计体制改革",载《会计论坛》2004年第1辑。
③ 其实作者在同文 "在法国,国王拥有至高无上的权力,其王权是欧洲专制制度的典范"的观点也印证了这一点。

多,甚至与国家相伴而生。此种审计权更侧重于"位高权重"的权威性,而不是其独立性。① 然而,公共财政的审计并非仅仅是一种技术性的经济手段,否则宪法根本没有必要置喙于审计。质言之,分权制衡体制是宪法意义上审计制度的基础,近现代国家关于审计的不同制度设计、不同的类型模式仅仅是实现审计权与其他权力相互监督的不同形式。

因此,可以说审计制度作为一种宪法设计,源于对国王财政权力的限制。在英国"光荣革命"后,议会主权的确立,审计权则自然归属于议会体系,成为抗衡王权的重要机制。1866 年,英国议会通过了标志英国现代审计制度最终形成的《国库与审计部法案》,该法案"第一次在法律上明确了国家审计代表议会对政府收支的审查与控制,是现代国家审计独立于行政部门的真正开始"。② 现代审计制度诞生于宪法母国——英国,这恐怕并非历史的偶然,是英国的国王财政权受到限制的必然结果。也许历史有很多的因缘际会,但财政民主、税收法定、预算公开、审计独立制度皆追根溯源于英国,便呈现出一定的必然性。上述政治发明和制度安排的共同目的便是限制王权或行政专权。有人认为中国早在春秋时期的周朝就产生了审计制度。当时周王设置天官冢宰辅佐周王总理国务大事,天官之下设小宰,掌邦国财计和监察大权,小宰之下设宰夫,具体负责稽查和审计工作。秦、汉时期初步建立了审计监督法律制度。从中央到地方建立了一个比较完整的审计监督系统——御史组织系统。秦、汉时期,皇帝之下均设置了御史大夫,主管监察、执掌弹劾、纠察之权,主管财物审计工作。这些史料足以证明我国的审计制度产生比英国更早,甚至一些制度至今仍令人称道。但作为专制国家的王权财政或皇室财政的一种治理手段,当时所谓"审计制度"设立的目的是控制臣权,并最终服务于君权,与宪法③无关。当然,中国古代的审计与监察通常熔于一炉,极大地强化了对官吏的控制力,某些制度设计不乏其科学性和合理性。从某种意义上,这体现了中国古代的政治文明,为西方所不及。而孙中山恰恰得意于中国的政治遗产,发明了"五权宪法",并将审计权融入监察权之中,至今我国台湾地区仍然施行这一体制。

在当今世界,审计监督权应当具有独立性并由宪法确立已成为普遍共识。1977 年审计机关国际组织的《利马宣言》确认:应考虑改变审计部门在权力结构中的地位,以其独立性引导审计结果的实效性。根据《利马宣言》,审计独

---

① 古代专制政体的审计也存在一定的独立性,如我国隋、唐时期实行的"三省六部"制,在刑部之下设立了比部,独立于其他财政部门,专司审计监督工作,具有一定的独立性,享有司法监督职能。

② 王家新等:《国家审计的政治经济分析》,上海三联书店 2013 年版,第 225 页。

③ 当然此宪法过去称为宪法,与苏力《大国宪制》所言的"宪法"不同,在苏力看来,中国古代几乎所有的制度设计皆为"宪法",包括书同文、车同轨,包括科举,甚至包括宗法的长子继承。

立包含三层含义,其一为审计组织的独立性,即必须独立于受审单位之外并不受外来影响,才能客观而有效地完成其工作任务。但不可能绝对地独立。最高审计组织必须具备完成其任务所需的职能上和组织上的独立性。审计组织的建立及其独立性的程度应在宪法中加以规定。其细节可另外立法予以规定。特别是应由最高法院提供充分的法律保护,以保证最高审计组织的独立性和权威性不受损害。其二为成员的独立性,最高审计组织成员的独立性也应由宪法予以保障,尤其是罢免其成员的程序应列入宪法,以保证其独立性不受损害。最高审计组织成员的任免方法取决于各国的宪法规定。最高审计组织的审计人员在任职期间应独立于受审单位之外,不受该单位的影响。其三为审计组织财政上的独立性,国家应向最高审计组织提供经费以保证其完成任务。如果需要,最高审计组织有权直接向制定国家预算的公共机关申请必要的经费。最高审计组织在自己职责范围内有权使用预算拨给的专项资金。"如果说《利马宣言》宣告了一个机制的诞生,系统梳理了国家审计的独立性赖以依存的所有支柱,《墨西哥宣言》将审计独立性作为主议题,则是对最高审计机关独立性的保证"。[1] 2007 年《墨西哥宣言》为确保审计权的独立性,对于审计机关的建制和运作,提出下列指南:确保审计机关的独立性;保证审计机关治理人员的独立性(任期保障及正当行使职权的法定豁免权);审计机关履行审计职权具有相当法令支持和充分裁量权不受行政或立法部门的干涉;查核信息的取得不受任何限制;对于审计报告的内容、发送时机、分送单位具有充分的自主权;有效追踪审计建议与意见有否落实;对财务、管理、行政具备自主权,可取得适当的人力、物力、财力资源。而世界审计组织通过的第三个宣言——《北京宣言》则围绕审计推动完善国家治理这一主题,展示最高审计机关过去成就的同时,探索世界审计组织成为全球典范组织并促进完善全球治理的方式和路径。[2]

按照洛克的观点,政府与人民之间不过是信托关系。"政府没有巨大的经费就不能维持,凡享受保护的人都应该从他的产业中支出他的一份来维持政府。但是这仍须得到他自己的同意,既由他们自己或他们所选出的代表所表示的大多数的同意。"[3] 因此,现代审计制度建立在"受托经济责任原理"之上,它意味着:委托人授予受托人经营管理资源的权力和管好、用好这些资源的责任,受托人接受委托并承担其履行相应责任的义务,其中,责任应具有可计量性,即能够通过货币形式或其他标准予以计量,并通过一定的形式对计量结果予以

---

[1] 王仁贵:"世界审计的成人礼",载《瞭望》2013 年 11 月 06 日。
[2] 同上。
[3] [英]洛克:《政府论(下篇)》,叶启芳、瞿菊农译,商务印书馆 1964 年版,第 88 页。

报告。[1] 审计部门负有对所有公共机关履行其公共财产"受托经济责任"进行审计的职责，与国会监督、财政系统的自我监督共同构成了目前多数国家实行的财政监督体制。[2] 在宪法意义上，审计是对公权力的经济层面的控制或者对国家财政公权的监督。由审计部门对公共财产管理情况、公共财政支出情况进行审计，能够限制政府的职权滥用，打造财政节约型政府。如果没有审计监督，政府财政支付会失去节制，公共资源的用度将失去控制。如果说，政府公权行为皆以一定的公共财力为基础，那么控制了政府的财力也就限制住了政府的权力。从这个意义上，审计权对政府权力的监督是更为根本的权力控制方式。

二、审计监督权独立性的宪法体制评析

近代国家宪法为审计权独立性提供了权力体系基础。可以说，正是出现三权分立以后，审计权各有所属，从而形成所谓不同的模式。概括起来，世界各国的审计体制共有四种类型，但每一种类型的独立性各有不同。

首先，立法型审计体制独立性最强。立法型审计体制下的审计机关隶属于立法机关——议会，并对其负责和报告工作。立法型审计机关的主要职能是协助立法机构对政府进行监督，并在一定程度上影响立法机构的决策。它独立于政府部门，依法独立履行职责，不受政府的干预。

其次，司法型审计体制独立性次强。司法型审计体制下的审计机构属于司法系列或具有司法性质。在这种审计体制下，审计机关拥有最终裁决权，有权直接对违反财经法规、制度的任何事项和人进行处理。其审计范围包括政府部门、国有企业等。司法型审计体制的审计机构介于议会和政府之间，成为司法体系的组成部分，具有处置和处罚的权利，其独立性和权威性得到进一步加强。

再次，行政型审计体制独立性最弱。在行政型审计体制下，审计机关隶属于政府行政部门或隶属于政府某一部门的领导。审计机关对政府所属各部门、各单位的财政预算和收支活动进行审计。它们对政府负责，保证政府财经政策、法令、计划和预算等的正常实施。行政型审计体制实效性强，但其独立性最弱。

在世界各国，不论是何种审计模式国家，国家审计都只对法律负责。目前我国审计机关一方面要对法律负责，另一方面要对本级党委和政府负责，其独立性有所欠缺。[3] 由于我国行政型审计监督本质上属于一种行政系统的自我监督，其组织结构、成员以及财政上都受制于本级政府，一定程度上影响了审计

---

[1] 曾寿喜，刘国常等：《国家审计的改革与发展》，中国时代经济出版社2007年版。
[2] 贺邦靖主编：《国外财政监督借鉴》，经济科学出版社2008年版。
[3] 程乃胜："国家审计全覆盖视域中的我国审计法律制度之完善"，载《法学评论》2016年第4期。

监督的实效性。① 在一项问卷调查中，当问及当前中国审计存在的主要问题时，在列举的 8 项中，"独立性不强"位居首位。②

最后，独立型审计体制独立性最强。独立型审计体制下，国家审计机构独立于其他机构之外，它与议会没有领导与被领导的关系，也不是政府的职能部门。在审计监督过程中，坚持依法审计的原则，客观公正地履行监督职能，只对法律负责，不受议会各政党或任何政治因素的干扰。但对审计出来的问题没有处理权，而移送司法机关审理。独立型审计体制不倚重于原来的国家机关，权威性不高，但独立性最强。独立型的审计体制以日本的会计检察院最为典型。③ 1947 年 4 月日本公布了《会计检察院法》，确立了会计检察院的地位和职权。为了维护其独立性，减少来自其他方面的掣肘，法律还特别赋予会计检察院以人事自主权，干部和职员的任用由检察院自行议定。在财政上，会计检察院同国会、最高法院一样，享有预算自主权。不需依据政令便可制定会计检察院规则。会计检察院的最高领导可直接出席国会，并有权直接同国会接触。会计检察院首长的任期为 7 年，可连任一届，并不受内阁更替的影响。会计检察院的检察官不得兼任其他公职。④ 日本会计检察院作为独立于其他机关之外的审计机关通过锱铢必较的严格审计，对日本经济的复苏和发展发挥了重大作用。战后日本的财政规模明显小于其他主要资本主义国家，"小财政"的日本政府因此而得"廉价政府"的雅号。有趣的是，与中国政府各部门和企事业单位年底突击花钱一样，日本学者也曾抱怨政府年底突击花钱，但在日本的财政决算说明书中看到的却是笔笔剩余（日文写作"预算不用额"）而无超预算现象。1985 年度发生的剩余额达 1706 亿日元。⑤ 会计检察院作为宪法上的机关，独立于议会、内阁，行使两个方面的职权：第一，每年决算检察，但需要先向内阁提出，然后向议会提出；第二，公金的使用方式检察。由于会计检察院人手少，因

---

① 闫海：《公共预算过程、机构与权力——一个法政治学研究范式》，法律出版社 2012 年版。
② 杨肃昌：《中国国家审计：问题与改革》，中国财政经济出版社 2004 年版，第 30 页。
③ 明治维新的第二年（1869 年）5 月，日本明治政府设立了作为政府财政监察机构的监督司。监督司最初直属会计官领导。随着太政官制度的改革，其隶属关系也发生变迁，1869 年 7 月改由大藏省领导。两年后，被撤销又恢复的监督司升格为"检察察"，并在"检察察"内增设了"正算司"。以后，"检察察"又改称为"检察局"。1880 年 3 月，财政监察机构从财政部门中分立出来，扩建为直属太政官（相当于今天的内阁总理）的会计检察院。这是对过去的财政监察制度的一大改革。1889 年，会计检察院的地位进一步提高，由直属内阁改为直属天皇领导，并以法律形式明确规定，相对于国务大臣，会计检察院拥有特殊的地位。会计检察院的地位是由宪法规定并受宪法保护的。它不隶属国会，也不隶属行政机关和司法部门，而是纯粹的独立机构。
④ 张舒英：《日本的财政监察》，中国社会科学出版社 1993 年版。
⑤ 同上。

此只能进行重点检察。而且地方会计检查制度有自己的特点，但发挥的功能有限。

在表7-1所述四种审计体制类型中，立法型体制、行政型体制都存在领导审计机关的这个机构无法审计的问题，因为审计机关不可能审计作为其上级的领导机构；对于行政型体制来说，其审计成果的应用虽可以依仗有力的行政权支持，但是，由行政权来监督立法权、司法权，存在权能属性方面的逻辑矛盾，某种意义上存在下位权监督上位权的问题；司法型体制下，其审计处理决定具有良好的实施机制，但是其审计建议的实施机制却存在缺陷，如果以行为是否合规作为主要的审计业务，则这种审计体制很好，如果以信息是否真实作为主要的审计业务，这种审计体制就勉为其难了。[①] 总体来说，虽然独立性程度不同，但从审计体制本身无法判断不同审计体制的绝对优劣。

表7-1 不同审计体制的独立性因素及独立性程度分析表[②]

审计体制类型	审计监督的对象	审计机关首长的产生	审计机关经费的来源	独立性程度
立法型审计体制	行政机构、司法机构、立法机构的下属机构	美国：由国会两院组成特别委员会推荐3人，由总统确定1人交参议院表决，最后由总统任命	审计经费由专门预算，由立法机关批准	较强
司法型审计体制	立法机构、行政机构、审计机关之外的其他司法机构	法国：审计法院的院长、副院长以及高级法官由内阁会议决定，总统任命	审计经费由议会批准，国家预算拨款保证	次强
行政型审计体制	立法机构、司法机构、行政机构的下属机构	韩国：监察院长由国会同意后总统任命	审计经费由同级财政部门批准拨付，缺乏专门的审计经费预算制度	最弱
独立型审计体制	立法机构、行政机构、司法机构	日本：会计检察院最高领导机构由3名检察官组成，检察官人选由国会同意，从中选出资深者为院长，院长须由天皇批准	由审计机关自行提出审计预算，由议会最终审定预算	最强

---

① 郑石桥、刘庆尧："《审计法》涉及的若干基础性问题的再思考——基于十九大报告的视角"，载《南京审计大学学报》2018年第1期。

② 表中的资料参见审计署编译：《世界主要国家审计法规汇编》，中国时代出版社2004年版，第30—251页。

上述不同的体制产生的因素很复杂，但审计体制的形成具有一定的必然性，特定国家不同的审计模式并非人们的任意选择。英国、美国最初都是行政型模式，但实践证明它的独立性有限，不能很好发挥制衡作用，故后来才发展到立法型。上述四种模式中立法型、司法型、独立型审计体制独立性更强，为审计监督职权提供了更大的作用空间。而行政型审计体制不能满足异体监督的基准条件，进而阻碍了审计监督权的发挥。可以说，我国审计监督体制导致审计部门在对行政权力进行监督的同时又受制于行政权力，这又进而导致人民代表大会对地方政府财政的监督无力。① 在1982年宪法起草时，全国有十几个省和国务院各部、委提出审计机关最好隶属于全国人民代表大会常务委员会。不少宪法修改委员会的委员也认为审计机关设在国务院会有问题，不利于对国务院及其所属部门进行审计。但由于审计工作在我国是全新的工作，没有经验，审计机关设在政府对熟悉政府的财政、财务工作有好处。特别是当时主持宪法修改工作的彭真坚持审计机关应当放在国务院，不要放在人民代表大会。因为我国人民代表大会刚恢复重建，主要是搞立法，搞不了审计。审计需要庞大的机构，不要让人民代表大会的主要精力放在搞审计。② 因此，最后决定将审计机关放在国务院。其实，审计机关未纳入立法机关的一个根本的原因是由我国人民代表大会体制所决定的，因为人民代表大会及其常务委员会是通过会议形式行使职权的决议机关，每年的会期短暂无法满足经常性的大量的审计工作。即使有例如财经委员会这样的专门委员会，也难以应对现实审计的繁重任务。

当然，独立性不是评价审计体制优劣的唯一指标，审计体制是否能够真正发挥财政监督的作用，还受制于多种因素，如政党体制、历史发展及现实国情等。如果议会对行政权不能发挥应有的监督作用，那么审计权交给议会等于虚置；如果司法独立得不到保证，司法权威服膺于行政权威，那么即便设立一个司法机关性质的审计机关，也不可能真正监督行政权力。独立审计机关虽然具有很强的独立性，但其只有调查建议权而没有处理处罚权，其审计监督的实效也难以完全发挥。相反，行政型审计体制尽管独立性相对较弱，但凭借行政科层体制，其（至少对下级机关的）审计更具有权威性。这就是我国目前仍有相当多的人赞成行政型审计模式的重要原因。

---

① 林慕华、马骏：" 中国地方人民代表大会预算监督研究"，载《中国社会科学》2012年第6期。
② 蔡定剑：《宪法精解》，法律出版社2006年版，第393页。

三、我国审计监督权独立性宪法规范的价值冲突

我国宪法确立的审计体制，使其独立性存在着价值冲突。宪法规范既着意强调审计机关的独立性，又同时将审计权置身于行政体系内却实际上消解了审计权的独立性。

一方面，我国现行宪法选择了行政型审计体制，在借鉴世界各国的审计体制经验的基础上，试图通过提高审计机关的地位，进而强化其独立性。我国1982年宪法明确规定："审计机关在国务院总理领导下，依照法律规定独立行使审计监督权，不受其他行政机关、社会团体和个人的干涉。""县级以上的地方各级人民政府设立审计机关。地方各级审计机关依照法律规定独立行使审计监督权，对本级人民政府和上一级审计机关负责。"通过分析上述宪法规范，可以推论出，审计部门被赋予了不同于其他政府部门所特有的独立性。表现如下：

审计署虽然相当于国务院一个部委，但宪法专设一条对审计机关体制和职权进行规定，说明审计机构的重要性。①

在领导体制上，审计署在"总理领导"②下，但根据字面含义并不包括副总理和国务委员的领导，尽管副总理和国务委员比审计长的行政级别更高。这一宪法规范的含义可以从审计法的规定中得到印证。根据宪法规定，地方各级人民政府设立的审计机关对本级人民政府和上一级审计机关负责。《审计法》规定，"本级人民政府"是指"政府正职领导人"省长、市长、县长。也就是说审计机关只受其所在的人民政府的正职领导人一人的领导。而不受制于其他任何人，这无疑强化了审计机关的独立性。当然，国务院的审计署作为最高审计机关比地方的审计机关独立性会更强。因为，地方审计机关除受本级人民政府领导还要接受上级审计机关的领导，而且审计业务以上级审计机关领导为主。不仅如此，地方审计机关接受上级审计机关的领导并不局限于上级审计机关的正职领导人。

---

① 蔡定剑：《宪法精解》，法律出版社2006年版，第392页。
② "总理领导"而不是"国务院领导"，这是因为根据现行宪法规定，在国务院的组成人员中包括审计长，审计署接受国务院的领导在逻辑上不顺。当然国务院行使职权有两个会议形式，即全体会议和常务会议，全体会议由国务院全体组成人员参加，而常务会议由总理、副总理、国务委员、秘书长参加。如果把国务院比作国外内阁的话，参加国务院常务会议的人员组成的是核心内阁。从理论上，审计署接受国务院常务会议的领导是成立的。但宪法规定审计署只接受总理一人领导，以避免审计署受到更多的牵制和掣肘，其目的无疑也是为了增强审计署的独立性。

宪法规定了审计机关类似司法机关的独立行使职权的地位。①《审计法》对审计机关独立行使职权进一步规定，审计机关独立向本级人民代表大会常务委员会作审计工作报告。审计人员履行职权受法律保护。任何组织和个人不得拒绝和阻碍审计工作人员行使职权，不得打击报复。审计机关负责人依法定程序任免，没有违法行为和不符合任职条件的，不得随意撤换。宪法和审计法在审计机关负责人的任免程序上有特别规定。审计署审计长的任免程序是：由国务院总理提名，全国人民代表大会决定人选，全国代表大会闭会期间由全国人民代表大会常务委员会决定任免；审计署副审计长由国务院任免。全国人民代表大会有权罢免审计长。地方审计机关负责人的任免程序是：正职领导人由本级政府行政首长提名，本级人民代表大会常务委员会决定任免，报上一级人民政府备案；副职领导人由本级人民政府任免。另外，地方各级审计机关正职和副职领导人的任免，应当事先征求上一级审计机关的意见。在任期内撤换审计机关负责人，必须符合法定条件，不得随意撤换审计机关负责人。可见，中国的宪法和法律为了加强审计的独立性和权威性，进行了精心的制度安排。

另一方面，由于内置于行政体系内，因此，审计机关不能对其上级机关进行审计监督。上述所谓"独立性"是相对意义的，非常有局限性。有人认为，审计机关可以监督其上级机关，如审计署可以监督国务院。这不但在理论上难以成立，而且在实践中也没有什么实际意义。我国审计机关可以对与之平级的政府职能部门、直属机构进行监督，而且有过一些成功的经验，但从无监督本级人民政府的先例。

影响和制约中国审计独立的因素较多，但最根本的因素有以下几个方面：

第一，我国的审计机关设立在各级人民政府内，审计机关是本级人民政府的组成部分，本质上我国的审计是政府的"大内审"；第二，审计监督的经费不能得到有效保证。审计经费是审计独立性实现的前提之一。在法治国家，审计监督机关的经费必须不受制于行政机关，方能充分实现对行政机关的有效审计监督。②而《审计法》第11条规定："审计机关履行职责所必需的经费，应当列入财政预算，由本级人民政府予以保证。"在经费来源方面看，审计机关的主要职责是对政府的财政收支进行审计监督，与政府财政部门存在着直接的监督与被监督关系，由于监督财政部门的权力会导致对自身的不利。因此审计法规定，审计机关履行职责所必需的经费列入财政预算，由本级人民政府予以

---

① 蔡定剑：《宪法精解》，法律出版社2006年版，第394页。
② 程乃胜："国家审计全覆盖视域中的我国审计法律制度之完善"，载《法学评论》2016年第4期。

保证。① 由于中国行政机关实际掌握人、财、物分配权限，所以通过行政机关审批审计经费，更便于得到保障。② 第三，根据《审计法》第 8 条的规定："省、自治区、直辖市、设区的市、自治州、县、自治县、不设区的市、市辖区的人民政府的审计机关，分别在省长、自治区主席、市长、州长、县长、区长和上一级审计机关的领导下，负责本行政区域内的审计工作。"确立了我国地方审计机关的双重领导体制。在政府体制中，我国审计体制可以概括为双重领导制，即同时受本级政府行政首长和上一级审计机关的领导。审计机关的双重领导体制是由我国单一制的宪法国家结构形式所决定的，在联邦制国家，联邦政府与构成单位政府之间并不存在委托代理关系，构成单位的政府不是联邦政府的代理人，所以联邦政府审计机关不能审计构成单位政府，审计机关也就不可能有垂直领导型体制，联邦政府审计机关也不能领导构成单位政府的审计机关，审计机关就不可能有双重领导型体制，本级领导型是适宜于联邦制国家的审计机关组织体制。③ 但实际上"审计业务以上级领导机关领导为主"有的被架空，实践中有些地方基本上都是地方政府决定审计机关负责人任免，向上级机关征求意见明显流于形式。审计的效能还受制于地方党政领导对审计工作的重视与否。④ 这使得在有些地方原有的审计独立性丧失殆尽。

从根本上说，行政型审计体制可能与宪法的民主、法治原则不符。

首先，审计是否具有合宪性根本上取决于其是否具有民主正当性。审计的民主正当性则表现为，审计的权力来源是人民，审计的对象则为政府。说到底，审计权是一种人民对政府的监督权。行政型审计体制，将审计权内设于行政机关体系，而非设置于民意代表机关。这就意味着，审计成为超越于人民主权的行政权力，国家行政权本应当是审计的监督对象，却成为监督主体。这与我国宪法确立的人民主权原则与人民代表大会制度相背离。由于行政权的相对不公开性，行政型审计实际上不合理地限制了公民的知情权和监督权。审计是以公共财政中可用货币衡量的资产为对象，被审计和用以审计的公共财产都是纳税人供给的，纳税人缴纳税收后，其换取了一种正当的权利便是知情权和监督权。这些权利的行使不借助审计的法律机制和专业知识是难以想象的。可以说，审计的民主原则在公共财政的租税国家就是要满足纳税人对征税人的监督权利。

---

① 项俊波："论我国审计体制的改革与重构"，载《审计研究》2001 年第 6 期。
② 杨肃昌：《中国国家审计：问题与改革》，中国财政经济出版社 2004 年版，第 56 页。
③ 郑石桥、刘庆尧："《审计法》涉及的若干基础性问题的再思考——基于十九大报告的视角"，载《南京审计大学学报》2018 年第 1 期。
④ 郑和园："治理现代化导向下我国审计监督制度完善路径探究"，载《山西师大学报》（社会科学版）2018 年第 6 期。

甚至审计本身也不过是纳税人购买的公共产品，审计作为一种公共服务不过是纳税人缴纳税赋的对价。

审计民主原则还存在着审计公开的问题。行政型的审计体制则可能成为审计公开的障碍。因为行政型审计是内部审计、"自揭家丑"，一些地方政府的审计结果甚至作为机密不对外公布，导致我国审计机关的审计结果长期以来不为公众所知，这是行政型审计体制的难以避免的结果。

其次，行政型审计体制与法治原则不太相符。毋庸置疑，行政型审计体制根本的特征是审计是一种国家权力并为国家服务[①]。法治原则要求对国家权力的控制，从而彰显法律自身的权威。中国行政型的审计体制将审计的最高权柄委付于行政首长之手，这无疑是在强化国家的审计权威，而不是限制国家的审计权力。当然，当议会或法官操持审计权时，审计权也没有超脱国家公权之外，但不同的是，这种体制能够实现审计权对行政权力的制约，更利于纳税人表达权利诉求，更便于民众权利的救济。德国政治学者汉斯曾说，审计机关作为一个独立的机构，显然在制衡和牵制系统中发挥着重要的作用。[②]

四、审计权与监察权竞合的独立性宪法规范分析

中国审计体制的改革并非孤立的，它必然伴随着中国宪法体制的重大变革，或者说它只能以中国宪法体制的重大变革为基础。当下，如何在现行体制下，在宪法确立的权力体系和制度框架内强化审计独立性是制度变革的现实选择。[③] 2018年修宪设立国家监察委员会意味着我国公共权力重新配置，表明我国宪法体制的重大变革，这将深刻地影响我国公共权力的运行。国家监察委员会的设立实现了对行使公权力的公职人员监察全面覆盖。而且国家监察委员会与党的纪律检查委员会合署办公，使其监督权具有更强的独立性和权威性。当初曾有人建议，借助国家监察体制改革，将审计职权由原来的审计部门，归并到国家监察部门。但这一建议并未被采纳。其中重要原因除了审计监督的事项无法全部为监察机关所覆盖，还有一个重要原因便是审计机关并入监察机关

---

① 公共选择理论建构于自由主义的基础之上，效率与成本分析以个体为视角，把政府也假定为追求自身利益最大化的个人群体，因此，不应把国家利益和集体利益视为个体利益的加总。或者说，国家与个人，公共利益和个人利益之间是一种零和博弈。

② 文硕：《世界审计史》，中国审计出版社1990年版，第179页。

③ 迄今，具有代表性比较有价值的建议将我国的行政型审计向立法型审计的转变。此举既可以增强人民代表大会对政府的监督职能；也可以实现审计独立，从而更有效地发挥审计监督职能。然而，这一提议在1982年宪法制定时，已经有人提议，但未采纳。但至今，人民代表大会与政府关系仍未理顺，人民代表大会的宪法地位并未得到实质加强，人民代表大会对政府的监督职权仍然虚置。这些情形下，将审计权作为人民代表大会监督职权的条件仍不成熟。

会使审计独立性大大削弱。但依笔者管见,其实国家监察委员会比审计机关独立性更强,而且审计机关并入监察委员会不但不会使其独立性削弱反而会增强。

首先,国家监察委员会比审计部门独立性更强。

宪法规定的审计机关独立行使职权,不受其他行政机关、社会团体和个人的干涉的规范含义是,审计机关只是不受总理领导的国务院以及正职领导人领导的地方人民政府以外的"其他"行政机关的干涉,这是由审计机关与其所在的人民政府之间的组织体系和职权关系所决定的;而宪法规定的监察委员会依照法律规定独立行使监察权,不受行政机关、社会团体和个人的干涉,并无"其他"两字,其规范含义是监察委员会不受所有行政机关的干涉。监察机关作为统合性的监督机关,行政机关整体被纳入监察机关的监督范围。通过对宪法的规范分析,可以发现宪法规范赋予了监察机关与司法机关同样的独立性。《宪法》第131条规定:人民法院依照法律规定独立行使审判权,不受行政机关、社会团体和个人的干涉。《宪法》第136条规定:人民检察院依照法律规定独立行使检察权,不受行政机关、社会团体和个人的干涉。监察机关与法院和检察院一样,宪法中都规定其行使职权不受"行政机关"而不是"其他行政机关"的干涉。因此,可以认为国家监察机关与法院、检察院一样都具有独立于行政机关的法定职权。与作为行政机关内设的审计机关相比,监察机关显然具有更强的独立性(见表7-2)。

表7-2 审计机关与监察机关的独立性比较

监督机关类型	监督机关地位	独立性的规范依据	独立的对象范围	独立性的程度
审计机关	国务院、地方人民政府的下属机关	审计机关在国务院总理或者地方人民政府的领导下,依照法律规定独立行使审计监督权,不受其他行政机关、社会团体和个人的干涉。	其他行政机关、社会团体和个人	较弱
监察机关	与国务院、地方人民政府平行的机关	监察委员会依照法律规定独立行使监察权,不受行政机关、社会团体和个人的干涉。	行政机关、社会团体和个人	较强

有学者认为:将审计机关及其职权整合至监察机关,将在相当程度上致使审

计权的独立行使难以实现。① 这一观点是以我国的审计机关具有相当甚至不亚于监察权的独立性为提前,而忽视了将审计机关纳入监察机关,会赋予审计监督权更大独立性,也忽视了由此会使审计监督更具有权威性和实效性。其实,监察委员会不但独立于行政机关,实际上还独立于法院、检察院,与同级的"一府两院"相平行的国家机关。学者形象地称此种国家机关设置方式为"一府一委两院"。② 当然,监察权不能独立于立法机关,也不能与立法权相并列。③

可以说,监察委员会不受所有行政机关的干涉,也就意味着其不受审计机关的干涉。而且 2018 年宪法修正案设立国家监督委员会后,关于审计监督的范围,宪法并没有作任何调整,仍然规定"国务院设立审计机关,对国务院各部门和地方各级政府的财政收支,对国家的财政金融机构和企业事业组织的财务收支,进行审计监督"。即监督对象仍然是国务院和地方人民各级政府,即仍然确认的是行政机关内部的审计体制。

有学者认为,我国行政审计机关实际上实行国家审计职权,可以对监察机关进行审计监督。而且,独立于监察机关之外的审计权,亦将有利于制约监督监察权力。④ 这一观点缺乏宪法的规范依据,也不符合宪法设立国家监察机关的独立性原则的要求。

有学者认为,审计权和监察权相互监督于法有据。⑤ 这一观点很难成立,如果说,监察权对审计权的监督于法有据,根据《监察法》的规定:"各级监察委员会是行使国家监察职能的专责机关,对所有行使公权力的公职人员进行监察。"监督对象的全覆盖当然包括审计权;而审计权对监察权的监督却无法律依据,《审计法》明确规定:"国务院各部门和地方各级人民政府及其各部门的财政收支,国有的金融机构和企业事业组织的财务收支,以及其他依照本法规定应当接受审计的财政收支、财务收支,依照本法规定接受审计监督。"这

---

① 秦前红:"国家监察委员会制度试点改革中的两个问题",载四川师范大学学报(社会科学版)2017 年第 3 期。

② 马怀德:"国家监察体制改革的重要意义和主要任务",载《国家行政学院学报》2016 年第 6 期。

③ 有学者将国家监察权视为一种与立法权、行政权、司法权相并列的"第四权",参见周佑勇:"监察委员会权力配置的模式选择与边界",载《政治与法律》2017 年第 11 期。笔者认为,这种观点是不能成立的,因为监察委员会的设立并没有改变我国的政权组织形式,即人民代表大会制度。根据 2018 年修正后的《宪法》第 126 条规定:"国家监察委员会对全国人民代表大会和全国人民代表大会常务委员会负责。地方各级监察委员会对产生它的国家权力机关和上一级监察委员会负责。"因此,在我国监察权不应当与立法权相并列。

④ 秦前红:"国家监察委员会制度试点改革中的两个问题",载《四川师范大学学报(社会科学版)》2017 年第 3 期。

⑤ 冀睿:"审计权与监察权之关系",载《法学》2018 年第 7 期。

一规定与宪法保持一致,审计监督的对象(由于立法的时间在先)不可能包括监察机关。

排除"审监合一"的理由,即在监察机关之外保留一个审计机关,可以对国家监督机关进行审计监督,这一理由并不成立。尽管对国家监察权也存在着审计监督的正当性要求,但这一正当性的要求应当具有宪法的规范依据。在目前的体制下,即便允许审计机关对国家监察机关进行审计,由以往我国审计监督的实践可想而知其实际意义并不大。

其次,将审计机关并入监察机关会增强审计监督权的独立性。

审计机关并入监察机关会消减审计监督的独立性还是会增强其独立性呢?其实,我国古代封建社会实行的便是监审合一,孙中山先生在《建国大纲》中将监察权作为国家五权之一,后来的南京国民政府时期,审计部设在监察院内。① 至今,在我国台湾地区的五权设置中,审计权为独立的五权之一的"监察部门"所享有。这是孙中山先生对于西方分权制衡宪法理念与中国古代御史监察制度的一种融合。其独创性在于审计权超乎于上述通常的宪法架构,不但不属于通常的权力,甚至与独立性审计机构的日本会计检察院的体制也有很大的差异。也恰恰是这个原因,在我国台湾地区,这种五权体制的审计机构的设立及职权也曾倍受争议,表现为"监察部门"的监察权与"立法部门"的监督权的权责模糊,难以厘清,因此,有学者甚至提议裁撤"监察部门",连同审计权完全并入"立法部门"中,以与西方国家通行的体制接轨。但至今这种提议式微,人们注意到"监察部门"独立于立法权之外,更有利于监察权的行使,因为"立法院"受到政党政治的影响较重,而"监察部门"在政治上的中立更有利于监察机关独立地行使监察权,因此,目前人们更愿意接受独立于"立法部门"之外的"监察部门",这为审计监督权的独立行使也提供了巨大空间。在我国台湾地区,审计权包括审核与稽查两方面,审核是指审查核定政府各机关收支命令与决算,并监督其对预算的执行;稽查是检查发现各机关财政上的不法或不忠于职务的行为。换言之审核是对事的,稽查是对人的。根据上述职权内容,审计部机构的设置以第一厅掌理所有机关的事前审计,第二厅掌事后审计,第三厅掌稽查。我国台湾地区的"审计法"规定一切财政主管机关的支付命令须先经"审计部"核准,当支付命令与预算案或支出"法案"不符时,"审计部"应不予核准。未经"审计部"核准的支付命令,"国库"不得付款。"国民政府"岁入岁出总决算及政府的各种计算(机关每月收支计算、特别会计收支计算、官有物收支计算、由"国民政府"发给补助费或特与保证各事业之收支计算、其他

---

① 程乃胜:"国家审计全覆盖视域中的我国审计法律制度之完善",载《法学评论》2016年第4期。

经"法定"规定应由"审计部"审核的收支计算）均应由"审计部"审计。上述决算、计算虽与预算案或支出"法案"相符，如有不经济的支出，"审计部"亦有权驳复。审计职权的执行人是审计、协审与稽察。对这三种职官均有资格规定，而且"监察部门"的成员必须是专职的，在职务上不与任何其他职务相牵连，"监察委员不得兼任其他官职"。正如秦前红教授所言，虽然在我国台湾地区，其"监察部门"名义上有审计权，然而"审计部"虽隶属于"监察部门"，但"审计部"在组织结构、人员产生、权力行使等层面皆有着较强的超然与独立地位。① 目前，这一体制独立性的实际效果已经得到实践的检验。因此，将审计权并入监督体制中不会有损其独立性，也不会削弱其职权的发挥。而且我国台湾地区的"审监一体"并未影响其审计功能的发挥，也未见所谓审计事项不能为"监察部门"所全面涵盖的问题。其实就是国家各方面的监督权的整合，如果说存在原来监察机关不能包容的审计的事项，只要对国家监督权进行扩充就能使问题得到解决。② 可以说，由于对审计权及审计独立性的误解，使得审计体制改革错失了一次难得的机遇。"审监分离"的结果是监察机关作为对审计机关新的更大的监督主体，使得想象中的所谓审计机关对监察机关的监督实际难以实现。

　　总言之，审计作为国家财政权的事后控制机制，独立性决定了其功能发挥程度。由于涉及不同国家机关之间的权力关系，因此，只能诉诸宪法才能确立其规范力。虽说我国的行政型审计体制仍具有一定的实效性，但由于其独立性的先天缺陷大大限制了其实效性的发挥。在世界范围内，目前行政型的审计体制已经很少有国家在采用。然而，我国仍有很多学者执迷于行政型审计体制的所谓中国国情的适应性。当下，在宪法体制内，通过制度设计提升审计独立性成为审计体制改革的关键。鉴于我国人民代表大会的宪法地位，学者们普遍提议的立法型的审计体制在我国仍不适用。因此，此次通过修宪设立的国家监察委员会是实现这一目的的有利时机。

---

① 秦前红："国家监察委员会制度试点改革中的两个问题"，载《四川师范大学学报（社会科学版）》2017 年第 3 期。

② 审计专业性不是问题，我国台湾地区的"审计部组织法"通过规定审计部门工作人员专门的任职资格，就可以解决这一问题。

第八章　地方债的特别法律控制

不同于地方债的基本法律控制，地方债的特别法律控制，是针对地方债的特殊性——债务风险——而进行的特殊法律控制，而地方财政危机、地方政府破产的问题与地方债风险密切相关。

现代社会是风险社会，随着科学技术的发展及普遍运用，风险不断增长。行政机关不但要有法治观念，还应当培育风险意识。对于行政相对人而言也是如此，纳税人向国家缴纳的税收与其说是购买公共产品的服务，不如说是购买的一种保险。从这个意义上讲，地方债法律控制应当首先对其风险进行控制。

由于法律体系的不完善、权力结构配置的不合理、历史问题的延续以及经济体制转轨、对政绩的功利性狂热追求等多方面因素的综合作用，[①] 地方债潜藏的巨大风险，且正逐渐衍生成为影响地方政府政治与法律责任的重要因素。对于政府而言，无论债务的负担包含何种风险，都应采取一定的措施使之可预测、可度量、可控制。这不仅需要科学、准确地界定地方债风险的内涵及其外延，且需要在现有权力框架和法律体制内寻找风险防控可资利用的手段，将之整合为辐射债务产生至债务消灭的一整套风险防控体系，使之成为法治政府内部的、具有可操作性的长效机制，平衡债务的正当性与实效性之间的张力，以切实发挥地方债的法律功能与制度效益。

第一节　地方债风险的含义

在一般意义上，风险具有如下特征：（1）风险具有不确定性，并且是可测度的不确定性；（2）风险意味着损失的可能性；（3）风险指实际运行效果与主观认识和预期之间的偏离程度。据此，地方债的风险一般是指由于不确定的因

[①] 体制性原因（财政体制、投融资体制和行政管理体制）和政策性原因。参见财政部财政科学研究所："我国地方政府债务风险和对策"，载《经济研究参考》2010 年第 14 期，第 7—9 页。

素，地方政府举债的主观推断与实际结果之间存在偏离或偏差，并由此导致损害的可能性。本质上，地方债风险出自政府的财政收支与债务支出不匹配所存在的风险。有学者主张按风险产生的原因，将地方债风险的外延定为通货膨胀的风险、证券金融市场波动的风险、产业结构失衡的风险、地区发展不平衡的风险。[1] 而按照债务分类确定风险的外延则是为世界各国学者所广泛采纳的方法，这一方法最初由世界银行专家，德国学者汉娜（Hana Polackova Brixi, 1998）创建，她按照直接与或有、显性与隐性两个标准来划分地方政府债务（见表8-1）。[2]

表8-1 地方债风险矩阵

债务性质	直接债务	或有债务
显性债务	地方政府可自行出售或租赁的资产（所拥的企业、土地、其他地方公共资源）	地方税费收入扣除支出；中央政府的转移收入；地方政府贷款回收
隐形债务	非地方政府直接控制的现有配套基金（可能包括地方养老基金，地方健康保险基金）	地方政府控制下的一些企业机构的未来利润；对地方政府的公务赊账或融资承诺

在这个矩阵基础上对照我国实际情况进行补充和改良，多数学者绘制了我国政府债务风险来源，即我国具体语境下的地方债务风险类别，如表8-2所示。

表8-2 我国地方债风险矩阵[3]

债务性质	直接债务	或有债务
显性债务	1. 本级政府的国债转贷资金 2. 地方政府担保的外国政府贷款 3. 解决地方金融风险的专项贷款 4. 政府担保的国内金融组织贷款 5. 地方性主权外债 6. 向国内金融组织、单位以及个人的贷款 7. 各种拖欠性质的债务	1. 地方政府担保的外国政府贷款 2. 政府担保的国内金融组织贷款

---

[1] 邹焕聪：“地方政府债券的宏观调控风险及其防范机制构建”，载《商业时代》2011年第7期，第56页。

[2] Hanna Poiackova Brixi, Government Contingent Liabilities: A Hidden Risk To Fiscal Stability. The World Bank, 1998. 国内资料见李萍主编，许宏才、李承副主编：《地方政府债务管理：国际比较与借鉴》，中国财政经济出版社2009年版。

[3] 如王启有：“财政风险的矩阵分析及我国地方财政风险的评估与控制”，载《江西社会科学》2008年第2期，第100页。

续表

债务性质	直接债务	或有债务
隐形债务	1. 公共投资项目未来经常性费用 2. 法律未作规定的未来公共养老金（非公务员） 3. 社会保障计划以及医疗保障资金	1. 地方金融机构的不良资产 2. 地方国有企事业单位的亏损、欠债或损失挂账 3. 下级政府的财政收支缺口 4. 自然灾害和环境危机债务

这种以不同债务来源为类型化基准的风险划分方式，基本为我国地方债风险处置体系所承受。制度层面，2014年通过的《预算法》规定，"国务院建立地方政府债务风险评估和预警机制、应急处置机制以及责任追究制度"。在《国务院关于加强地方债管理的意见》中进而出现"建立地方债风险预警机制""建立债务风险应急处置机制"。首次尝试对地方政府债务风险的内涵及外延进行明确界定的是国务院颁布的《地方债风险应急处置预案》，财政部并配套印发《地方债风险分类处置指南》，进一步重申存在风险的地方债的范围。

依据《地方债风险应急处置预案》，地方性政府债务风险是指地方政府已经或者可能无法按期支付政府债务本息，或者无力履行或有债务法定代偿责任进而引发财政金融风险，包含由政府债务引发的风险以及由地方政府或有性债务引起的风险两部分。前者包含地方政府发行的一般债券、专项债券还本付息出现违约，以及除地方政府债券外的其他存量政府债务还本付息出现违约的情况；后者包含地方政府为企事业单位举债提供担保的存量或有债务出现风险，政府需要依法履行担保责任或相应的民事责任却无力履行，以及指企事业单位因公益性项目举借、由非财政性资金偿还，地方政府在法律上不承担偿债或担保责任的存量或有债务出现风险，政府为维护经济安全或社会稳定需要承担一定救助责任却无力救助的情况。财政部在《地方债风险分类处置指南》中，对存在风险的地方债明确限定为"2009年以来发行的地方政府债券，包括截至2014年底地方债存量中的地方政府债券、2015年以来发行的地方政府一般债券和专项债券"，由银行贷款、建设——移交类债务（BT）、企业债券类债务、信托类债务、个人借款债务等五类债务构成。

第二节 地方债风险评估制度

就我国而言，以公益性项目过度举债，存在非公益性债务和经常性债务为特征的不合理地方债务均衡结果，正是由影响地方债务供给和需求的体制因素扭曲合理债务均衡造成的。[1] 从法律角度说，地方政府事权不清、财政体制分权不明、举债权的行使缺乏法律拘束，是导致政府债务风险积聚的重要原因。[2] 正是由于我国目前地方债存在重大风险，因此，迫切需要建立风险预警、风险评估和风险防控机制，使地方债的风险可评价、可预测进而可控制。为此，应首先确定风险评估的主体即相应的职能、评估指标。

一、地方债风险的评估主体

依据《地方债风险应急处置预案》，地方债风险的处置共涉及 7 个部门：（1）财政部门是政府性债务的归口管理部门，负责债务风险日常监控和定期报告，组织提出债务风险应急措施方案。（2）债务单位行业主管部门是政府性债务风险应急处置的责任主体，负责定期梳理本行业政府性债务风险情况，督促举借债务或使用债务资金的有关单位制定本单位债务风险应急预案；当出现债务风险事件时，落实债务还款资金安排，及时向债务应急领导小组报告。（3）发展改革部门负责评估本地区投资计划和项目，根据应急需要调整投资计划，牵头做好债券风险的应急处置工作。（4）审计部门负责对政府性债务风险事件开展审计，明确有关单位和人员的责任。（5）地方金融监管部门负责按照职能分工协调所监管的地方金融机构配合开展政府性债务风险处置工作。（6）人民银行分支机构负责开展金融风险监测与评估，牵头做好区域性系统性金融风险防范和化解工作，维护金融稳定。（7）当地银监部门负责指导银行业金融机构等做好风险防控，协调银行业金融机构配合开展风险处置工作，牵头做好银行贷款、信托、非法集资等风险处置工作。（8）其他部门（单位）负责本部门（单位）债务风险管理和防范工作，落实政府性债务偿还化解责任。

---

[1] 中国地方债务管理研究课题组：《公共财政研究报告——中国地方债务管理研究》，中国财政经济出版社 2011 年版。

[2] 张守文：《债务风险与举债权的法律约束》，载《苏州大学学报（哲学社会科学版）》2016 年第 3 期，第 52 页。

《地方债风险应急处置预案》第 3.1 条规定："财政部建立地方债风险评估和预警机制，定期评估各地区政府性债务风险情况并作出预警，风险评估和预警结果应当及时通报有关部门和省级政府。省级财政部门应当按照财政部相关规定做好本地区政府性债务风险评估和预警工作，及时实施风险评估和预警，做到风险早发现、早报告、早处置。"此外，在财政部发布的《关于专员办进一步加强财政预算监管工作的意见》中指出："强化（专员办的）地方政府债务监督，配合做好中央对地方政府债务的限额管理、预算管理、风险管理以及数据统计报告等工作，加强地方政府债券发行、使用和偿还等监管，并对地方政府债务风险变化和违法违规举债担保等进行动态监控。"《对地方政府债务实行限额管理的实施意见》规定："地方各级政府要全面掌握资产负债、还本付息、财政运行等情况，加快建立政府综合财务报告制度，全面评估风险状况，跟踪风险变化，切实防范风险。中央和省级财政部门要加强对地方政府债务的监督，根据债务率、新增债务率、偿债率、逾期债务率、或有债务代偿率等指标，及时分析和评估地方政府债务风险状况，对债务高风险地区进行风险预警。"可以看出，各级财政部门为风险监测的主要职能部门。

　　由于财政部门在地方债问题上本已包揽了所有管理事务，由财政部门自行评估风险不免失于公正。因而，由其他部门作为评估主体，实行全程的外部监督，便可基于不同部门之间职权的相互牵制而尽量提升评估的公正性。可行的方案有两种，其一为由审计部门作为评估主体，其二为将债务风险的监控纳入预算过程，而由人民代表大会进行评估。按第一种方案，审计部门可以通过其对政府债务规模和结构、责任主体、资金来源和负债资金投向等数据的汇总和分析，建立较为完善的地方政府债务数据库，进而使政府财政部门、审计部门、金融机构三方各自掌握的政府债务数据相互印证，并可经由向各级人民代表大会常务委员会汇报工作而使各个部门在本位职能基础上展开合作，有助于获得中立的债务风险评估数据。按第二种方案，依照人民代表大会对预算和政府债务进行监督的职能，人民代表大会应该将风险监督纳入预算过程而直接参与风险的控制，如《关于专员进一步加强财政预算监管工作的意见》中即指出："要把专员办监管成果应用作为必经环节嵌入预算编制、执行、决算管理流程，作为完善财政预算管理的必要内容。对无故不采纳、不应用专员办合理意见建议而带来的问题、造成的后果，相关单位和人员要承担相应的责任。"由人民代表大会作为债务风险评估主体，可在综合事前、事中、事后风险状况研判的基础上，建立体系化的债务风险控制机制，且经由人民代表大会的民主议事功能，可收集、甄别并体现普通公民对政府债务风险的意见，有利于在政府与公民间形成良好的外部循环。

二、评估指标

地方政府债务风险的衡量,需要结合政府资产、债务资金投向、利息承受、期限等情况进行综合判断。其中,考虑到社会应债能力和政府偿债能力的关系,应特别注意综合政府资产和负债的实际状况,客观评价政府债务的实际风险。多数国家评估政府债务风险的常用指标为债务负担率、债务依存度、偿债率、借债率等。总体来看,多数国家将债务率警戒线设定在100%左右,美国的要求是90%~100%,新西兰要求小于150%,巴西对政府债务率的规定区分州政府和市政府,州政府小于200%,市政府小于120%,日本近十年的实践中,将债务率有效控制在40%左右。从负债率来看,美国从1996年到2012年的16年间,基本保持在23%~27%。① 地方债风险的常用评估指标及其具体操作,如下表8-3所示:

表8-3 地方债风险常用评估指标②

名目	债务负担率	债务依存度	偿债率	借债率
计算公式	债务余额/当年GDP	债务收入/当年财政支出	年度还本付息额/当年财政收入	年度债务发行额/当年GDP
衡量指标	反映债务总规模以及国民经济对债务的依赖	政府财政收入的多少是依靠债务收入	财政收入中多大份额用来偿还到期债务	一国当年对公债(地方债)利用程度或国民负担的高低
控制标准	发达国家公债(地方债)累积额度不能超过当年GDP的45%,欧盟国家加入单一货币联盟的条件是债务负担率小于60%	国家财政的公债(地方债)依存度为15%~20%,中央财政的公债(地方债)依存度是25%~30%	10%	3%~10%,最高不得超10%

指标分析法具有明确、简便的优点,但却容易忽视各个被评估主体背后的政治、文化体制因素,不仅如此,过度简化的指标很大程度上影响了评估效果

---

① 海涛、温来成:《中国市政债券制度设计研究报告》,中国财政经济出版社2013年版。
② 曾康华:《财政与金融》,中国财政经济出版社2005年版;王铁军、黄恒学:《中国地方政府融资22种模式成功案例》,中国金融出版社2008年版。

的完整呈现。20 世纪 80 年代以来，地方政府债务风险评估中引入层次分析法，逐渐形成综合评价法。"综合评价法主要包括两类：一类是单一层次的综合指标分析，根据指标对风险状态的重要程度分别赋予不同的权重，从而合成一个单一的指标进行分析；另一类是利用层次分析法进行多层次的综合指标分析。与常规指标分析相比，综合评价法能够综合运用多种指标，多角度、较为全面地评价地方政府债务风险的状况"[1]。需要注意的是，相关部门自觉履行数据公开义务并提供真实准确的数据，为任何一种评估方法具有规范效力的前提，但这种透明度的要求并未在我国财政实践中得以落实，因而，应保守和辩证地看待这些评估方法和评估指标的作用。

三、我国地方债风险的现状

参照《马斯特里赫特条约》关于政府债务的规定：（1）政府的债务占按市场价格计算的国内生产总值的比率为 60%；（2）政府的计划或实际赤字占按市场价格计算的国内生产总值的比率为 3%。照此推算，2010 年地方政府的债务余额占地方 GDP 的比率为 43.27%，低于参考临界值 60%；2010 年地方政府的新增债务占地方 GDP 的比率为 6.87%，高于参考临界值 3%。[2] 我国现阶段地方债风险之一即为新增债务规模居高不下。除新增债务之外，以 2013 年对地方政府债务的审计结果为例，尚存在其他风险触发点。

（1）债务规模急速扩张，存在债务风险的概率随之上升。根据《2013 年第 32 号公告：全国政府性债务审计结果》，地方政府负有偿还责任的债务为 108 859.17 亿元，负有担保责任的债务为 26 655.77 亿元，可能承担一定救助责任的债务为 43 393.72 亿元。不仅债务总量大，而且债务增长速度快，省、市、县债务年均分别增长 14.41%、17.36% 和 26.59%。截至 2012 年年底，债务率（仅限负有偿还责任的债务）超过 100% 的地方政府中省级政府有 3 个、市级政府有 99 个、县级政府有 195 个、乡镇政府有 3465 个；借新还旧率（仅限负有偿还责任的债务）超过 20% 的地方政府中省级政府有 2 个、市级政府有 31 个、县级政府有 29 个、乡镇政府有 148 个。以项目组对某市的调研为例，从 2009 年到 2014 年，某市由财政部代发的地方债券发行规模如下。

2009 年发行 10 亿元，期限 3 年，利率 1.71%。

2010 年发行 6 亿元，期限 5 年，利率 3.7%。

---

[1] 赵晔：《现阶段中国地方政府债务风险评价与管理研究》，西南交通大学出版社 2011 年版。

[2] 刘蓉、黄洪："我国地方政府债务风险的度量、评估与释放"，载《经济理论与经济管理》2012 年第 1 期，第 83 页。

2011 年发行 6 亿元,期限 5 年,利率 3.7%。

2012 年发行 15 亿元,其中:3 年期 7 亿元,利率 3.47%;5 年期 8 亿元,利率 3.58%。

2013 年发行 21 亿元,其中:3 年期 10 亿元,利率 4.25%;5 年期 11 亿元,利率 4.33%。

2014 年发行 24 亿元,其中:3 年期 9 亿元,利率 4.14%;5 年期 9 亿元,利率 4.15%;7 年期 6 亿元,利率 4.12%。

2015 年 7 月 2 日和 11 月 17 日,分两次自主发行地方债券共计 278 亿元,其中:置换债券 255 亿元;新增债券 23 亿元。

(2) 债务分布不均,越低层级政府的债务风险越大。2013 年审计结果同时指出,从政府负有偿还责任的债务数据看,省级政府债务为 17 780.84 亿元、市级政府债务为 48 434.61 亿元、县级政府债务为 39 573.60 亿元、乡镇政府债务为 3070.12 亿元。市级政府债务是地方政府债务的主体,但县级政府债务增长快,甚至乡镇也有负债。在我国目前分税制下,层级越低的政府负担的事务越多,其所能支配的财力相对较少,负有偿还责任的债务却越高。

(3) 债务主要源自银行,存在财政风险转化为银行风险可能。2013 年 6 月的审计结果表明,地方政府债务中,仅负有偿还责任的银行贷款数额就高达 55 252.45 亿元,对银行负债占地方政府总体负债的 50% 以上。但是在资金有限的情况下,财政的职能被部分转嫁给银行,极易导致财政风险向银行转移,致使银行出现大量的不良资产。

(4) 选择长期债券而非短期债券,增加了债务偿还的不确定性,债务风险随之产生。根据 2015 年 3 月财政部公布的《地方政府一般债券发行管理暂行办法》第 4 条规定:"一般债券期限为 1 年、3 年、5 年、7 年和 10 年,由各地根据资金需求和债券市场状况等因素合理确定,但单一期限债券的发行规模不得超过一般债券当年发行规模的 30%。"从 2015 年地方政府债券发行的实际情况看,5000 亿元的新增一般债券只有安徽省分两个批次发行了 12.22 亿元 1 年期地方政府债券,占比只有 0.24%,绝大多数省份选择的是 3 年、5 年、7 年和 10 年的中长期债券品种。[1]

从上述地方债中潜在的风险触发点,从一个侧面反映出我国现行地方债权力体制的结构性矛盾,以及行政系统风险管理意识的缺失。此外,地方债法律规范体系的不健全进一步加剧了风险的系统化倾向与规范性风险控制系统缺失

---

[1] 中国财政科学研究院金融研究中心课题组:"地方政府融资存在的问题与对策建议",载《财政科学》2016 年第 7 期,第 10 页。

之间的冲突。随着党的十八届五中全会明确提出建立风险识别和预警机制，将政府在财政、金融等方面的风险调控能力作为衡量政府执政能力的重要因素，一个完整、高效的地方债风险防控体系势在必行。

第三节　我国地方债风险的处置

美国财政学者艾伦·希克在其《财政风险的预算管理》中认为，可供政府选择的风险管理方法有四种，第一种方法是公开政府面临的风险类型、负债总量和可能产生的成本，以及各种政府承诺在未来兑现的可能性。这种方法符合财政管理透明化趋势，要求对显性和隐性债务进行区分。第二种方法是将风险决策纳入正在进行的运算过程汇总。这种方法使政府能够比较直接支出和或有支出，从而避免过度依赖担保等会带来或有和未来负债的支出。同时，并不是所有的风险都能纳入预算管理，风险越直接、越明显，就越适合通过预算为其估算政府的成本并为之准备财政资源。第三种方法是政府可以通过对风险行为的限制来管理风险。这一方法要求建立一套准则，规范政府担保和其他或有承诺的决策，并根据这些准则评估风险等级，拒绝承担不符合标准的风险。第四种方法是政府可以依靠市场机制将所有或者部分风险转移给私营部门。[①] 制度层面，这四种方案具体化为政府财政信息公开制度、政府财政风险的预算控制制度、政府内部风险管理机制以及公私合作以转移财政风险的制度。其中，政府财政风险的预算控制制度、政府内部风险管理机制偏重程序性的风险控制，而政府财政信息公开制度的目的在于保证风险管理整体上的高效和透明，公私合作的方式则主要从降低政府债务规模等实体性因素的角度出发来控制风险。为更有规律性地考察，可通过类型方法以观之——提炼前述四种方案中的实体要素和程序因素，并以各自所占比重作为分类依据。实体要素是指扩充财源、化解存量债务等涉及政府债务规模、债务结构的"开源、节流"因素的控制，程序要素为在将政府债务风险控制视为一个由各个政府机构分工合作的流程的基础上，由地方债产生至消灭所经历的审批、发行、偿还等步骤，以及所指涉的各个机构有关风险管理的程序性任务。地方债的风险管理可类型化为实体控制和程序控制两个种类。

世界银行学家汉娜所绘制的减少政府债务风险的系统方法大致包含表8-4所示内容。

[①] 韩增华：《中国地方政府债务风险管理：融入预算过程》，经济科学出版社2013年版，第9页。

表8-4 减少政府债务风险的系统方法①

财政政策	财政体制改革
■ 超越预算内赤字和债务，全面考虑财政状况 ■ 所有财政风险统一进行识别、分类和分析 ■ 根据公众的风险偏好和政府风险管理能力确定政府应承受风险的大小和准备金政策	■ 体制上将风险内化并全面披露风险状况 ■ 调整各部门监督、管理和披露公共和私人部门的风险的责任

我国在地方债风险防控方面，形成了以《预算法》《审计法》《中华人民共和国突发事件应对法》以及《国务院办公厅关于印发突发事件应急预案管理办法的通知》为主体框架，以《地方债风险应急处置预案》为主要措施的风险防控规范体系。而在财政部就《地方债风险应急处置预案》所进行的解释中，将这一风险防控制度置于程式化的地方债管理体系中进行理解，使其内涵进一步拓展为作为政府内部风险管理机制的重要内容，与人民代表大会的事前审批等程序控制、政府债券置换等实体控制遥相呼应。如地方政府举债不得突破全国人民代表大会或其常务委员会批准的限额；将政府债务全部分类纳入一般公共预算和政府性基金预算管理，改变了以往政府债务游离于预算之外的局面，主动接受人民代表大会监督；开展风险评估和预警，督促高风险地区切实化解风险；发行政府债券置换存量债务，有效缓解地方政府到期债务偿还压力，减轻地方政府利息负担；加大专项检查力度，坚决制止违法违规担保融资行为等。

在实体控制与程序控制之外，尚需首先确立一种背景式的体系性理解，以在对具体控制措施或控制制度进行协调并加以统合的基础上，恰当地分配各自的意义和功能范围。

一、风险防控体系

依照《预算法》，特别是《地方债风险应急处置预案》以及《地方债风险分类处置指南》中围绕债务风险调控形成的职能、职权链条，各级人民代表大会及其常务委员会、各级政府及其财政部门、审计部门等部门为地方债风险调控职能的归属主体，各主体的职能内容及其在风险防控链中的地位如表8-5所示：

---

① 马骏主编：《财政风险管理：新理念与国际经验》，梅鸿译，中国财政经济出版社2003年版，第63页。

表 8-5　新《预算法》下地方债风险防控职责及划分[①]

阶段	主体	职责	权力内容	防控措施
审批前	各政府及各部门	上报存量债务与新增债务	向本级政府提出举债申请	举债与经济发展相适应
审批前	各级财政部门、各级审计部门	债务审查	各级财政部门审核资金额度是否适当、各级审计部门进行偿债信用风险评估	举债合理性分析
审批前	各级人民代表大会或常务委员会	债务审查	根据各级财政、审计部门提供的材料，进行举债审批	严格举债审批
审批前	省财政厅	确定全省债务规模	汇总全省上报的发债总额，确定一般债务和专项债务规模	确定债务规模
审批中	财政部、国务院、全国人民代表大会	确定各地区发债规模和空间	认定各省上报的地方存量债务规模，确定各地的发债规模和空间	债务限额管理
执行中	省财政厅	按照中央要求限额发行债券	根据中央下达的发债限额，考虑存量债务需要消耗的比率与新增建设项目的债务增量，提出债务预算调整方案或债券收支调整方案	加强预算管理
执行中	省人民代表大会常务委员会	按照中央要求限额发行债券	审议预算调整方案或者债券收支调整方案	严格发行审批
执行中	省政府	发行地方债券并合理在辖区内分配	根据债务预算发行地方债券，部分用于省级支出，部分通过转贷市县方式在辖区内分配	合理分配发债比例

---

① 王帆："新《预算法》下地方政府债务风险防控职责及划分"，载《地方财政研究》2016 年第 3 期，第 13 页。

续表

阶段	主体	职责	权力内容	防控措施
执行中	各级财政部门	对债务进行全面监督	动态监督管理	提高债务公开透明度，执行债务风险预警
	各级审计部门		从债务合理性分析（发债前）、债务资金使用（发债过程）、债务偿还情况（发债后）角度出发进行全过程监督	强化审计监督（偿债信用风险评估、预算跟踪审计、执行绩效审计）
	各级政府		各级政府将政府性债务作为一个硬指标纳入政绩考核	实施考核问责机制
			省政府对各级政府难以自行偿还的债务，启动债务风险应急处置机制	建立债务风险应急处置机制

对地方债风险的控制，以人民代表大会对债务实施限额管理的预算审批制度为界，预算审批之前，地方债的风险调控任务分散于申请举债的各级政府及其职能部门，特别是财政部门中，审计部门集中审查债务规模、举债机构等情况或数据，作为向人民代表大会常务委员会报告的依据。预算审批之中，各级人民代表大会通过履行预算的限额管理职能，经由民主议事程序，对地方政府举借债务的必要性、债务的合理分配、地方财政承受限度等因素进行权衡，力图从源头控制债务风险。在预算的执行中，对债务进行管理的职责归属与之前负责举债的主体范围相同，财政部门主要通过风险预警机制而建立起来的动态管理系统，审计部门主要通过预算执行的审计程序参与风险控制，而各级政府内部则通过对预算的绩效管理，以及建立债务风险应急处置机制，承担债务风险控制义务。

二、风险防控实体控制制度

现代社会的本质为风险社会，越来越多地面临着"系统地处理现代化自身所引致的风险和不安全感"，因而需要对风险进行规避、消解、防范及控制。① 在这一背景下，法律以及负有执行义务的行政系统的任务为通过"行政宪法主

---

① ［德］贝克：《风险社会》，何博闻译，译林出版社 2004 年版，第 16—19 页。

义"以建构良好公共行政,其中,法律在建构、限制公共行政并使其负责,从而保证公共行政具备最起码的合法性方面发挥着主要的作用;不仅如此,法律还提供了讨论公共行政作用、性质的场所和话语。① 在财政体制中,法律应承担的具体任务为预先以法律限定重要的财政性因素,通过法律架构自负其责的权力体系,以及构建公开、透明的信息制度等,如,公共资金的使用只能由法律决定;预算应该全面,应包括政府的所有事务;预算事务反映在一般条款中;政府应享有预算管理方面的有效权力;每个代表机构应对资金的征收或者使用负责;应为例外或者保留条款应对资金的使用规定明确或严格的条件;应为立法机构和公众制定明确地表明其公共资金使用状况的独立审计报告。②

产生地方债风险的很大一部分原因出自其结构性的、体系性的失调,而这一总体性失调的症结又可归于我国地方政府事权与财力的不相匹配上,集中体现在地方政府捉襟见肘的财源筹措能力上。从而,地方债风险防控的实体控制制度,应以我国财税体制改革为根本,在此基础上才能考虑更具体的制度建构。

(1) 进行财税体制改革,从根本上改变地方政府事权与财权不一致所导致的结构性、体系性风险。通过法律重新配置中央与地方、上级与下级政府的事权与财权的关系,在明确事权的基础上,按公共服务受益范围、公共任务的重要性等因素限定支出责任的范围,实现地方政府事权与财权的一致,行政职权与支出责任的平衡。改革的重点为:①以法律形式将各级政府间的事权划分固定下来,鉴于其属于一国政治权力体制的根本改变,应由宪法保留这一调整的权力;②在宪法中规定上下级政府特别是中央与地方政府的事权划分界限后,进一步出台专门法律,明确纵向的职权划分,保证各级政府事权的合法行使及相应财源的配套。在此基础上,应在税源方面更多开发属于地方政府易于征收的、不存在外溢效应或引发地区间严重不公平的税种,如流转税中的增值税、营业税、城市维护建设税,所得税中的企业所得税和个人所得税,财产税中的不动产税等,并相应赋予地方政府一定的税收立法权,使地方政府能够针对上述税源开征新税种,或者制定税收优惠政策,以提高其财政收入。考虑到各地区间普遍存在的财政能力不均衡的问题,可以通过财政转移支付以增强贫弱地区的财力。在这方面,应特别考虑对县乡级政府的财政转移支付力度,对于资源匮乏且无经济发展能力,或由历史原因、政策原因造成的财力贫弱,应由发

---

① [英]伊丽莎白·费雪:《风险法律控制与行政宪制主义》,沈岿译,法律出版社2012年版,译者序第3页。
② 韩增华:《中国地方政府债务风险管理:融入预算过程》,经济科学出版社2013年版,第59页。

达地区进行横向财政转移支付以分享政策的红利，实现各地区间基本公共服务均等化及均衡发展。

（2）提高财政透明度，促进财政信息公开。财政透明要求地方融资所涉及的财政预算的收入和支出，必须符合公共财政支出的要求并向社会公众予以公开。国际货币基金组织在《财政透明度守则》中采用科皮兹和库瑞格对财政透明度作出了全面的定义：是指政府向公众公开政府的结构与职能、财政政策的意图、公共部门账号和财政预测情况。根据该定义，国际货币基金组织确立了财政信息公开的四项核心原则：一是明确职责，包括明确政府与商业活动的界限，明确财政管理的法律框架。二是公开预算程序，在编制预算时应按确定的时间表进行，并以明确的宏观经济和财政政策为目标，以及预算的执行、监督和报告应有明确的程序。三是方便公众获得信息，应就过去、现在和未来的财政活动以及主要的财政风险，向公众提供全面的信息，以及提供的信息应该有利于政策分析和加强问责制。四是确保真实性原则，财政信息应符合公认的数据质量标准，对财政活动应进行有效的内部监督和保护，财政信息应获得接受审查。[1] 鹤光太郎则认为"制度透明度""会计透明度""指标与预测的透明度"是财政透明的三方面，完整性（充分披露性）、及时性、可靠性被视为财政透明度的核心质量要求。[2] 依此，在地方债问题上，首先，应进一步完善我国现有信息公开法律制度，通过信息公开制度的总体发展带动财政领域信息公开的逐步成熟；其次，地方债信息公开应贯穿债务的举借、管理、偿还等各个环节，如政府及其财政部门、人民代表大会及其常务委员会以及审计部门均应按其各自的法律职责，通过各种途径，主动、及时地公开财政和债务状况，对于举债额度和用途、偿还计划、资金来源及偿债保证等内容作出具体说明，不仅使公众，也使参与地方债管理的其他部门得以随时跟进债务管理的进程。

按照现行《地方政府专项债务预算管理办法》第 21 条，省级财政部门在政府专项债券发行中应披露的信息应当包括政府性基金预算财力情况、发行专项债券计划和安排支出项目方案、偿债计划和资金来源，以及其他按照规定应当公开的信息。依照《地方政府专项债券发行管理暂行办法》第 9 至 11 条，各地应当按照有关规定及时披露专项债券基本信息、财政经济运行及相关债务情况、募投项目及对应的政府性基金或专项收入情况、风险揭示以及对投资者作

---

[1] 闫海：《公共预算过程、机构与权力——一个法政治学研究范式》，法律出版社 2012 年版，第 133—134 页。

[2] 刘笑霞、李建发："中国财政透明度问题研究"，载《厦门大学学报（哲学社会科学版）》2008 年第 6 期，第 35 页。

出购买决策有重大影响的其他信息。专项债券存续期内,各地应按有关规定持续披露募投项目情况、募集资金使用情况、对应的政府性基金或专项收入情况以及可能影响专项债券偿还能力的重大事项等。信息披露遵循诚实信用原则,不得有虚假记载、误导性陈述或重大遗漏。按照现行《地方政府一般债券发行管理暂行办法》第8条、第9条,各地应及时披露一般债券基本信息、财政经济运行及债务情况等。信息披露遵循诚实信用原则,不得有虚假记载、误导性陈述或重大遗漏。

此外,财政透明度不仅依赖信息公开制度,也以高度发展的债券财务报告制度为基础。我国自《预算法》采用权责发生制财务报告制度以来,政府的债权、债务、资产状况等信息进入披露范围,然而实践中仍存在预算编制笼统、编制不规范等问题,这反过来也弱化了财政透明度。从国际经验来看,许多发达国家主要是在政府财务报告中披露政府债务信息。例如,美国政府年中和年度财务报告中财务报表的结构自上而下分别是财务报表、通用财务报表、按基金类型编制的合并财务报表和单个基金及账户报表。我国应进一步发展与信息公开制度相适应的财务报表制度,以使二者协调发展。

(3) 建立公私合作制度。国际货币基金组织认为,风险分担机制是定义 PPP 的主要标志。PPP 项目可以充分利用政府和企业的比较优势,将不同风险独立分配给能以最小成本、最有效管理它的一方,政府能够以最小的成本完成其公共服务提供的职能,同时促进政府与民间的合作。然而,由于 PPP 项目周期普遍较长,因而实际存在增加而非减少风险的可能,应与企业建立合作而相区别的关系,划分各自债务风险分担范围,通过合法的风险规避降低政府自身债务风险,并以财政优惠政策作为相关企业参与分担风险之动力。对因选择项目失败或监管不够的,应对相关负责人以行政处罚或刑事处罚。

以被调查的某市为例,该市对地方债风险的控制机制表现为:

①制定了《某市政府债务风险应急处置和偿债资金管理暂行办法》和《某市地方政府债务风险评估和预警管理暂行办法》,并督促县区制定了债务风险化解规划及应急处置预案。

②扎实做好未来5年偿债预测工作,根据债务结构科学规划中长期债务还本付息,形成长期偿债计划和年度偿债安排,确保及时足额还本付息,动态跟踪债务风险变化情况,防止风险酝酿发酵,牢牢守住不发生区域性和系统性债务风险的底线。

③积极推广运用 PPP 模式,缓解财政支出压力。为化解政府存量债务,提高财政资金绩效,某市把存量项目转型作为推进 PPP 模式工作的重点,于 2015 年 6 月专门成立了以市长为组长,常务副市长和分管副市长为副组长,市发改

委、市建委、市财政局等相关部门主要领导为成员的全市PPP工作领导小组。同时，在市发改委和市建委分设两个项目管理办公室，负责相关领域PPP项目管理工作。

2015年5月，启动了202路轨道线路延伸工程及快轨三号线工程存量项目转型为PPP模式项目的试点工作。目前，项目实施方案，项目物有所值评价及财政承受能力论证和项目招投标工作均已完成。

2016年，某市将继续加大存量项目转型为PPP模式工作力度，拟组织实施大伙房水库输水入连工程、新机场项目等转型工作，切实缓解财政支出压力。

④做好财源建设，提高可偿债财力。可偿债财力是确定债务风险的根本因素。广辟财源，深挖增收潜力，增加可偿债财力资金，用发展的方式消化存量债务是化解债务风险的重要途径。为此，一要始终坚持把发展经济作为第一要务，把招商引资作为重要抓手，通过经济发展培植涵养税源，做大做强财政收入规模；二要持续夯实税收征管基础，积极寻找新的收入增长点，深挖增收潜力，努力增加财政收入，提高可偿债财力；三要全面调查政府各类股权投资情况，摸清存量资产底数，加大对国有资产盘活力度，从而有效充实财政收入。

⑤为了防范债务风险，确保经济持续、平稳发展，某市已经把政府性债务管理工作作为一项硬性指标纳入政府和部门绩效考核。

2016年，某市继续加强了政府债务限额管理，做好风险管控，按季度定期通报各区市县（先导区）还本付息情况，强化责任落实和责任追究。

三、风险防控程序控制制度

基于人民代表大会及常务委员会、财政部门和审计部门的职能，以预算审批作为中点，可以将地方债的风险控制划分为事前控制、事中控制和事后控制。

（一）人民代表大会及上级政府的事前审批

按《预算法》以及《地方政府一般债务预算管理办法》《地方政府专项债务预算管理办法》，地方政府在获得发行债券的权力之前，需向中央政府和本级人民代表大会报送审批。中央政府根据具体情况，对地方政府提交的发债申请作出是否同意的审批意见，并具体确定地方政府发债额，地方财政部门要制定具体的地方举债计划，包括举借新债、使用方案及旧债还本利息等情况，纳入地方政府预算中，由地方政府连同当地地方预算草案一并提交地方人民代表大会审议批准后，方可实施。在风险控制的作用方面，应使人民代表大会的通过预算的风险控制作用贯穿至预算编制、预算审议、预算执行和预算评估的整个过程，从财政总额、分配效率和运作效率三个方面降低地方债风险。① 在债务准备方面，可通过制定长期或中期财政支出计划的方式，通过拓展预算效力的方式使风险控制稳定化、常态化，通过加强绩效预算，以政府对财政资源总体上的使用效率作为预测、评估风险的主要指标，为风险控制提供更全面、更客观的依据。在预算审批过程中，可通过预算审批制度的自身建设来增强其防控债务风险的能力，如可通过法律进一步明确各级政府财政收支责任的方式，为人民代表大会提供更合理的监督、控制地方债风险指标。在预算执行阶段，应使人民代表大会的风险监控与政府自身的风险监控有机融合在一起，以人民代表大会的立法权威带动行政机关风险监控职能的规范化、科学化。在预算评估阶段，应使审计事后监控机构的监控结果与人民代表大会的事前监控职能相衔接，使人民代表大会能够在完整掌握过去、现在以及未来财政收支风险状况的基础上，更好地发挥其通过预算案控制债务风险的职责。

我国台湾地区学者廖钦福认为，就财政民主统制与公债（地方债）事项而言，对于宪法规定的其他国家重要事项的议决权，从权力分立原则和均权原则的角度来看，并非可以轻易地推进，而对于议决法律案而言，考虑到公债（地方债）的发行有一定的时间限制，一般以条例方式为之。就公债（地方债）议决的民主统制手段而言，可以从预算的审议和法律的制定两个方面来讨论。就前者，在岁出层面上讲，固定的债务本息的支出无需也不可能经由议会的实质性审议，故建议设置"义务性支出"的概念，借以规范岁出预算中的债务本息的审议；在岁出层面上讲，虽然政府非依法律，不得于其预算外增加债务，但在依法律的法律考察上应注意配合个别的公债（地方债）所依据的法律。就法律的议决而言，依法行政下的公债（地方债）事项应当遵循法律优越和法律保留的基本原则，同时对于公债（地方债）的法律保留的密度，应取最低的基本事项，以具体法律加以规定。② 公债（地方债）可自财政健全主义获得其具体的法律控制手段。公债（地方债）财政健全的手段有五：其一为强制平衡预算。美国"平衡预算"宪法修正案和"择项否决权"的提出，对于赤字财政的控制有重要意义。其二是建设公债（地方债）原则。现代各国各地均舍弃赤字财政的政策和做法，采用建设公债（地方债）作为举证的主要内容，以所借资金用于建设而使将来还债的资本得以回收。其三是公债（地方债）上限法定原

---

① ［美］艾伦·希克：《当代公共支出管理方法》，王卫星译，经济管理出版社 2000 年版，第 13—19 页。

② 廖钦福："'宪法'公债（地方债）概念及基本原则之研究"，台湾中原大学财经法律研究所 1999 年硕士论文，第 164—196 页。

则。其四是公债（地方债）期限限定原则。基于政党政治的届期化、代际的不公平、公债（地方债）的隐蔽性格以及利息累积效应考虑，法律对于公债（地方债）特别是长期公债（地方债），在期限上予以严格限制。其五是债务基金设置原则。债务基金是指依法定或约定的条件，筹措财源以供偿还债务本息的专门款项。基于提高政府信用、对现行公债（地方债）体制的改进，基金的资本收益、基金孳息的自我累计以及基金的国库调节功能，应考虑进一步加强债务基金的设置和管理，将其作为强制性规定，以缩小公共债务的规模。① 财政健全主义又称"非募债主义"，是国家的岁出不应以公债（地方债）、赊借等收入支应，这是公债（地方债）法的重要设计点。②

（二）风险处置机制

风险处置机制，主要是指在行政系统内部建立的风险预测、评估和处置机制，这一切又以明确清晰的风险指标的确立为前提。在这方面，美国哥伦比亚地方政府的风险指标设置方式值得关注，其如表8-6所示：

表8-6　美国哥伦比亚地方政府债务预警指标体系③

控制指标	绿灯区	红灯区
利息支出率	小于40%	大于40%
债务率	小于80%	大于80%
关于借款的规定	地方政府可以自行签订新的借款合同	禁止地方政府借款

美国俄亥俄州则是由州审计局根据一份详细的指标列表（如工资欠款、赤字等）来监察地方政府的财政状况，在其《财政紧急状态法》中确立了三个干预模式：财政警告、财政观察和财政紧急。一旦有地方机构达到某些特定指标时，就会被审计局纳入财政压力监督项目管理，并向地方政府提交关于财政监测状况的书面报告。如进入财政监测计划后，地方政府的财政状况还在继续恶化，那就可能进入财政紧急状态。一旦某个地方政府被宣布处于紧急状态，俄亥俄州会建立一个"财务筹划与监督委员会"来接管该地方当局的财政管理权。在该委员会举行第1次会议后的120天内，该地方当局首席执行官（同时也是该委员会的成员）将提交一份财务计划，及时化解危机。财务筹划与监督委员会要

---

① 廖钦福："论公债（地方债）财政健全主义原则之基础理论及其实践之手段"，载廖钦福：《驯服于宪法秩序下的财政国家》，翰芦图书出版公司2003年版，第57—77页。

② 廖钦福："公债（地方债）财政健全原则之研究"，载刘剑文主编：《财税法论丛（第2卷）》，法律出版社2003年版。

③ 张志华等："国外地方政府债务的规模控制与风险预警"，载《经济研究参考》2008年第22期。

求政府举债行为与上述财务计划一致，并协助市政官员进行债务重组。①

根据我国《地方债风险应急处置预案》以及《地方债风险分类处置指南》，地方债风险处置由对象、级别、处置程序等内容组成。

首先，按照《地方债风险应急处置预案》以及《地方债风险分类处置指南》，实施风险监测的对象为：（1）对地方政府债券，地方政府依法承担全部偿还责任。（2）对非政府债券形式的存量政府债务，债权人同意在规定期限内置换为政府债券的，政府承担全部偿还责任；债权人不同意在规定期限内置换为政府债券的，仍由原债务人依法承担偿债责任，对应的地方政府债务限额由中央统一收回。（3）对清理甄别认定的存量或有债务，不属于政府债务，政府不承担偿债责任。属于政府出具无效担保合同的，政府仅依法承担适当民事赔偿责任，但最多不应超过债务人不能清偿部分的 1/2；属于政府可能承担救助责任，地方政府可以根据具体情况实施一定救助，但保留对债务人的追偿权。此外，对 2014 年修订的《预算法》施行以后地方政府违法违规提供担保承诺的债务，参照（3）依法处理。

其次，对于上述债务对象，《地方债风险应急处置预案》中进一步细化了债务风险防控的层级化管理。按照风险事件性质、影响范围和危害程度等，政府性债务风险事件划分为Ⅳ级（一般）、Ⅲ级（较大）、Ⅱ级（重大）、Ⅰ级（特大）四个等级。对Ⅳ级、Ⅲ级债务风险，主要由市县政府立足自身化解，对Ⅱ级、Ⅰ级债务风险，除上述措施外，省级政府可依据市县政府申请予以适当救助。此外，当地方政府出现极大风险时，中央政府可适当指导。

最后，地方债风险处置的一般程序为预防机制、应急机制和后期处置机制组成。预防机制指一般性的风险的预警、信息报告、确定风险处置级别等准备工作，应急机制指由市县债务管理领导小组成立债务应急小组，采取减少投资、统筹各类结转资金、处置部门财产、调整预算支出结构等方式化解债务风险，而确有必要时以及在符合特定条件情况下，必须启动财政重整计划。

此外，还应通过一般意义上的财政自我监督制度促进政府机构日常风险的管理，如通过行政内部分权机制和内部监督机制，从降低违法行政行为的概率、促进行政权力规范行使方面来疏导地方债风险，具体而言，可通过行政备案机制、报告与检查机制、行政监督联动机制来实现对地方债风险的调控。②

---

① 张志华等：" 国外地方政府债务的规模控制与风险预警"，载《经济研究参考》2008 年第 22 期。

② 邹焕聪：" 地方政府债券的宏观调控风险及其防范机制构建"，载《商业时代》2011 年第 7 期，第 57 页。

第四节　地方债的财政危机的法律控制

公债是政府破产的原因，国债可能导致国家破产，地方债则可能会导致地方政府破产。前者需要由国际组织和外国救助，属于国际法范畴；后者则是在一个主权国家内由上级行政机关或司法机关干预，属于国内法的领域。

在自由资本主义时代，公共服务的需求较少且单一，大量的服务由市场提供。然而，随着国家从自由法治国到社会福利国的转变，人们对政府提供公共服务的诉求在不断增长，小政府、少税收的理论被修正。其直接的结果是公共服务的价格虚高。20世纪中期以后，西方国家的政府职能的扩大，财政赤字也因福利国家政策的推行而日趋严重。政府的税收规模日益增加，预算议会主义受到严重贬损。[1] 其实这也不难理解，国家本身并不创造财富，高福利意味着高税收。当税收不足时，只能用公债来弥补。近年来，世界各国越来越多的地方政府陷入债务危机，有的甚至宣告破产。自20世纪30年代建立以来，美国已约有655次地方政府破产案例。据公开资料显示，日本也已有884个地方政府宣告破产。

与西方国家不同，我国地方债产生的原因在于经济市场化背景下财政的地方分权。为重构中央与地方的财政关系，我国于1994年进行了分税制改革，把税源稳定、税基广的税种划给了中央，把税基较小、征收难度较大的税种划给地方。由此使中央财政收入占国家财政收入的比重从分税制改革前一年1993年的22%猛增至1994年的55.7%，此后维持在52%左右的水平；相应地，1994年地方财政收入所占比重较1993年骤降了32%。然而，中央财权增加，却没有相应增加事权；而地方政府的财权锐减，但事权却反而逐渐增加。财权上收、事权下沉使地方政府的事权与支出责任非常不匹配，地方政府财政收支不平衡现象日益加剧。当地方政府土地财政难以维系时，发行地方债成为地方政府迫不得已的选择。然而，地方债的体制弊病和立法缺失又会导致地方债的滥发或超发，甚至失控。[2]

---

[1] 朱孔武：《财政立宪主义研究》，法律出版社2006年版，第111—112页。

[2] 从法律意义上讲，地方政府破产指的是无力偿还到期债务，但各国评判标准各异。一些国家用偿债率指标来评判地方政府是否达到了破产的标准，对偿债率设置上限，超过该限度就被认为濒临破产。哥伦比亚把偿债率定义为偿债支出占经常盈余的比重。俄罗斯将其定义为偿债支出占总预算的比重。日本规定赤字额超过了标准财政规模的5%（都道府县）或20%（市町村）即发生破产。参见财政部预算司课题组："地方政府举债的破产机制"，载《经济研究参考》2009年第43期，第6—9页。

可以说，只有正视破产，将资不抵债的地方政府纳入破产的法律程序才能拯救地方政府的财政危机。然而，长期以来我国对"政府破产"却讳莫如深，因为破产对于公有制经济与社会主义国家来说是禁忌。尽管我国历经了经济市场化的改造，企业破产得到理念与制度的认同，政府破产却仍处于意识形态的禁区。但近年来，越来越多的学者认识到，我国地方政府破产是可能的而且是必要的。特别是在巨额地方债的冲击下，民众对政府公信尽失，债务危机将如河堤溃决，不可收拾。如果地方政府还不起债，就应该让其破产。① 尽管地方政府的债务以其税收作为担保（而且地方政府的税收在理论上可向未来无限延展，因而是很好的信用担保），地方政府完全可以通过向后代人征税的方式清偿债务。但"远水解不了近渴"，在一定时间内，税收的数量毕竟是有限的。同一预算周期内的税收不足以偿还到期债务时，即当地方政府出现了债务违约时，就不得不"破产"进行财政重整。但地方政府破产只不过是针对其暂时的财政能力而不是针对其公共职能，资不抵债不能导致地方政府丧失主体资格。正如破产法专家曹思源所言：地方政府破产是指地方财政破产，并不等于政府职能破产。② 因此，地方政府破产意味着地方政府的债务危机，破产对于地方政府而言只是一种经济运行危险的警示，并不会产生地方政府作为一个政治实体终结的结果。地方政府破产法律程序的适用只是为了避免政府陷入更严重的债务危机之中。③ 尽管地方政府破产可能会危及地方的社会稳定，导致政府公信力的贬损以及公共服务能力的降低，但地方政府破产是防范地方政府债务危机的有效机制：明确可预见的破产机制可以使地方政府时刻具有危机意识，重视财政可持续原则，对举债规模有所顾忌，倒逼政府成为"廉价"政府，从而达到防范债务危机发生的效果。另外，良好的破产程序能防止可能发生的道德风险。④ 因此，地方政府破产的结果是地方政府自我保护机制的启动——通过财政重整约束其各种非必要支出，通过预算和重整计划严格限制政府的不合理开支，恢复其偿债能力，形成对地方政府财政复兴的反向激励。可以说，对于地方政府而言，破产不是死亡而是重生。

面对我国地方政府债务危机的严峻现实，如何防范和化解？直接规定应对性的措施和预案只是权宜之计，而治本之策在于宪法体制的完善。因为，地方

---

① 廖钦福："公债财政健全原则之研究"，载刘剑文主编：《财税法论丛（第5期）》，法律出版社2004年版，第355页。
② 曹思源："地方政府濒临破产怎么办？"，载《南方周末》2018年11月5日。
③ 王世涛：《财政宪法学研究》，法律出版社2012年版，第200—203页。
④ 孙悦："地方政府破产与财政重建研究——以日本北海道夕张市为个案"，载《公共行政评论》2011年第1期。

债及地方政府破产的债务危机背后隐含着宪法逻辑。为什么地方政府财政破产而行政不破产？因为地方政府"因公益而不倒"，政府作为公民权利的附属物，其存在的原因在于提供公共服务，只要公民权利的需求仍在，政府就没有破产的理由。而且政府提供的公共服务对应于一般纳税人，而地方债对应于特殊的债权人。在对地方政府进行破产重整时，对应于一般纳税人的公共服务应当优先于地方债的债权人，这是宪法人权保障原则的根本要求。如果预算的议会中心主义原则以及人民代表大会对政府预算的刚性约束确立的话，地方政府的发债权便能得到有效控制，从而能在源头上防范地方政府的债务危机。倘若我国央地之间事权与支出责任的法治化以及地方财政自主制度能够建立，那么地方政府独立承担偿债的主体责任才能确立，否则中央政府不可避免地要为地方政府的债务"背书"。怎样才能更好地处理地方政府破产案件？我国目前采取的单一行政手段虽高效但却有悖于公平原则，司法监督应当成为地方政府破产案件最终的保障性程序。我国目前地方政府债务责任的追究中，通常以法律责任甚至党纪责任代替宪法责任，导致权力与责任的错位，因而不能从根本上治理地方债的乱象。

一、处置地方债务危机的根本原则——民生保障优先

税收契约是基础性契约，地方债契约是附属性契约。因为，税收的对价是公共服务，体现的是国家与公民之间的普遍的基本的经济关系；而地方债只是税收的补充形式。税收作为基础性契约是政府之所以产生的原因，地方债作为附属性契约是政府存续的助力。地方债是一次性契约，而税收是永续性契约，地方政府可以因为债而破产，但却因为税收而不灭。

基础性契约权利的效力高于附属性契约权利的效力。即当两种权利发生冲突时，纳税人享受基本公共服务的权利优先于债权人的债权。因为前者具有公益价值取向，而且是更基本的权利——生存权利；而地方债的债权人主要是投资人、食利者（如银行等金融机构）。因地方政府破产的损失，前者是民生保障的侵害，后者则是少数债权人投资复利的丧失。也就是说，当地方政府陷入债务危机时，必须首先保证其基本公共服务的支出——这是基本契约的义务，基本公共服务的满足是地方政府债务清理的前提。

在美国，因地方政府的大部分财产与公共利益的实现息息相关，即使该地方政府进入破产程序，也不允许债权人申请执行地方政府的财产，因为这样会损害其公共服务职能的履行（而晚近兴起的公共信托理论更是认为这些公共财产的所有权属于一般公众，债务却属于地方政府），故法院大部分时候会禁止债权人对地方政府财产的执行行为。因此债权人最为有效的救济方式就是向法

院申请对地方政府未来税收的执行令，但即便如此，地方政府的税收收入仍必须首先满足其提供基本公共服务的需要，即地方政府的必要运营费用在破产程序中必须优先于一切普通债权优先得到满足，如有剩余才能分配给债权人。①可见，美国地方政府破产制度赋予了地方政府超债务契约的特权，如地方政府有完全决定是否申请破产以及提出何种债务调整协议的自主权，其对于自身事务的管理权一般也不受破产程序的限制。这样地方债的债权人只剩下少得可怜的程序异议权和最终决定是否接受债务调整协议的权利。我国的地方债务处置程序也体现了民生优先的原则。在我国，地方政府实施财政重整计划的基本要求是必须在保障必要的基本民生支出和政府有效运转支出基础上，通过清缴欠税欠费、压减财政支出、处置政府资产等一系列短期和中长期措施，使债务规模和偿债能力相一致，以恢复财政收支平衡。

然而，地方债务危机中民生保障优先原则并不是绝对的，毕竟地方债的债权人基于契约享有的权利也应受保护，因此，也不能为了公共服务而完全牺牲债权。也就是说，地方政府的公共服务也应当受到合理的限制，应寻求两者的合理平衡，遵循比例原则。首先，纳入破产程序的地方政府通常只提供基本的公共服务，如公共安全秩序、医疗卫生、道路交通等涉及公民基本权利主要是生存权的事项。其次，提供的基本公共服务只能是基础性标准，即破产后的地方政府提供的公共服务不可能达到破产之前的水平，其服务的品质和范围应当有一定的限缩。只要能够维持公共秩序的正常运行，不出现重大的公共安全和秩序的危险。在这一合理的范围内，执行最低标准。这意味着因地方政府破产一般纳税人所享有的公共服务水平的降低，而且还要承受地方政府为还债而加大的税收。如日本夕张市进入破产程序后，终止了除必要最小限度的公共事业以外的一切其他事业，保持全国范围内最低水准的公共服务。而且提高了市税的税率和公共服务费，普遍向市民增税，并导入新型税，增加各种设施的使用费。破产后的四年间，夕张市公务员数量也从309人减少到127人。退休金在这四年里也阶段性地减少了1/4。公务员的工资与2007年4月相比平均减少30%，② 2008年，美国亚拉巴马州杰斐逊县宣布破产后，该县地方政府实施了一系列的重整措施，如解雇了一部分公务员，压缩了固定资产投资，削减了

---

① Michael W. Mcconnell and Randal C. Picker, When Cities Go Broke, A Conceptual Introduction to Municipal Bankruptcy, The University of Chicago law Review, vol.60, no2, 1993, pp.430—431. 转引自张力毅："通过破产法解决地方政府债务危机——美国的经验和启示"，载《行政法学研究》2016年第3期。

② 孙悦："地方政府破产与财政重建研究——以日本北海道夕张市为个案"，载《公共行政评论》2011年第1期。

公共服务项目。但在美国，公民可以行使"用脚投票"的权利——迁徙自由——以规避这一损害。然而，人口数量的减少、财政复兴信心的下降可能会进一步加剧地方的债务危机。

我国在处理地方债务危机时也注重民生保障与债权人权益之间的平衡，如《国务院关于加强地方债管理的意见》规定，对于债务风险列入预警范围的地方政府"要通过控制项目规模、压缩公用经费、处置存量资产等方式"偿还债务。财政部《关于对地方债实行限额管理的实施意见》也规定，"列入风险预警范围的地方各级政府……应控制项目规模、减少支出、处置资产、引入社会资本等方式，多渠道筹集资金消化存量债务"。对进入债务清偿程序的地方政府的财政进行"开源"与"节流"。在"开源"上，地方政府应当适当加大税费征收范围和征收幅度。在"节流"上，地方政府在保障基本公共服务的前提下，应当适当减少或降低公共服务数量、规模。

二、防范地方债务危机的基本前提——财政民主

地方债的发行应当纳入当地预算审查的范围，遵循议会民主的原则。19世纪80年代，日本确立了"发行地方债务必须通过议会"的原则。后来这一原则被1946年《日本国宪法》进一步明确。正如洛克所言："政府没有巨大的经费就不能维持，凡享受保护的人都应该从他的产业中支出他的一份来维持政府。但是这仍须得到他自己的同意，既由他们自己或他们所选出的代表所表示的大多数的同意。"[①] 哈贝马斯程序主义民主观则把所有相关人参与了合理商谈之后的同意作为法律的正当性基础，这一民主观以交往为前提，以话语为核心内涵，可称为民主的话语模式。民主的形成过程是商谈和交往，民主的核心是交往的法治化和制度化，[②] 民主不意味着人民直接行使统治权力，也不在于人民代表代替人民行使权力，重要的是要有一个原则上向全体公民开放的"政治公共领域，使在这个公共领域中的非正式的公共舆论的形成过程，成为立法机构中的正式的公共意志的形成过程的基础"。[③] 哈贝马斯的程序主义民主观契合财政民主主义原则。即国家之收入与支出，对于国民生活有重大影响，应在民主宪法制度所提供的政治公共领域，由国民参与，最后由人民对于重大财政事项作出决定。

按照洛克的观点，国家与人民之间不过是信托关系。财政民主原则着眼于

[①] 洛克：《政府论（下篇）》，叶启芳、瞿菊农译，商务印书馆1964年版，第88页。
[②] 任岳鹏、哈贝马斯：《协商对话的法律》，黑龙江大学出版社2009年版，第128—131页。
[③] 任岳鹏、哈贝马斯：《协商对话的法律》，黑龙江大学出版社2009年版，第132—135页。

财政的民意基础,财政权作为国家权力,其享有和行使必须经过人民的同意和授权才具有正当性。财政民主意味着财政的人民主体性、人民目的性,"取之于民、用之于民"只是财政民主的表层含义,实质意义上的财政民主是指财政的人民主权。国家财政应属于人民所有,受人民管理、制约,并为人民利益而存在。[1] 财政民主就是经人民同意、按法定程序,公开透明的理财和治财的过程。财政民主基本上包括三个方面的内容,即必须保障人民真正行使财政事务的权力;保证财政权力真正置于人民的监督之下。[2] 地方债的发行、使用都应该由人民通过一定的法律程序加以决定。地方债的发行通过国家理财到民主理财的转变,实际上是还权于民的过程。因为,公共财政的权利主体是人民,国家只不过作为代理人对人民财产进行管理和经营。民主理财意味着财政议会主权对财政行政主导的否定,虽然政府作为人民财产代理人的身份没有改变,但政府财政权力形成于、受制于代议机构。

我国《宪法》第 99 条第 2 款规定了县级以上地方人民代表大会对地方预算和预算执行情况的审议权。对预算的审查内容就包括发行地方债的数量与规模。因此,我国地方人民代表大会对当地地方债的预算审查的民主原则具有宪法的规范依据。这一宪法规定实质上确立了我国财政议会中心主义原则,即保证人大对重大财政事项的最终决策权,这成为财政民主主义的首要内容。这一财政议会中心主义原则通过议会审议以及预算控制对地方债的发行进行严格的审查,包括发行地方债的上限、地方债的规模,在健全财政主义的指导原则下,考量地方债带来的本息支出是否已造成财政僵化的效果,并充分考量偿债能力的高低,以及国民对地方债的忍受程度来综合评判,通过程序的民主性来保证地方债发行规模的适度性。[3]

可以说,只有通过一定的民主机制限制地方政府滥发地方债,才能从源头上防范地方债的风险。政治实体的财政管理像经济实体的财产经营一样会面临风险。地方政府作为政治实体,是以一定的财政资金为运行的基本物质保障,因而也有必要对地方政府进行有效经营,提高政府的资产效能,降低财政运行的成本和风险。政府其实就是纳税人财政资金的经营者。经营不善就应当对纳税人负责。纳税人通过选票选择政府,一个重要的目的就是让称职的政府掌管纳税人的财政资金。因此,防范地方政府破产风险的最根本的措施是公民对地

---

[1] 蔡茂寅:"略论财政法之基本原则",载《第二届中国财税法前沿问题高端论坛:财政立宪与预算法变革论文集(上)》,第 1 页。
[2] 姚来燕:"论财政民主",载刘剑文:《财税法论丛(第 5 卷)》,法律出版社 2004 年版,第 256—258 页。
[3] 王锴:"论公债的宪法基础",载《中州学刊》2011 年第 3 期。

方政府的选举权及对官员的选择权。地方政府财政风险防控任务与民主制度（财政资金的委托管理）存在意义关联。据此，地方民主选举制度的完善既构成地方债务风险治理的重要条件，也是消解地方债危机的基本前提。

但需明确的是，地方债及地方政府破产机制所涉及的是地方民主，即一定地域范围内的民主。世界各国宪法实践表明，特定地域内的民主机制更具有真实性和有效性。地方民主的正当性理由是：只涉及地方利益的事务由本地公民自主决定，既排除本地政府的专制，也防范中央政府或上级政府以整体利益之名实施的多数人的专制。美国经济学家奥茨在"联邦财政主义理论"中，提出"奥茨分权化定理"，其认为地方政府将一个帕累托有效的产出量提供给它们各自的选民，总是要比中央政府向全体选民提供的任何特定且一致的产出量有效率的多。因为与中央政府相比，地方政府更接近自己的民众，更了解其所管辖区选民的效用与需求，在他看来，"地方政府之所以被创建出来，是由于偏好在地方区域内都相差无几，而在地方区域之间则相差悬殊"。① 从这个意义上，出现了地方民主与地方财政分权的价值耦合。

然而，地方财政民主也会产生"外部效应"，具体表现为两个方面：

一方面，在市场经济条件下，各地财政之间存在一种竞争关系，基于地方保护，为了局部利益，地方议会完全可能不顾当地财政的实际状况而盲目发债。20世纪初，澳大利亚联邦缺乏系统的管理地方政府债券的制度，各州政府都有自主发债权，作为独立主体在市场上分别进行融资。这导致恶性竞争的出现，并使政府债务规模急剧膨胀，产生不良影响。我国各地的地方债也出现了类似的情形。

另一方面，地方债是由地方政府未来税收作为担保的，存在着代际的公平问题。代际公平的实质是通过一定社会制度实现有关利益或者负担在当代人和后代人之间的分配。如果假定当代人和后代人都是具有道德感的主体，那么代际公平的核心就是要寻找不同时间的一致同意，即一种在一个社会的全部历史过程中公正地对待所有世代的方式。如果税收的正当性基础在于当代人的一致同意，那么可以说地方债的公平性的前提在于当代人与后代人的价值信守，其主要约束的是当代人集体的自私的物欲冲动。由于各个世代存在时间上的先后顺序，而且这种时间顺序是不可能逆转的，当代人很容易运用对于后代人的压迫性力量，影响后代人生存发展和享有人类文明。不同世代的人和同时代的人一样相互之间有种种义务和责任。现时代的人不能随心所欲地行动，而应受制

---

① Wallace E. Oates, "An Essay on Fiscal Federalism", Journal of Economic Literature, Vol. 37 (3), 1999, pp. 1120—49.

于一定的正义原则的要求。① 有鉴于此，自 2003 年以来，德国后代人权基金会（Foundation for the Rights of Future Generations，简称 FRFG）提议在宪法中加入代际公正基本原则的宪法修正案。该草案曾被移送给法律委员会等待进一步的审议。其内容为："国家必须考虑可持续性原则，在制定政策中必须保护后代人的利益。"另外，它们还提议第 109 条国家财政准则应该增加相应限制公债的内容。② 可以说，因地方债引发的代际的利益突出尤为强烈，体现为地方债对未来税款的透支，纳税人与享受公共服务者之间出现了时间上的错位：享受公共服务者将来未必纳税，而真正的纳税人将来未必享受该项公共服务。在某种意义上，税收实际上是当期交易，纳税人缴纳税款的对价是现时的公共服务。而且税款的数额与公共服务的内容是双方经过博弈而达成一致的结果。而地方债却是非当期交易，后代纳税人要为前代的纳税人享受的公共服务买单。在宪法体制上，地方债的代际公平体现为先后不同届别的政府之间，决定发债的一届议会通常会将偿债的义务转嫁给下届议会。德国学者 Püttner 认为："按民主政治体制下政府之权力系附有期限，不论政府或国会权力均只能行使到下届选期为止。现时对公债之发行，课未来政府以返还本息之义务，此侵犯到未来政府之收入权及未来国家之立法裁量权，而破坏宪法之限制，故属违宪之侵犯职权行为。"③ 政府官员的任期制加剧了上下届政府之间的代际不公平。在我国，地方政府行政首长任期较短，更关注任期内的政绩，当无足够的财政资金时，多借债融资。令人匪夷所思的是，发债的地方行政首长通常会因政绩而异地升迁，而下届政府却陷入财政困境。

总之，地方民主体制是防范地方债务危机的基本前提，只有当地方民主机制的结果产生了"外部效应"，中央政府才有必要依法进行调整。但应避免干预地方活动，在按照一定基准，满足各地方政府之基本财政收入需要，以维护全国统一的、最低的基本服务后，上级政府应尽可能维持中立，让地方政府自治与自主，并由其自行承担自治责任，使"自治"与"责任"相连接，这被称为财政调整的"事务中立原则"。④

---

① ［美］约翰·罗尔斯：《正义论》，何怀宏、何包钢、廖申白译，中国社会科学出版社 2014 年版，第 68 页。

② Marco Wanderwitz, Peter Friedrich, Anna Luhrmann, Michael Kauch: Changing the German Constitutition in favour of Future Generations—Four Perspectives from the young Generation. 转引自冉富强："公债（地方债）的宪法控制"，南京大学 2010 年博士论文。

③ 葛克昌：《国家学与国家法》，月旦出版社股份有限公司 1996 年版，第 132 页。

④ 陈清秀：《财政宪法的基本原则——从比较法的观点探讨》，大连海事大学 2017 年博士论文，第 11—14 页。

三、确立地方财政主体责任的基础——地方主权

地方政府破产涉及地方政府财政的主体责任，但如果地方政府不是独立的财政预算主体，不具有独立公法人资格，其破产必然面临着责任最终无法确立的窘境。而只有地方有一定的自主权才能确立其独立的公法人地位。中央政府对地方政府破产不救助是上述原则的必然要求。众所周知，地方政府对外发行债务时，是以未来税收及其他财政收入作为担保的，如果央地收入规则明确，地方政府的未来收入是可以测定的，通过对未来收入规模及与借债数量的对比，使评估机构可以对地方债的信用进行评级，为债券投资者决策提供必要的参考。[1] 但如果央地收支关系不明确，地方的未来收入就缺乏可预期性，地方债的信用就会降低，这也会增加地方债的风险。因此，地方政府破产的前提仍然是央地关系的法治化，财政纵向分权的规范化。

在联邦制国家，联邦与邦（州）各自预算独立，《德国基本法》第109条第1项即规定，联邦与各邦的财政收支管理各自独立，互不依赖。为实现宪法上中央与地方均权制度，应确保地方政府的预算独立，在预算的编制上拥有自主权，此即所谓"预算自主原则"。因此，各邦有举债权，各邦也同样具有破产决定权以及独立承担债务的责任。美国联邦宪法第十修正案规定："宪法既未委托给合众国，亦未禁止各州（使用）的权力，分别被保留给各州或人民。"由此可以推论，在联邦政府征税和举债之外，州和地方政府仍然享有自己独立的征税权和举债权。在美国，由于联邦与州是独立财政实体，进行独立预算，因此州政府发行债券是其当然保留的权力，故而有联邦债券、州债券两种类型。但实际上，由于州具有一定主权，所以州债券仍然属于国债的性质，而美国的地方债为市政债券。美国的州与市之间可视为中央与地方的关系，但州不决定市政债券的发行，而是通过立法将市政债券纳入法律控制体系中。美国联邦政府对地方政府的破产采取严格不救助原则，其债务危机由地方政府自行解决，这是地方政府破产的制度前提。其理念是权力自治、责任自负。这是联邦体制处理地方债务危机的必然要求。这一原则切断了地方政府对中央政府的财政依赖。如果中央政府对陷入债务危机的地方政府给予救助，地方政府有了承担债务的依靠，会失去财政的自我约束能力，从而产生道德风险。而且对其他地方政府会形成扩散效应。与联邦政府原则上不救助相反，州政府一般会参与救助。美国各州对其辖区内的地方政府拥有广泛的权力，州法律对陷入债务危机的地方政府通常要求其转让地方事务的控制权，在一定程度上部分接管地方政府的

---

[1] 熊伟：《财政法基本问题》，北京大学出版社2012年版，第146页。

行政权力，包括拥有修改或推翻原有预算方案、整合市政府各部门、削减政府官员薪水、变卖政府资产等重大事项的权力。① 然而，值得注意的是，州政府参与地方政府破产的救助并不意味着州政府最后承担偿债责任。而且美国联邦政府对地方债不救济也不意味着对其坐视不管。② 晚近美国联邦制发展的主流趋势——合作联邦主义理念体现在联邦层面的地方政府破产机制与州层面的特别财政干预相结合，让联邦与州通力合作以解决地方政府的债务危机。③

地方政府享有独立发债权并非联邦制国家独有的现象，单一制国家也会如此。法国传统上是一个相对集权的单一制国家，但经历了20世纪八九十年代的地方分权体制改革，合理划分了中央与地方权责范围，规范了中央与地方的关系：中央政府主要职责是制定国家战略层面的规划，并对国民经济进行宏观管理，省级政府主要职责是负责实施国家的各项福利和保障政策，市镇政府负责本辖区的居民提供公共产品服务。④ 此后，市政债券逐渐发展起来。在地方分权改革以前，法国地方政府只能通过中央政府审批后才可以发行债券。改革以后，地方政府可以自主发行地方政府债券。1947年，日本出台了《地方自治法》，允许地方政府在一定条件下发行地方债。地方债券基本上分为普通债券和公共债券。普通债券由地方政府包括都、道、府、县、市、町、村直接发行。但由于财政上的高度集权，日本地方政府举债受到严格限制。2006财政年度前，日本地方政府发行债券实行严格的审批制度：除非中央政府批准同意，地

---

① 赵全厚、王珊珊："美国地方政府债务危机与债务重组"，载《财政科学》2016年第3期。

② 同属联邦制国家的澳大利亚，在有关地方债的问题上，与美国有不同的进路：从放任、到管制、再到宽松，最终通过市场化机制调节联邦与州的发债权。20世纪初，澳大利亚联邦缺乏系统的管理地方政府债券的制度，各州政府都有自主借债权，作为独立主体在市场上分别进行融资。这导致恶性竞争的出现，并使政府债务规模急剧膨胀，产生不良影响。1927年，澳大利亚借款委员会成立，代表联邦接管地方债务，实施严格管理。地方债券由中央政府代发，借款数量、利率、时间和种类都受管制，这对规范借贷行为、提高政府信用起到了重要作用。但随着经济发展，这种管制政策逐渐暴露出过于僵化的弱点。20世纪50年代后，联邦政府放松了管制，澳大利亚各州通过成立国库公司，对地方债进行市场化运作，既规避了中央政府代发地方债券带来的信息不对称和道德风险问题，又避免了州政府自主发债模式容易产生的过度发债现象。参见陈碧声："由乱到治：澳大利亚地方债管理模式演变的启示"，载新华网2014年7月18日。

③ 传统的二元联邦主义往往认为联邦与州的权力泾渭分明，并特别强调州主权不受联邦权力的侵犯，认为这是联邦制存在的必要基石。但随着经济的发展与社会生活的多样化，联邦与州的权力划分与管理范围却不再清晰，越来越多的领域（典型如环保、医疗保健）单纯依靠联邦与州都无法完成有效的治理，却必须有赖于二者的紧密合作，因此合作联邦主义的理念应运而生。地方政府破产对地方经济负有重大负面效应，对其他地方也会产生传导效应。因此，联邦和州有必要合作化解这一债务危机。张力毅："通过破产法解决地方政府债务危机——美国的经验和启示"，载《行政法学研究》2016年第3期。

④ 黄凯斌："法国中央与地方政府行政职责划分情况及其启示"，载《江汉论坛》2007年第9期。

方政府原则上不得举债;地方政府发行债券须向总务省申报,总务省与财务省协商审批后下达各地发债额度。从 2006 年起,基于分权化改革,日本将严格的审批制转变为协商制。地方政府在一定条件下可直接举债,但报请总务省审批的地方政府可获两项优惠,总务省在计算对地方政府的转移支付时考虑偿债因素。[1] 可见,单一制国家的地方政府也同样可以享有财政自主权。这表明,单一制或联邦制在地方债发行上并不是决定性因素,地方政府的自主发债权取决于地方独立的预算权。也就是说,如果地方保有独立的预算权,就应当有独立的发债权。而且只要实行地方财政分权,地方财政分权体与层级无关,任何层级都有独立的预算权和发债权以及债务责任能力。[2]

不同层级代议制机关只意味着表达民意范围的不同,中央代议制机关体现的是全国范围内的民意,而地方代议机关体现的则是地方范围内的民意。同样作为代议制机关,全国性的代议制机关与地方代议制机关并不存在行政科层的上下级关系。在我国,宪法虽然没有对全国人民代表大会与地方人民代表大会之间的关系作出明确规定,但是地方人民代表大会也拥有其确定范围的法定职权。也就是说,地方人民代表大会在地方事务上依法拥有相对独立的法定职权。根据我国现行《宪法》第 3 条规定:"中华人民共和国的国家机构实行民主集中制的原则","中央和地方的国家机构职权的划分,遵循在中央的统一领导下,充分发挥地方的主动性、积极性的原则。"上述宪法规定中的"民主集中制原则"中民主是集中的前提,这与人民主权的国体相适应,而"充分发挥地方的主动性、积极性的原则"实际上赋予了地方一定的自主权,当然包括财政自主权。我国现行《宪法》第 96 条规定,"地方各级人民代表大会是地方国家权力机关"。第 99 条规定,地方各级人民代表大会在本行政区域内依照法律规定的权限,通过和发布决议,审查和决定地方的经济建设、文化建设和公共事业建设的计划。县级以上的地方各级人民代表大会审查和批准本行政区域内的国民经济和社会发展计划、预算以及它们的执行情况的报告。根据上述宪法规定,作为地方国家权力机关,地方各级人民代表大会有权审查和决定地方的经济建议和公共事业建设计划,有权批准当地的国民经济和社会发展计划、预算以及它们的执行情况的报告。而目前地方债已成为地方国民经济和社会发展计划、预算的一部分。由此可以推论,地方人民代表大会发行地方债是宪法赋予地方人民代表大会的职权。但宪法的上述规范内涵是引而不发的,被实际运行的财政体制遮蔽了。

---

[1] 刘晓风:"美日法地方债制度的变迁及特点",载《中国财政》2010 年第 6 期。
[2] 赵晓、陈金保:"'中央不兜底'地方债风险的前提",载《金融博览(财富)》2014 年。

1994年我国分税制改革后，地方政府取得了一定的财政自主权，但还是仍不具有独立的财政自主权。笔者以为当地民众才是地方债的直接利害关系人，他们最有资格也最有能力作出判决。如果让中央替地方决策，实际上是让局外人或无直接利害关系人在替他们决策。而且如果中央代替地方在地方债问题上进行决策，就意味着中央要承担地方债的责任与风险。企业破产法适用的前提是企业法人主体资格的确立，如果企业法人主体资格未定、产权不明，就无法适用破产程序，破产还债的责任也无法落实。① 同样，如果不具有独立的公法人资格，不享有独立的财政预算权，地方政府破产也会面临着巨大的体制上的障碍。尽管《预算法》规定一级政府一级预算，并要求各级预算收支平衡，但地方政府并没有独立的收入权，而受制于中央政府的单方决策。② 而且由于我国财政立法权的法律保留，地方政府并无财政立法权，这极大地限制了地方政府财政预算的自主性。地方政府财政权力的非自主性决定了我国地方政府债务责任的非独立性。在地方财政不独立的体制下，中央不可避免地成为地方债的最后担保人。

四、地方债务危机的公平性保障——司法监督

地方政府破产的债务危机是地方财政主体性失灵的体现，是地方机制出现了"外部效应"的结果，此时，对地方政府进行外部干预是必要的。地方政府破产应当由行政机关介入还是由司法机关主持？各国采用的模式不同。前者强调上级政府的积极干预，程序简单、效率较高，但容易导致行政擅断和偏私；后者则重视司法体系的作用，法治化与公平性较强，但成本较高。

在日本，政府破产要向总务大臣提交申请。由总务大臣作出"财政重建适用团体"的指定以后，在国家的监督指导下制定财政重建计划。以北海道夕张市为例，在接受中央政府与北海道厅监督的前提下，地方政府制订了18年返还353亿日元的财政重建计划，其财政规模也减少了1/7。可见，日本地方政府的破产重整主要是在上级国家机关督导下通过行政程序来完成的。但由于日本的法治化程度比较高，其重整计划一般能够保证实施。

---

① 我国1986年12月2日通过《企业破产法（试行）》，其声明需等《全民所有制工业企业法》实施满3个月之日才开始试行。因为《全民所有制工业企业法》赋予了全民所有制工业企业自主经营、自负盈亏、独立核算的法人资格。此前全民所有制工业企业并无法人资格。当然，这一法人资格当时也只是理论上的，法定意义上的。因为全民所有制工业企业实际上仍处处受制于政府，并不真正享有自主经营权。结果导致《企业破产法（试行）》实施后相当长的时间内，全民所有制工业企业被宣告破产的寥寥无几。熊伟：《财政法基本问题》，北京大学出版社2012年版，第145页。

② 熊伟：《财政法基本问题》，北京大学出版社2012年版，第146页。

美国主要采用司法手段，使法院在其中发挥着关键作用。美国1934年批准了《地方政府破产法》（即 Summers-Wilcox Bill）。该法案对联邦破产法院的权力予以约束，不允许其接管地方政府管辖权或控制地方政府财政，以保障州政府控制地方政府的权力不受联邦破产法院侵犯。然而，联邦最高法院并不认可这部法案，并于1936年以5∶4的投票结果判决其违宪。① 根据美国现行破产法的规定，在地方政府申请破产保护之后，联邦巡回法院任命一位资深法官来帮助市政当局进行债务重组和谈判。② 如2013年年底特律市正式申请破产保护，便是通过司法机关进入破产程序。2014年11月7日，美国联邦法官对底特律市破产退出计划作出许可裁决。而且债权人实现其债权通常也是通过司法途径执行债务人的财产，最为有效的救济方式就是向法院申请对地方政府未来税收的执行令。当然，这并不意味着行政权力完全不发挥作用。美国破产法明确规定地方政府在申请破产前必须得到州的特别授权。因此各个州完全可以根据自己的实际情况来决定是绝对禁止、有条件许可还是无条件许可本州的地方政府申请破产。③ 而且在实践中，州政府往往还会参与债务重组，缓解地方政府破产期间的流动性困境，即通过向地方政府提供信用担保、提供贷款、协助偿还债券、技术援助等措施化解债务危机，实现财政复兴。④ 经过破产的一系统重整措施，使地方政府尽快恢复财政公信及偿债能力。

总体而言，各国在地方政府破产的行政干预手段上存在的最大问题是：上级行政机关倾向于维护地方政府的利益，从而使债权受到不公平的对待。因为上级政府与下级政府利益攸关，上级政府不可避免成为下级政府破产的隐性担保人。在美国，地方政府申请破产会影响该州内其他地方政府的融资。因为美国的地方政府债券市场已经完全实现了市场化的运作，因而，一旦某个地方政府申请破产，投资者们就会对该州的整体债务偿还能力产生怀疑。因此，州政府会在保护破产地方政府资产的基础上制定债务调整计划，偏重于维护地方政府权利，债权人的利益不免受到挤压。因此，世界上实行地方政府破产制度的国家，多数都会兼容行政与司法两种手段，并将司法审查作为破产案件处理的最终选择。在南非，地方政府出现债务危机时，首先采取行政手段进行干预，努力化解财务危机，若这种干预无效地方政府仍面临破产的危机，则转而采用

---

① 陈松威、朱莎：《地方政府破产制度在我国的适用性研究》，载《上海金融》2017年第10期。
② 张曜："地方政府债务解决机制之探索——以美国底特律市为例"，载《法制与经济》2015年第2期。
③ 张力毅："通过破产法解决地方政府债务危机——美国的经验和启示"，载《行政法学研究》2016年第3期。
④ 赵全厚、王珊珊："美国地方政府债务危机与债务重组"，载《财政科学》2016年第3期。

司法手段。其实美国的地方政府破产也是行政与司法并用的模式。即当地方政府面临破产时,地方政府可提高税率或收费比率,增加财政储备,以提高偿债能力。但对暂时性或技术性财务危机,地方政府可与债权人直接协商,达成清偿债务的协议,按约定履行偿债义务。如上述债务危机自救机制无效,某些州政府会通过设立专门机构帮助地方政府摆脱债务危机的困境。如果这一方案仍然无效,则只能依照联邦破产法,由司法机关适用破产程序。可见,美国的这一模式是以行政手段为前置程序,司法监督为最终程序。也就是行政手段解决不了的才通过司法手段处理,但司法手段是最后的保障性程序,因为无论如何地方政府破产案件的公正性价值至关重要。

然而,我国对地方政府的债务危机采取的是纯行政手段。2016 年 11 月,国务院发布《地方政府性债务风险应急处置预案》(以下简称《预案》),应当被认为是我国关于地方政府债务危机的应对机制。根据《预案》的规定:"省级政府对本地区政府性债务风险应急处置负总责,省以下地方各级政府按照属地原则各负其责。国务院有关部门在国务院统一领导下加强对地方政府性债务风险应急处置的指导。"《预案》的上述规定表明,我国地方政府性债务风险应急处置完全限于行政体制内部,并未提及司法权的介入。这是由于受我国财政行政主导的传统观念的支配,我国地方债的发行、使用和偿还被认为属于行政权的范畴,对其监督也封闭于行政权力体系内,而排斥司法监督。表现为,注重对地方债的问责,而忽略了对债权人的救济。然而,我国的上下级政府作为财政利益的共同体,下级政府的债务重整的结果决定上级政府的财政总量,从而严重影响上级政府的财政状况和政绩指标。因此,上级政府参与下级政府债务重整,自然会维护政府的共同利益而不利于债权人。《预案》对司法监督的漠视凸显了我国地方债务危机处置的局限性,而且由于我国地方政府财政重整的法治化程度较低,也弱化了其救济功能及程序的公正性。

为此,应当实现我国地方政府破产的法治化,通过立法明确将地方政府破产案件纳入司法程序。当然,上级政府的行政干预仍有保留的必要,但司法程序应作为最后的保障性程序。其宪法意义在于,地方政府破产的司法程序构成一道制度屏障,保护公民的财产免受政府的进一步侵害。

五、地方债务危机的责任形式——宪法责任

从某种意义上,地方政府破产责任是一种无限责任而不是有限责任。不能仅以破产清算时地方政府现有的财产为限进行清偿,而应当以在未来时限内的财政收入所得进行清偿。20 世纪末 21 世纪初,巴西陷入了地方债务危机的泥潭。为此,巴西制定《财政责任法》确立了联邦"不救助"的规则,并以明确的量化指标，设定了州政府在支出控制、债务上限、举债途径之禁止等多方面目标。[1] 以此确立了地方政府债务危机的法律责任。然而，基于民主宪法原理，包括地方债的预算案必须由立法机关审议通过，而具有法律之形式。故被称为"措施性法律"，有别于通常意义的法律。因此，议会对地方债的预算进行审议作出决定承担的是一种政治责任，即宪法责任。在西方国家因预算产生的财政危机导致宪法危机时有发生，最终的结果可能是议会解散或内阁下台。然而，因为地方政府的破产只是财政破产，其政治上的法人主体资格永续，因此，地方政府破产一般不会产生地方政府整体的宪法责任。在美国，在一般情况下，地方政府一旦陷入债务危机，州政府可以强势介入，其中最为彻底的一种方案为接管模式，即地方政府由州所任命的紧急管理委员会接管其职权，该紧急管理委员会拥有极为广泛的权力，如决定原有政府工作人员是否留任，并有权进行财产变卖、税务改革、预算变更、开支审核、先期的财政重整以及决定该地方政府可否申请破产。但在特殊情况下，美国州立法会有权撤销地方政府之政治实体资格，停止其公共权力行使，将此权力收归州所有。地方债务危机可能会导致地方政府的权力被取代。[2] 在日本，如果地方政府依照《财政再建促进特别措施法》成为财政重建团体的话，就意味着在重建期间其地方的自主权被剥夺，而且其预算规模和公共服务范围要受到严格的限制。可以说，地方政府的政治实体资格被收回、地方自主权被剥夺是一种宪法责任。这一宪法责任是建立在地方有一定的自主权宪法体制基础上的。

我国与西方国家的宪法体制迥异，所以地方债的预算可能会产生财政危机，但不会导致宪法危机。因为地方政府并不具有独立的公法人资格，很难追究地方政府整体的宪法责任。所有预算蕴含的债务危机都会为一院制的代议体制及

---

[1] 具体包括：其一，支出控制。它为各州及其政府分支确定了非常刚性、细化的支出上限。州人事支出不得超过当前净收入的60%，每个分支的人事支出上限是立法3%、司法6%、行政49%、检察官办公室2%。在州长、市长任期结束之前的180日内，不得增加人事支出。如果人事支出超过上述限制，则超出部分必须在此后的两个四月期内被减除。其二，债务上限。各州预期的借款收入不得超出年度《预算法》草案中的资本支出。联邦总统向参议院提交各州总债务数额上限的提案，由后者批准。如果州总债务在四月期结束时超出了其上限，它必须在下面的三个四月期结束前减至法定上限之内，第一个四月期最低削减不少于25%。其三，举债途径之禁止。禁止联邦政府以直接或间接方式接手各州债务，禁止一州向其所控制的金融机构借款，禁止以预期收入为担保进行借款。禁止中央银行购买各州的政府证券、将州债券转为联邦公债（地方债）和授予担保。通过这些禁止性规定，财政责任法堵住了此前各州举债的各种途径。谭道明："巴西化解和防控地方债务危机的启示"，载《法学》2014年第4期。

[2] See Omer Kimhi, Reviving Cities, Legal Remedies to Municipal Financial Crises, Boston University Law Review, vol. 88, no3, 2008, p. 641. 转引自张力毅："通过破产法解决地方政府债务危机——美国的经验和启示"，载《行政法学研究》2016年第3期。

政治化的纪律责任所消解。但这并不意味着，因地方债的预算产生的危机不存在宪法责任。2018年7月17日，财政部通报安徽、宁波、云南、广西等地违法违规举债，对地方人民代表大会违法违规出具决议举债的，由上级人民代表大会常务委员会或本级人民代表大会全体会议作出决议，撤销原违法违规决议。这是我国首次由上级人民代表大会常务委员会撤销下级人民代表大会关于地方债的决议。可以说，这是地方人民代表大会承担的关于地方债的宪法责任。然而，令人困惑的是，这一宪法责任的追究却是由财政部通报的。这表明，上述责任并未作为宪法责任而作为"违反财经纪律"处理的。

可见，地方债务危机的宪法责任是现实存在的，只不过可能的宪法责任通常会被转化为实际的法律责任甚至是纪律责任。在上述财政部的通报中，同时对负有主要领导责任的时任地方人民代表大会常务委员会领导给予党内警告、行政记过等党规政纪处分。① 笔者认为，这不符合宪法中关于国家机构的组织原则。与行政机关的首长负责制不同，人民代表大会是合议制机关，审议的事项由集体决议，因此，人民代表大会对集体决议的结果应当集体负责，人民代表大会常务委员会领导不应当承担个人责任。上述宪法责任的消解意味着权力与责任的分离，"罚不当责"的结果是地方债务危机得不到根本的治理。

在我国当下宪法责任缺失的情况下，应当加强人民代表大会及专门机关对地方政府财政权力的责任追究。通过预算的事先监督、审计的事后监督以及国家监察机关的特别监督来追究地方政府的财政责任。

总言之，地方债作为公债，属于公法范畴，相应地地方政府破产应当纳入公法调整的范围。由于传统的普通法传统，美国《联邦破产法》作为统一的破产法典在第九章专门规定地方政府破产。② 作为主体上属于大陆法系的日本并未制定专门的地方政府破产法，但出台了《地方财政再建促进特别措置法》，

---

① 另一起云南省宜良县违规发债的典型案例是：2016年8月，云南省宜良县金汇国有资产经营公司与光大兴陇信托司签订信托融资协议，计划融资金额5亿元。宜良县人民代表大会常务委员会出具决议，承诺将该笔融资金列入县本级财政公共预算，按时足额偿还贷款本息；宜良县人民政府签订了关于"财产信托标的债权"的《债券债务确认协议》，承担无条件和不可撤销的标的债权支付义务；宜良县财政局出具将相关应付"财产权信托标的债权"列入财政预算和中期财政预算的函。截至2017年2月底，该笔融资到位4.24亿元。整改期间，相关承诺函被撤回。对相关责任人问责处理情况包括，对负有主要领导责任的宜良县人民代表大会常务委员会副主任马某（时任宜良县委常委、常务副县长）给予党内严重警告处分。对负有主要领导责任的宜良县政协副主席许某（时任宜良县人民代表大会常务委员会副主任）给予行政记过处分。

② 《美国联邦破产法》第九章规定的政府破产不适用联邦政府与州政府，只适用于包括市、县、镇等"政治性分支"。

该法相当于专门的地方政府破产法。我国秉承的大陆法的特色——注重区分公法与私法,在《企业破产法》之后,单独制定《地方政府破产法》应当顺理成章。《地方政府破产法》应明确地方政府要承担的债务风险责任,在地方政府资不抵债时,允许地方政府宣告破产,并规定债务重组及债务清偿程序,确定上级及中央政府的责任。[1] 鉴于我国目前地方债务危机的严峻形势,《地方政府破产法》应当尽快出台。否则地方债务危机难以有效及时化解,而且要使地方债的发行、信用评级及违约处置等顺利进行,也需要事先对政府破产机制进行规定。[2] 我国《地方政府破产法》的制定应符合我国的宪法体制,应明确政府可以申请破产的条件、标准,政府破产保护的司法救助程序和制度等内容。[3] 这是成熟的市场经济国家的法律体系的重要组成部分,也是国家治理现代化的要求。

尽管我国尚无《地方政府破产法》,但《预案》所要解决的其实就是地方政府破产的问题。《预案》虽然还不是严格意义上的法律,但其提供了我国地方政府债务危机的应对方案。就总体而言,地方政府的破产机制应该由两部分组成,首先是事前控制和规范,预先防范地方政府财政恶化陷入破产的境地;其次是一旦地方政府破产时的重整。后者是下策,但却构成地方政府破产机制的主要内容。

我国 2016 年修改的《企业破产法》扩大了该法的适用范围,但并未当然也不可能将地方政府破产作为破产法的调整范围。但政府破产与企业破产具有一定的相似性。在美国,地方政府破产程序在一定程度上是仿照公司破产制度予以设计的,因为地方政府与公司确实具有较大的相似性。正如地方政府的成立,主要是为当地居民提供公共产品,而公司之成立,主要是为了向社会大众提供产品和服务;就治理模式而言,围绕本地居民、代议机关、行政机关设计的地方政府治理模式,也颇为类似于由股东、董事会、法人代表组成的公司治理结构。[4] 因此,笔者认为,在我国《地方政府破产法》出台之前,地方政府的破产程序可以准用我国现行的《企业破产法》,其意义在于可将地方政府破产纳入司法程序,以确保地方政府破产的合法性和公平性。

---

[1] 周潇枭:"未来需研究地方政府破产法",载《21 世纪经济报道》2014 年 11 月 13 日。

[2] 刘胜军:"敢不敢让地方政府破产",载《中国经济报告》2013 年第 7 期。

[3] 张婉苏:"中央政府不救助地方政府债务的纠结、困惑与解决之道",载《苏州大学学报》(哲学社会科学版)》2016 年第 5 期。

[4] Kevin A. Kordana, Tax Increases in Municipal Bankruptcies, Virginia Law Review, vol. 83, no 6, 1997, pp. 1055—1058.

第九章 地方债法律控制的域外经验

在国外虽然不使用"地方债"这一概念，但地方债以不同的形式普遍存在，特别是在法治化程度较高、市场经济发育较成熟的国家，形成了较为完善的地方债法律控制体系。

第一节 外国地方债法律控制制度

通过对美国、日本、欧洲部分国家、拉丁美洲部分国家以及非洲部分国家等地方债法治化程度较高、法律控制经验丰富的发达国家与发展中国家对地方债的法律控制制度、风险防控体系进行比较研究，发现各国之间制度的共通性与差异性。

与日本与法国相比，英国的市政债券规模相对较小。英国政府在防范风险体系上有着不同于他国的特点，英国政府几乎可以说是并没有建立完整的风险预警体系，但英国市政债券风险防控体系中的具体制度均体现出审慎性的特点，即给予地方政府一定的限制，又给予更多的灵活性。

法国同英国、中国均为单一制国家，但法国的三级政府间财政并无隶属关系，中央政府与地方政府的职责分工明确，保证了三级政府的地方独立财权与明确的事权，有利于规避政府债券的风险。法国政府在防范债务风险方面，有一套较为完整的防范体系。法国政府的防范体系从发债前即通过预算管理进行严格的把控，对于事后违约处置，《法国预算组织法》规定，财政赤字按照先用国库存款、再发行公债（地方债）的顺序予以弥补，建立偿债准备金制度。

美国的财政体制较为完善，但在其发展的过程中也有历史教训。美国的"进步时代"（1880—1920年）从自由竞争转向垄断阶段，其财政领域混乱不堪、贪污腐败严重。为此，从纽约推行预算制度开始，通过预算改革将财政暴露在公众面前，有效地遏制了腐败，改善了政府的形象。使公共财政的改造成为政治改革的最佳切入口。因为它是具体的，比抽象谈政治民主更容易操作；它是务实的，可以在不长的时间产生看得见的变化。① 美国业已形成以法律法规为主导的资金用途限制、规模控制、举债权限约束、发行程序限制、债务担保、信用评级、信息披露、风险预警、监督管理为主的市政债券风险控制框架，是在国际中对市政债券法律控制较为完善的国家之一。美国通过立法对地方债进行间接控制，如预算控制，美国几乎所有州和地方政府都通过宪法和法规规定地方政府的预算平衡规则。再如财政收支限制，美国几乎所有地方政府和差不多一半州政府，其预算的税收与支出受到宪法与法规的限制。通过对地方债的宪法、法规的规定，地方债的控制机制不断完善，美国地方政府过度负债并引发债务危机的情形大为减少。就各地方的情况来看，法律法规限制越严，地方政府的债务往往越少。通过对债务控制机制建立前后、限制性规则松紧不同的地区之间、不同类型负债间的债务情况等对比可以看出，美国地方政府债务控制的总体效果相当显著。②

日本对地方政府债务管理以行政控制为主，通过严格地方政府债务计划与协议审批制度实行地方政府债务精细化管理。③ 计划管理制度要求日本政府每年编制地方债券发行计划，日本的地方公债（地方债）的审批制度为协议审批制度；另一方面，日本以宪法为统领，以《地方自治法》《地方财政法》为基础，结合行政条例形成了系统的地方债务法律规范，日本有关地方政府性债务的法律规范散见于《地方自治法》《财政法》《地方财政法》《地方交付税法》等法律中，其中《地方自治法》和《地方财政法》为规范地方债的重要法律，如《地方财政法》第 250 条规定了地方公共团体在地方债的发行方式、利率、偿还方式等方面必须获得自治大臣或都道府县知事的许可等。

哥伦比亚共和国对地方债的控制是较为典型的行政控制型，其财政分权程度可以说是拉美地区最高的国家之一。国家政府结构层级分为三层：中央政府、省政府以及市政府。各层级政府间的财权各自独立。哥伦比亚共和国对地方债的监管体系中，较为重要的法律文件是《第 358 号法律》与《第 795 号法律》，对政府债务的需求控制有着明确规定。

---

① 张馨："法治化：政府行为·财政行为·预算行为"，载《厦门大学学报（哲学社会科学版）》2001 年第 4 期。

② 章江益："美国财政联邦制条件下州和地方政府债务控制"，载《财政研究》2007 年第 3 期，第 80 页。

③ 财政部财政科学研究所课题组："我国地方政府债务态势及其国际借鉴：以财政风险为视角"，载《改革》2009 年第 1 期，第 5—24 页。

一、外国地方债发行制度

(一) 举债权限限制

以英国与法国、日本为代表的国家在举债权限方面的共同特点为其地方政府举债权限突破了传统的法律约束以及严格的中央批准制度，在审慎合理的范围内允许本政府自主举债，大大加强了地方政府的财政自主权。

英国在高度中央集权下，发行主体为经中央政府批准的具有征税权的地方政府，一般由英国及爱尔兰地方当局发行，自 2003 年 4 月 1 日起，地方政府突破传统的举债权限的法律约束，在地方政府财政收入范围内的合理审慎举债无需再经过中央的批准，即可发行市政债券，进行举债。

法国经过 1982 年的改革后，地方债的发行主体为以财政收入为担保的省级政府且无需经中央政府批准即可自主发行。

市政债券在美国债券市场占有较大比重，是美国基础设施建设融资的重要工具。美国在联邦制背景下，联邦政府与州、地方政府财政预算独立，州与地方政府具备发行债券以筹集资金的能力，因此美国市政债券的发行主体为州政府与地方政府。州政府与地方政府的发债权限主要由地方立法加以限制，并经由全民听证、全民公决等方式予以监督。

日本实行单一制体制下的地方有一定自主权的制度，日本早在 1899 年的法律条文中，就承认了府县一级政府的举债权，日本《地方自治法》规定地方政府有举债权。《地方自治法》第 283 条、第 314 条第 2 款赋予了特别地区、地方公共团体联合组织以及地方开发事业等特殊地方公共团体举债权。

南非的地方债举债主体为市政府。南非宪法与《市政财政管理法》中规定，在两种情况下市政府可以举借短期债务：第一，某一财政年度内的阶段性资金短缺，并在该财政年度有切实可靠的预期收入作为还款来源；第二，某一财政年度内的资本项目融资需求，并有法定拨款或长期债务等特定资金作为还款来源。[①] 短期债务协议由市长签署提出，由市议会表决通过，由市政府财务主管审核同意。协议必须明确借款限额，市议会有权修改，禁止延期或再融资。在以基础性、公益性资本项目为目的举借时，可借长期债务。先由市政府财务主管向公众发布长期举债信息公告，邀请公众、国家财政部以及地方相关部门就该借款向市议会提出书面意见或建议，提交市议会表决。

---

① 尹李峰、张志华、周娅："南非的地方政府债务管理"，载《经济研究参考》2008 年第 22 期，第 23—25 页。

（二）发行方式及期限限制

各国在对地方政府发债的发行方式、发行期限以及发行程序等方面均有一定的约束与对程序的不同程度的细化。其中各国对地方债的发行期限一般设立在1年、5年、10年不等，基本将期限控制在10年，以减少债券发行的不可预期性。

英国市政债券的发行期限的一般规定为1年期限与5年期限，资金用途应当以城市基础设施建设为主，发行方式为说明书公开发行，即将有条件发行债券的意图公开地广而告之，投资者可按条件申请购买。因此，英国的伦敦证券交易所在包括市政债券在内的英国新债券发行市场中担负着极为重要的任务，其经纪商不仅积极参加各种方式的新债券的发行，还在新债券发行的管理上负有重要责任。[1]

美国对市政债券的发行程序约束，一般需要有关机关通过甚至全体公众投票通过后方可发行债券，否则州及地方政府不得擅自发债。

日本对地方政府债务发行实行计划管理。第二次世界大战以后日本由大藏省和自治省每年编制地方政府债务计划，内容包括地方政府债务发行总额、用途、发行方式。该计划作为此后大藏大臣与自治大臣协商制定中央政府认购地方政府债务的规模及地方政府债务的具体用途的依据。《地方财政法》第5条详细规定了地方债的财源、偿还年限、地方债的协商、干预地方债的特例、以发行证券的方式发行地方债等事项内容，第5条特别规定了对于《商法》的运用。[2] 日本地方债的发行期限一般为10年。

巴西《财政责任法》规定，巴西实施中央不救助原则，禁止联邦政府以任何方式接管各州债务，禁止州金融机构借款，禁止担保，禁止银行购买各州的政府证券。但出现例外情况时可变通。

（三）资金用途限制

英国、美国、日本等国家对债券资金用途均有着不同程度的限制，各国对债券资金用途应当使用在市政公共建设、禁止弥补财政赤字的认识能够达成共识。其中以美国的法律约束最为完善。

在市政债券的发行过程中，法国政府主要通过对其债券资金用途的限制，对政府担保抵押的规定，以及实行监督管控制度来保证市政债券的良好运行：其一，法国市政债券资金用途只可用于公共工程的建设，不得用于弥补财政赤

---

[1] 才凤玲：《发达国家市政债券的发展及启示》，载《中国财政》2009年第3期，第74—75页。

[2] 《地方财政法》的具体条款参见王朝才编译：《日本财政法》，经济科学出版社2007年版，第148—168页。

字；其二，法国政府一般以政府资产作为担保抵押；其三，法国市政债券虽由地方政府决定，但仍受到中央政府的监控以及处于金融机构的监督之下。中央政府对地方各级政府发行市政债券的监控主要通过议会、审计法院、财政部、财政部派驻各省、市镇的财政监督机构。① 议会的监控包括预算草案的审批以及在草案通过后对政府支付的审计监督。审计法院的司法监督权是由议会授予的独立的权力，不受行政权干涉。财政部的监督通过下设债务管理中心以及派驻在各省的机构来进行。

美国州法律对市政债券的资金用途均有着明确规定，市政债券筹措的资金可以用在公共设施建设支出、基础产业投资支出、私人活动补贴支出、新债旧偿再融资以及退休金等福利支出上。州法律明确禁止政府债券筹措资金用以弥补地方政府赤字，且不适用于经常性预算。美国有一些州的宪法明确规定，禁止州和地方政府通过借款来弥补经常性年度预算赤字。比如，伊利诺伊州《宪法》第9条第9款第1项规定："除依照本款的规定外，州不得举债。根据本款的目的，'州的债务'指由本州政府、州政府的任何部门、机构、本州的公共事务法人团体和准公共事务法人团体、州立学院或大学、本州设立的其他任何公共机关举债、受到州的完全承诺并以州的信用担保的债券或其他债据。州的债务直接或间接的以州的税收偿还。"本款第2项规定："本州可因特定目的发行公债（地方债）。本州债务的偿还或其他得到本州担保的债务数额可由州议会两院当选议员的五分之三多数投票通过的法律或在下一次大选中多数选民就该问题投票通过的法律予以规定。凡规定发行公债（地方债）或为债务提供的担保须具体说明举借债务的目的和偿还方式。"该款第3项规定："凡在一个财政年度征税之前举借的债务，其数额不得超过当年本州财政拨款数额的5%。此类债务的本息须从当年的税收清偿。"该款第4项对紧急状态和税收失败作出了特别规定："因紧急事态或税收失败而引发财政赤字时，本州依照法律可发行的公债（地方债）数额不得超过本州当年财政年度拨款总额的25%。法律须规定由此引发的债务须自借债之日起一年内偿清。"此外，伊利诺伊州《宪法》第8条第2款还明确规定了预算平衡原则，即"预算提出的开支不得超过预计在该财政年度可以得到并列入该财政年度预算的资金"。威斯康星州《宪法》第8条也有类似的规定。该条第4款规定："除本法规定的情形和方式外，本州不得发行任何公债（地方债）。"第5款也规定了税收与支出相抵原则，即预算平衡原则。它规定："立法机关规定的本州年度税收额度，应足以抵消本

---

① 李慧杰、刘琦敏："法国市政债：分权管理，合理划分中央与地方的职责"，载《中国经济导报》2015年5月12日，第B7版。

州年度预算所估算的支出额度。若年度支出超过岁入时，立法机关应规定在下一年度开辟新的税收资源，征收足以弥补本年度支出缺额和支付下一年度预算支出的税收。"第6款规定了为特别支出发行公债（地方债）和征税。第7款规定了为公众防御和公众事业发行公债（地方债）等方面内容。①

日本对地方债的限定除了对主体的限定外，还包括不得将地方公债（地方债）的筹措资金用于弥补财政赤字，不得用于经常性支出。

（四）举债规模限制

国际上各国对举债规模均持以关注，各国均通过法律与制度的法律控制来控制地方债规模的发展，根据各国不同国情，设定地方债余额占GDP比例，以保证其在良好的范围内有序发展。

英国的举债规模一直控制在占GDP较小比重这一水平，有数据显示比重较大的年份如2012年也仅仅占GDP的40%，英国在举债规模的控制上有着极高的警惕性，严格控制地方债务余额比重。中央政府规定政府债务余额应当低于GDP的40%并有资本保证，市政债券的额度由英格兰银行统一控制。

比较英国，法国70%的公共投资都是通过政府发行市政债来融资的，这些债务占GDP的比重，目前还是比较低的。②

美国各州与地方政府效仿1817年纽约州的举债行为，2002年州及地方债券规模达到1.69万亿美元。美国许多州采用立法方式对地方债的程序和规模进行法律控制。如规定地方政府发债必须经过有关机构甚至当地全体居民的授权或批准，地方政府不能擅自决定举债。很多州立法对地方政府举债的数额做了上限的规定，但主要针对一般责任债券。其上限规定体现为：绝对数值、一般收入的一定比例或财产价值的一定百分比。美国各州及地方政府市政债券的规模控制的参考指标包括债务率、资产负债率等，据美国全国州预算官员协会（NASBO）2002年进行的调查：在州宪法和法令规定允许发行一般责任债券的47个州中，有37个州在其宪法和法令中对一般责任债务规定了限额。如债务率（州及州以下地方政府债务余额/州及州以下地方政府年度总收入）为90%~120%，负债率（州政府债务余额/州内生产总值）在13%~16%。加北卡罗莱那州的法律规定，该州地方政府的资产负债率要小于8%。③且各州及地方政府会进行

---

① 冉富强："公债（地方债）的宪法控制"，南京大学2010年博士学位论文，第6—7页。
② Jean-Marie BOCKEL："法国70%公共投资靠政府发债来融资"，载《北大商业评论》2015年第6期，第52页。
③ 张志华、周娅、尹李峰等："美国的市政债券管理"，载《经济研究参考》2008年第22期，第16—20页。

资本预算，对项目进行详细论证并给出科学性决策。大部分州与地方政府所规定的限额主要有以下几种类型：绝对数额、一般收入的一定比例、财产价值的一定百分比等。① 其中相对限额的规定多于绝对限额的规定。

美国绝大多数州有关于长期债务的宪法限制的规定，这些债务限制或者以绝对数额的方式，或者以州财政收入、一定财产价值的相应比例为参照，指出特定时期内州政府所能负担的债务的最大限额。有 15 个州规定州债务限额的突破要由全民公决来决定。所有限制公债（地方债）的州宪法都包括对以州政府一般征税权为担保的"一般责任债务"的限制。对以特定项目收入为偿债来源的"收入债务"是否也进行限制，各州宪法则规定不一。有 14 个州的宪法对至少一些种类的收入公债（地方债）实施了宪法控制；② 也有少数几个州规定发行任何收入公债（地方债）都必须经过公民投票表决；另外还有个别州，或者从根本上禁止收入公债（地方债），或者只限于特定的目的、一定的数额的收入公债（地方债）。③

日本地方债发行数量巨大，地方债占 GDP 比重高，地方政府举债目前居发达国家之首。④ 日本对各地方政府举债实行严格的协议审批制度，以控制债务规模。协议审批制度中，地方政府在一定的条件下可以直接举债，该制度的方针在于确定当年不批准发债的地方政府或限制发债的地方政府名单。⑤ 政府名单确定的依据主要有两个方面：一是对不按时偿还债券本金或发现以前通过明显不符事实的申请获准发债的地方政府，不批准发债；二是对当年地方税的征税率不足 90% 或赛马收入较多的以及有财政赤字的地方政府，限制发债。⑥ 第三，《地方自治法》规定，现阶段地方公共团体在地方政府债务的发行方式、利率、偿还方式等方面，必须获得自治大臣或都道府县知事的许可。⑦ 此为日

---

① 章江益："美国财政联邦制条件下州和地方政府的债务控制"，载《财政研究》2007 年第 3 期，第 77—80 页。

② National Association of State Budget Officers, 1987.

③ Beverly S. Bunch, The Effect of Constitutional Debt Limits On State Governments' Use of Public Authorities. Public Choice, Vol. 68, No. 1/3 (Jan., 1991), pp. 57—69.

④ 庞德良、唐艺彬："日本地方债制度及其变革分析"，载《现代日本经济》2011 年第 5 期，第 11—15 页。

⑤ 张留禄、朱宇："美、日地方债发行经验对中国的启示"，载《南方金融》2013 年第 5 期，第 47—52 页。

⑥ 中国银行间市场交易商协会课题组："我国市政债券发展问题研究（上）"，载《金融发展评论》2010 年第 4 期，第 98—118 页。

⑦ 梅建明、雷同："地方政府债务风险管理及控制的国际经验"，载《经济研究参考》2011 年第 23 期，第 42—44 页。

本协议审批中的许可制度,在经过自治省的审查后,先汇总计划后下达各地份额。

2000年制定的《财政责任法》为巴西公共财政规则和政府债务的主要法律。其在控制债务规模方面采用需求控制和供给控制两种方式。需求控制方面,一是限制举借新债。借款额不得超过资本性预算的规模,州政府债务率(债务余额/州政府净收入)要小于200%;市政府债务率(债务余额/市政府净收入)要小于120%;新增债务率(新增债务额/政府净收入)不得大于18%;担保债务比重(政府担保债务余额/政府净收入)必须低于22%。即使债务规模已控制在上述限额内,地方政府还需满足一定条件,并经参议院决议通过才可举借新债。二是限制举债时间。州及市政府换届前的八个月内不允许举借新债。三是限制偿还债务。地方政府偿债率(还本付息额/政府净收入)不得小于13%;如果地方政府将其债务转嫁给联邦政府,在完全偿还前,地方政府不得举借新债。供给控制方面,中央银行应限制各银行向公共部门提供贷款,其中对银行净资产规模的限制是,地方债余额与银行净资产的比重必须小于45%。对于违规举债、突破赤字上限或者无法偿还联邦政府或任何其他银行借款的州,各银行禁止向其贷款。

二、外国地方债的分类制度

部分国家对地方债进行了分类管理,如美国与日本。

美国市政债券的种类划分以信用基础为依据,分为一般责任债券与收入债券。一般责任债券以州与地方政府的信誉为担保,以州与地方政府财政收入为保障;收入债券以有收益的特定项目为担保,以项目收益为偿还来源。美国市政债券的发行以发行用途为标准,分为公募与私募。公募又分为竞标承销和协议承销,一般责任债券使用公开竞标承销的方式,收入债券使用协议承销方式。

日本地方债券包括地方公债(地方债)与地方公企业债。地方公债(地方债)是实际意义上的政府债券,而地方公企业债的性质部分属于政府债券。(1)二者发债主体不同。地方公债(地方债)发债主体为地方政府,地方公企业债的发债主体为地方特殊的公营企业。(2)二者的发债资金用途不同。地方公债(地方债)的资金用途一般用于地方道路的建设、教育设施的建设、土木、卫生等政府性项目的投资,地方公企业债的资金用途一般用于下水道、自来水、煤气等公用事业性项目投资。

三、外国地方债的偿还机制

建立偿还机制是地方政府规避风险、避免违约、保障地方债偿还能力的重要方式之一，规定偿还资金来源、制定偿还计划，或提前偿还相关事项。

美国制定了市政债券的偿还机制，其偿还资金主要来源于州与地方财政授予与投资收益、融资收入、存款利息等。偿债机制还包括对提前偿还债务的规定，要求州与地方政府决定提前偿债时应当先行告知相关条件并给予债券持有人其本金、利息以及部分补偿金。

日本地方债的偿还机制可以归纳为四个保障和两级保险。日本市政债的偿还拥有地方政府四个方面的保障：一是地方政府的税收收入，二是地方债列入每年的财政计划，三是地方债的差额与地方税收达到平衡，四是在地方税率的制定中考虑了偿还地方债的本金和利息的资金需求。① 两级保险是指地方政府与中央政府的担保责任，地方政府为第一顺序偿还人，中央政府为第二顺序偿还人。

四、外国地方债的监管制度

各国地方债监管制度中监管机关与监管手段均有差异并显现出各国的不同特点，其差异与特点源于国家性质与国家集权程度、国家结构形式等多个层次现实的不同。

英国政府对市政债券的监管主要来源三个层次：欧盟的债券市场法令；英格兰银行、英国金融政策委员会、金融行为管理局；自律协会。其中，诸如国家资本市场协会等在英国存在的数量较为巨大的行业自律协会在对市政债券的监管上显现了较为独特的重要作用，行业自律协会拥有制定债券交易规则的权力，且政府债券发行交易必须遵守这些交易规则，并受行业自律协会监督，即行业自律协会拥有制定行业规则权与监督权。

法国中央政府对地方各级政府发行市政债券的监控主要通过议会、审计法院、财政部、财政部派驻各省、市镇的财政监督机构。② 议会的监控包括预算草案的审批以及在草案通过后对政府支付的审计监督。审计法院的司法监督权是由议会授予的独立的权力，不受行政权干涉。财政部的监督是通过下设债务管理中心以及派驻在各省的机构来进行总体监督的。

日本地方公债（地方债）的监督机关主要有国家会计检察院与地方监察委员会。地方监察委员会无权作出直接处理，职权在于提出改进意见，报管理

---

① 兰王盛、高翔：“美日发行市政债为城市化建设融资的经验及启示”，载《金融发展研究》2015年第3期，第56—61页。

② 李慧杰、刘琦敏：“法国市政债：分权管理，合理划分中央与地方的职责”，载《中国经济导报》2015年5月12日，第B7版。

部门。

巴西联邦政府对州政府的举债行为进行控制，一般由参议院制定相关法律条文限制债务行为。州审计法院是巴西三级政府立法分支下的一个辅助机构，评估其所在州各政府分支或机构所提交的法定账目报告，享有高度的独立性。

哥伦比亚监管体系中分别对政府债务与或有债务进行分类管理，政府债务的监管又可以分为对需求与供给的两方面控制，监管体系具有一定的科学性，对哥伦比亚共和国的地方债的有效控制发挥了良好的作用，同时建立了综合财政信息系统，在某种程度上能够起到保障政府财政及地方债情况的信息公开与透明的作用，但总体来说哥伦比亚共和国仍旧无法实现高度的信息公开透明度。

（一）需求监管

《第358号法律》与《第795号法律》是哥伦比亚共和国地方债监管体系中重要的一个部分，又可以称之为"红绿灯法律"。2003年《第795号法律》是对1997年《第358号法律》的修正。这两部法律对政府债务的需求控制有着明确规定。《第358号法律》规定，地方政府的借款能力与支付能力必须相匹配，并通过流动性指标与持续性指标来进行控制。其中流动性指标是以地方政府债务的利息支出比经常性盈余为标准判断地方政府债务的资金流动性，持续性指标，以债务余额比经常性收入为标准判断中长期债务的可持续性。[①] 运用这两项指标进行评估的方法为：流动性指标大于60%为红灯，40%～60%为黄灯，小于40%为绿灯；持续性指标大于80%为红灯，小于80%为绿灯。两个指标中只要有一个是红灯，则红灯；如果没有红灯，只要其中一个为黄灯，则为黄灯；如果两个指标都为绿灯，则结果为绿灯。根据亮灯评估法，可以分为三个等级的区域，红灯区、黄灯区、绿灯区。（1）红灯区意味着严重负债。当流动性指标大于60%或者持续性指标大于80%，代表地方政府债务比较严重，禁止地方政府借款。（2）黄灯区为中等负债。当流动性指标在40%～60%，或者持续性指标小于80%，则地方政府债务处于中等负债，地方政府借款应先取得中央财政部的允许，同时借款时必须与金融机构签订业绩合同。（3）绿灯区为自主负债。当流动性指标小于40%，持续性指标小于80%，则地方政府举债的自主权最大，可以自行签订借款合同。

2003年公布《第795号法律》，较之前法律的变更在于取消黄灯区，流动性指标大于40%为红灯，小于40%为绿灯，严格了对地方政府举债的限制。根据新的评估方法，评估结果分为两种：（1）红灯区为严重负债。当流动性指标大于40%或者持续性指标大于80%，严禁地方政府再行举债。（2）绿灯区为自

[①] 谢群："中国地方政府债务研究"，财政部财政科学研究所2013年博士学位论文。

主负债。当流动性指标小于40%，持续性指标小于80%，则地方政府可以自主签订借款合同。

（二）供给监管

供给监管是对作为债务资金来源的商业银行的控制，哥伦比亚共和国的商业银行主要为私人银行，银行对地方政府的贷款监管要获得银行和管理委员会的批准。在地方政府进行贷款时，如果地方政府有未偿还债务，就算有担保人的支持，银行也不会对其提供贷款。银行监督机构规定任何期限超过一年以上的地方贷款都是有风险的。

（三）或有负债的监管

哥伦比亚共和国地方政府没有自己的银行，费用的基础是权责发生制。[1]《第448号法律》（1998年）、《第617号法律》和《第819号法律》（2003年）扩展了或有负债的范围。《第448号法律》将负债范围扩展至中央政府、省政府和所有类别的地方实体，该法律设立了地区实体的风险基金。根据《第617号法律》规定必须用非专项收入为地方实体的运行费用提供资助。《第819号法律》（2003年）规定，地方政府每年必须向国会报告或有债务，以作为中期财政框架的一部分。

巴西对地方债的风险防范体系主要规定在《财政责任法》中，《财政责任法》适用于所有层级的政府，规范的主要对象为州政府。这部法律主要对各项指标进行量化，对透明度进行规定，对惩罚机制进行规定，重建了三级政府在债务预算编制、执行和报告制度上的一般财政管理框架，[2] 对各级政府的债务上限、一系列财政指标、需求监管、供给监管、债务信息披露、违规惩罚措施等方面进行了详细规定。

五、外国地方债的偿债准备金及应急处置制度

偿债准备金制度在多个地方债法治程度较高的国家中均有设置，包括偿债准备金的数额比例等事项的规定。偿债准备金制度也可以说是是应急处置制度的一个部分，当出现地方政府债务违约情况，启用偿债准备金制度，缓解债务风险，按照各国法律规定的救助手段进行救助。部分国家实行中央救助原则，部分国家实行中央不救助原则，部分国家的地方政府可以通过破产重组进行处置。

---

[1] 张志华、周娅、尹李峰等：“哥伦比亚的地方政府债务管理"，载《经济研究参考》2008年第22期，第20—23页。

[2] 孙良艳：“我国地方政府债务预算管理问题研究"，东北财经大学2016年博士学位论文。

英国要求建立偿还准备金制度,为了避免地方政府由于一次性偿付而导致自给不足,要求地方政府制定年度预算时安排一定比例的收入用于偿还债务;[①]英国政府建立的偿债准备金制度是英国对地方债的风险防控系统中重要的一环,是为避免出现政府债务违约的有力手段之一,也是国际上较为通用的手段之一。

法国以政府资金为担保,建立偿债准备金制度,建立应对紧急情况措施制度等一系列严格的风险防控系统。其中偿债准备金制度是指当地方政府发行市政债券后出现偿还困难时,可以从偿债准备金中优先支出用以偿还。这一制度有利于化解市政债券发行中可能发生的财政紧急事件所带来的违约风险,有利于保障投资人的合法权益。法国是明确实行政府债务违约中央救助原则的国家之一,当地方政府债务出现违约情况,即地方政府无力偿还地方政府债务的情况下,由总统代为执政,解散原地方议会或政府,在中央先行垫付偿还后,待新的地方议会和政府成立后通过制定新的增税计划逐步偿还原有债务和中央政府代为偿还的垫付资金。[②]

美国联邦政府法律规定,州与地方政府必须建立偿债准备金制度,偿债准备金的数额为债务发行总额的10%。为应对市政债券危机,美国在市政债达到财政总预算的20%~25%时,经市政债券发债人与持债人进行沟通,可提高税率与费率;在穷尽地方政府补救措施后,部分州规定由专门机构进行接管;接管后仍处于危机时,债务政府可以请求实施自愿破产方案,由过半数债权人认可即可通过。

南非对地方债的应急处置进行了相关规定,当出现债务危机后,第一,以市政府或其独资实体为主体,可依法向法院申请暂停或终止偿还全部或部分债务。法院依法审核市政府的偿债能力,法院审核后产生两种结果:裁定市政府在不超过90天的期限内暂停还债与裁定市政府终止还债。但法院裁定市政府终止还债后,市政府除保留最低限额公务员外,其余雇员全部被解职。一旦法院发布了法令,将交由省政府来制定分配计划,处理债务问题。

六、外国地方债的信用评级制度

国际上,信用评级制度较为完善的代表性国家为美国,其拥有较为健全的信用评级系统与权威的信用评级机构。因此,我国的地方债信用评级制度主要

[①] 梅建明、雷同:"地方政府债务风险管理及控制的国际经验",载《经济研究参考》2011年第2期,第42—44页。

[②] 李慧杰、刘琦敏:"法国市政债:分权管理,合理划分中央与地方的职责",载《中国经济导报》2015年5月12日,第B7版。

以美国为研究对象。

美国信用评级机构对市政债券的评估主要依据的是发债主体的预算能力、债务总体结构、社会经济环境以及发债历史。美国建立了市政债券的信息披露制度，经过200多年的发展，美国证券市场建立了一套包括政府、法庭以及自律组织等在内的基本的信息披露制度体系。这套信息披露制度有效地界定了公司、市场与政府之间的关系并规范了各主体的行为，促进了美国证券市场的发展。[1] 市政债券的监管，由专门监管机构证券交易委员会（SEC）与美国地方债规则委员会负责进行。美国证券交易委员会（SEC）主要根据反欺诈的概念原则进行事后监管，而美国地方债规则委员会作为地方债的行业自律组织，接受 SEC 的监督，但该委员会实际上承担了制定地方债规则的主要责任。[2] 依其制定的证券市场披露规则，州与地方政府发行债券，应先制订募集说明书与销售通告，将募集说明书与销售通告送往评级机构与金融报纸，通过信用评级机构对偿债能力进行评估，最后由债券律师出具律师意见书。

七、外国地方债的信息披露制度

信息披露制度是英国的市政债券风险防控体系的重要部分，英国对地方债的信息披露进行严格控制，披露的信息包括发行政府的信用状况、经济状况。

巴西各州政府的财政管理文件应当要广泛披露，会计账目必须存档并汇总，各州应公布预算执行报告综述和财政管理报告。信息披露主要依靠所有银行联网的国家信息系统，地方政府的借款信息必须登记在国家信息系统中。该法第49条规定，行政部门长官提交的账户，在相应的立法机构和为其准备工作负责的技术部门内，全年都必须做到可供公民和机构进行查询和评估。[3]

南非地方债管理规则中也提出，市政府必须披露对预期贷款人或投资人决策有重大影响的所有信息，并对信息准确性负责。

八、外国地方债中政府违规行为的惩处机制

巴西《财政责任法》对地方政府举债过程中出现违规行为的惩处机制进行了规定，当各州及其政府分支人事支出超过了上限的95%，该州或州政府分支不得增加薪酬、新设岗位和聘用新人。《财政责任法》要求违法官员本人承担

---

[1] 孙旭："美国证券市场信息披露制度研究"，吉林大学2008年博士学位论文。
[2] 刘晓凤："美日法地方债制度的变迁及启示"，载《晋中学院学报》2010年第2期，第65—69页。
[3] 李慧杰、高慧珂："巴西地方债：中央政府不施加行政干预"，载《中国经济导报》2015年7月7日，第B3版。

法律责任，包括行政撤职，5年内不得担任公职和竞选，刑事处罚，判处罚金、有期徒刑。

南非《市政财政管理法》对地方政府举债过程中的违规行为的惩处机制进行规定，对于在地方政府债务管理过程中，有过失且因过失造成决策失误、资金浪费、信息错误等问题的市政府会计长、财务总监、负责财务管理的高级官员或政府所属高级公职人员，处以行政处罚；因故意或重大疏忽造成资金严重损失等行为的市政府会计长、财务总监、负责财务管理的高级官员或政府所属高级公职人员，处以有期徒刑；其他公职人员因故意或疏忽违反债务管理相关规定的，要承担相应的赔偿责任。

第二节　外国地方债法律控制制度经验对我国的启示

对前述外国地方债法律控制制度而言，比较借鉴不应局限在对某一机构、某一指标或某一特定的控制手段等的全面照搬，而应考察某种特定法律事实背后的深层机理，将比较经验的获得建立在对一般规律的总结基础上。

从宏观角度看，各种法律秩序的可比较性的基础是这些法律秩序有着彼此相似的体系结构，[1] 在更加微观的层面，具体法律制度之间的相似性往往建立在得到相同适用的核心概念、理念、原理及与之相应的特定的制度构建方法上。在各国依其不同的政体结构及不同的经济文化背景所形成的具体的地方债法律控制制度中，人们普遍对地方债的法律意义及地方债的法学构成持有高度一致的意见，这促使人们最终选择了相似的法学要素来建构地方债法律制度，并使所建构的单个制度之间以及由单个制度所组成的制度体系之间呈现出规律性的一致。

地方债法律控制制度的核心，乃是由地方债的公权力属性出发，研究地方债的法拘束经由何种规范、并经何种组织、采取何种方式具体实施的问题。地方债法律控制制度必不可缺的构成要素，为以公权力为法律控制对象，以法规范为控制手段，以运用的公权力创造公共福利、促进社会个体的发展、促进市场经济秩序的健康发展等为实施法律控制的目的。整体来看，在经由上述构成要素的具体展开而实施的地方债的公法控制中，各国不约而同地认定以下因素

---

[1] ［德］K·茨威格特、H·克茨：《比较法总论》，潘汉典、米健、高鸿钧、贺卫方译，法律出版社2003年版，第92页。

为地方债法律控制制度成立与运行的根本：以法规范作为地方债控制的效力来源；具有适法、权威的实施控制的主体；具有整体性的、连贯的法律控制方案；具有实质而非形式的控制模式等。对于地方债法律规范体系由何种位阶的规范构成，监督和限制行政权涉及何种层次、何种类别的国家权力，地方债法律控制体系包含何种程序、何种内容，地方债法律控制中的实质要素与形式要素通过何种途径获得统一等，因各国必须斟酌其实际情况进行适应性演绎，对在此过程中所形成稳定的、有代表性制度建构经验进行总结，将之凝练为预测、指导实践的规律，能够有效减少自主实践中的谬误，具有重要的方法论方面的价值。在个别制度及制度体系的构建过程中，各国所形成的稳定的制度建构经验，主要体现在以法律为地方债法律控制规范体系建立的工具，以权力限制为意旨所建立起来的法律控制结构，过程与实体并重的法律控制方法。

一、以法作为控制地方债的基础

如果对"法"作广义理解，地方债的法律控制实际上涉及两个不同位阶的命题，即地方债的宪法控制与地方债的法律控制。法治国中制定法为规范国家权力行为与人民生活的工具，依此，法律之治必然包含对作为国家权力的立法权施加的法律控制，其中立法权受宪法约束，行政权与司法权受法律约束，此为法律控制的完整意涵。

证明因地方债的偿还而造成私人财产权限制的合法性；对地方债所造成的代际、区域不公平进行主动纠正；对进行地方债授权的预算权施加限制以防止多数人对少数人的统治；确保在必要时授予行政立法权的授权法符合授权明确性与法律保留的要求，这些内容均指向法律限制的合法性及所立法律本身应具备的某些特征。换言之，它们考察的是体现特定价值秩序的立法者立法形成的标准、界限等。要使法律控制合法合理，必须确保施加控制的法律本身的合法合理。正是考虑到地方债的问题不仅存在于普通法律中，而是存在于以宪法为最高效力依据的法律体系中，地方债的宪法控制构成法律控制的前提与基础。地方债的宪法控制通过对立法者课予法律义务，实现了法律之治与良法之治的统一。基于这样的原理，信奉高级法理念以及具备成文宪法的国家、地区，普遍出现将地方债的法律控制提升到宪法控制位阶的趋势，地方债的宪法控制体现为将地方债基础事项通过宪法的形式规定，如美国各州、日本在各自宪法中对地方债的概括规定。

同时，因地方债既非国债也非一般私债，且不同于传统高权行政，选择何种规范组成地方债法律规范体系，很大程度上决定着法律控制效力发挥的范围。地方债需要连结公法与私法两大法律部门，整合金融法、公司法、市场管理法、国库管理法等多部法律综合治理，而专门法律的出台显然更有利于提高法律规范的明确性。这种法律规范有时是通过地方自主权概念的转介统合在一起的，如英国的、法国的、日本的地方自治法，有时则是以财政责任为中心统合在一起的，如巴西的财政责任法与南非的《市政财政管理法》。从规范调整的范围观察，地方债发行、分类、偿还、监管、惩处均属法规范作用领域，如各国普遍形成了包含地方债发行限制、分类管理制度、偿债准备金与应急处置制度、信用评级、信息披露与惩处机制等在内的法律制度，且越来越注重个别重点领域法规范的纵深发展，如哥伦比亚即针对地方债需求调控制定了《第358号法律》与《第795号法律》。

二、以权力限制为原型的法律控制组织架构

地方债本质上属于公法行为，这意味着有关地方债的法律控制的重心不在于对缔约自由和私法自治的保障，而是对公权力从各个角度途径所施加的限制。在选择最适合于执行法拘束的权力结构的问题上，能否体现分权、限权的要求为此时具有决定性作用的因素。这一施加法律控制的组织本身必须具备极高的权威性，且应与被控制方存在制衡性的或命令—服从式的权力关系，此为法治国权力分立、权力监督原则的必然结果。此类沿权力限制方向寻得的控制组织如举借债务政府的上一级政府、对举债债务进行授权的立法机构、对举借债务负有审查职责的审计组织等。此外，从外部沿公众参与、行政诉讼等制度途径建起的公众监督，虽然并不是针对权力秩序内部的分权限权，却有通过维护法律所保障的公权利，促使公权力遵守其法定界限的功用。以权力限制为中心的地方债法律控制组织包含议会、行政系统内部的监督机关与外部社会组织及公民个人三部分组成。

在建有地方有一定自主权制度或联邦制的国家，如美国、日本、法国、哥伦比亚共和国，中央对地方政府在举借债务上的审批权、控制权，对地方政府的举债权进行了有效限制。在经由立法对行政的授权以控制地方债的国家，由掌握预算授权权力的议会对地方债实施控制，如英国、美国、法国等。在政府内部运用除立法权之外的其他国家权力实施法律监督的，如法国审计法院的司法监督和财政部的监督，日本国家会计检察院与地方监察委员会实施的检察监督与监察监督，巴西州审计法院进行的司法监督，英国政府的金融政策委员会、金融行为管理局进行的行政监督等，这些监督融贯地方债发行及偿还的整个过程。此外，如英国则大量运用非政府机构及超国家的权力机构，如欧盟通过自有执法机构对是否遵守欧盟法令的监督，作为非政府机构的社会性自治组织即自律协会的监督等，此类监督通常伴有对地方债超国家效应的控制，以及对于

作为社会之中的国家的行为进行控制的考量。

三、过程控制与实体控制的结合

在传统行政法学理论中，典型的法律控制模式认为法律控制的对象是单个的行为，且仅需要考虑对行政主体的法律控制问题，这导致封闭地、静态地、孤立地、片段式地理解法律控制的发生形式与发生场域，并未充分尊重构成法律控制的所有的规范事实。现代行政法学理论认为法律控制应建立在对一系列关联行为进行过程化整理的基础上，法律控制的最小单元为完整的法律关系，即所有包含在法律关系中的双向的或多向的、公性或私性的事实因素。这种角度下，法律控制的对象包含所有通过法律规范发生关联的国家的以及私人的法律主体，法律控制的内容包含所有可通过法律予以规范的行为，包含针对政治国家的内部法律控制，与针对经济社会、由国家实施的外部法律控制两种。当从行为间逻辑的及现实的关联出发，将法律控制对象设置为以某一行为为中心的关联行为所组成的整体时，可称之为过程式的法律控制。当对于法律控制采取实质观点，即包含所有可通过法律予以控制的内容，可称之为实体的法律控制方法。

对于形成持续性法律关系的地方债的法律控制而言，建立在过程基础上的法律控制模式，能够将所有影响法律控制效果的可变及不确定因素包摄在构成要件中，确保能够最大限度获得安定的、诚信的及周延的法律控制效果。将法律控制的方法、形式、顺序等内容整合为内在连贯一致的整体性控制方案，可降低单个法律控制措施之间发生冲突的概率，提高法律适用的可预测性。在各国法律控制制度的构成中，以预算为中心的和以公权监督体制为中心的两条主线使分散的单个法律控制制度形成统一体，将法律控制铺展成由立法（事前）——执法（事中）——监督（事后）的长期过程，如各国基本建立了包含事前至事后的控制制度体系，如英国、美国、法国等通过预算进行事前控制，日本通过计划管理实施事前控制；事中控制部分如美国和日本的分类管理，哥伦比亚的事中监管、美国的信用评级与风险预警等；事后控制普遍体现为通过审计程序进行的监督，只不过审计有时是以司法权的作用途径出现的，如法国和巴西的审计法院，此外，如巴西、南非的违规惩处机制以责任的形式完成了权责一致的权义循环。

地方债控制的核心为控制各级行政权，只不过有的是从过程的角度进行控制的，有的是对实体性因素进行控制的，如发行控制、数量控制、偿还控制等，如英国、美国、日本对发行方式及期限、资金用途、举债规模等的控制，英国、法国、美国的偿债准备金制度等。但过程控制与实体控制的集合尚不足以构成实质控制，后者强调法律控制的实现应与实质法治的实现保持一致，即具备固定价值内核的、重视基本权保障、社会福利、国家与社会的共同繁荣等要素的法律之治。地方债的法律控制不只是确立一套中立的法律控制技术，而是最终反映为人们对于地方债社会事实的独特的思维方式或特有的意见倾向。在现代福利国家背景下，地方债被赋予广义上的福利给付工具的定位，因此，法律控制实施过程必然涉及对一系列非传统规范因素的调整，必须决定以合法性为中心的法律控制与以利益分配为中心的法律控制之间的优先性及可否合一。这种以确保法的正义性、平衡性和延续性为特征的法律控制，在地方债法律控制问题上，体现为依赖于风险预警、偿债准备金等非传统控制方法，以及由信用评级制度体现的从内部法律控制转移到内外并重的法律控制等。实质法律控制通过将法律控制塑造为一个流动的、开放的过程，反而更能明确法律控制之于由法律所规范的社会事实的意义，借此，人们得以完整掌握地方债法律关系中的所有规范性要素，拓展以法律为媒介的规范性行为交往的范围。

第十章 地方债宪法与法律体制的现实困境

总体而言，我国地方债法律控制的问题主要体现在政策与法律关系的错位、权力配置的失序以及权利保障制度的缺失几个方面。

第一节 地方债政策与法律关系的错位

一、政策主导型模式

从经济学的角度出发，法律只是若干种调控工具之一，"法律只是执行和实现经济政策的一种方式"[①]。我国财政体制自建立以来的发展历程似乎已形成了一种政策主导的规控模式。从这个角度观察，地方债呈现出政策的路径依赖。除了《预算法》这一财政领域的基本法之外，地方债很大程度上由并不稳定的政策性文件进行规控。以对地方债风险调控这一细节为例，自2005—2015年，对地方政府担保和建立融资平台的政策数次改变。2005年、2006年国家发布《财政部关于规范地方财政担保行为的通知》与《关于加强宏观调控，整顿和规范各类打捆贷款的通知》，严令禁止地方政府和政府部门违规担保。然而，随着美国次贷危机对全球的深刻影响，2009年中央推出4万亿投资计划，为了满足地方政府对中央建设项目资金配套的要求，同年银监会联合中国人民银行颁发了《关于进一步加强信贷结构调整促进国民经济平稳较快发展的指导意见》，鼓励地方政府建立投融资平台。仅仅一年多之后，迫于地方政府融资平台债务风险带来的压力，国务院于2010年6月发布了《关于加强地方政府融资平台公司管理有关问题的通知》，要求对地方政府融资平台公司债务要进行全面清理，财政部等四部委通过《关于贯彻国务院关于加强地方政府融资平台公

---

① 单飞跃、卢代富：《需要国家干预：经济法视域的解读》，法律出版社2005年版，第88页。

司管理有关问题的通知》重申清理融资平台债务的要求。此后，随着2014年《预算法》的修改，国务院《关于加强地方债管理的意见》规定，截至2014年底的存量债务余额应在2015年1月5日前上报；从2016年起，只能通过省级政府发行地方政府债券方式举借政府债务。2015年国务院发布《地方债实施限额管理的通知》，要求地方融资平台的债务与政府债务分离，彻底否定经由融资平台举借政府债务。然而，为解决存量债务问题，财政部鼓励采行PPP（Public-Private-Partnership）模式，在政府不承担融资平台债务的原则下，由该平台参与PPP项目的方式转换地方债的存在形式。虽然自《预算法》修改以来，地方债的政策规控模式逐渐减弱，但如《地方债风险应急处置预案》这一重要的风险处置规定仍游离在具规范效力的规则体系之外，且不可否认的是，在地方债规控的实践中，《国务院关于加强地方债管理的意见》实际上是除《预算法》外最重要的规范性文件，但仍不属于严格意义的法律规范。

从现代国家建立在对权力基础上的法理型权威理论出发，任何权力的行使均需具备正当性依据。在地方债规控体系方面，以政策而非法律作为规控的主体架构，至多解决了如何基于情势进行灵活调控的手段层面的构建，却无力直面来自价值秩序以及目的与手段之间相适性的拷问，后者为法律排他性的调整范畴。地方债的政策主导调控模式的问题表现为：

（1）就地方债的运行而言，政策以及更具体的指示或指导意见，仅仅能够解决暂时性的权力运用秩序，却无法为这种权力秩序的运行设定最基本的价值秩序。地方债发行权的正当性的基础在于民主机制下的大多数人的同意。更重要的是，地方债发行权力对应的是公民消极的自由——财产的私有权，但其同时也蕴含着对保障公民财产权利的政府义务。因此，要保证地方债的正当性与合法性，政策文件不堪其用。

（2）地方债运行需要一定的稳定性、透明度，政策则富于弹性且易于变动，在适用上，前者意味着标准不一，后者意味着缺乏固定的模式和基准，总体而言无法满足地方债运行的上述要求。相较之下，法律能够满足这些要求：法律更具稳定性、可预测性与明确性，且法律的适用以维护统一与信赖为根本意旨，这确保法律是公开和公正的。法律的公开性保证了地方债的认购人能够提前规划自己的行为，以获取稳定的预期利益。

二、缺乏关于地方债专门性的法律法规

我国《立法法》将财政问题作为全国人民代表大会的法律保留事项，地方债的基本法律规范相应地应由全国人民代表大会以法律的形式制定。但现行关于地方债的最高效力级别的法律规范为《预算法》，从我国财政领域整体的法

治化程度来说，虽有《预算法》作为财政领域基本法以统领各个单行法，但实际上以法律形式存在的单行法数量极少，如《审计法》等也仅仅是对地方债审计的原则性规定，而对地方政府信用进行评级更是仅能适用《证券法》等私法，没有更加有针对性的法律规范。因此，制定《财政责任法》《财政监督法》《财政转移支付法》等专门法律始终为我国财政法治的关键。更有学者提出制定财政基本法规定：中央和地方之间的财政关系划分、国务院财政部门和地方财政部门的职责权限、财政收入和支出的形式、重要的财政收支制度、政府间转移支付、财政决策机制以及监督机制等内容。[①]

三、权责关系不对称

法律规范有其内在的逻辑规则，存在"权利——义务——责任"的规范模式。地方债法律规范以地方债发行、管理中所形成的权利义务关系为调整对象，在地方政府行使相关权力的同时，产生依法行使权力的义务，以及与违法、不当权力行使的法律责任。现行地方债法律规范的建构将地方债法律控制的重心置于事前、事中阶段，如依托预算制度展开的地方债发行资格、流程等问题，以及事中的风险预警等问题，较不重视事后监督以及责任追究的问题。仅有的责任性规定或根本不具法律效力，如《国务院关于加强地方债管理的意见》中对责任范围的模糊描述——"脱离实际过度举债、违法违规举债或担保、违规使用债务资金、恶意逃废债务等行为"；或法律效力的发挥存在严重阻碍，如适用过分简略的要件构成、法律后果以及不确定法律概念，致使受其法律控制的行为的具体范围并不明确，如《地方政府专项债务预算管理办法》与《地方政府一般债务预算管理办法》第 32 条规定："违反本办法规定情节严重的，财政部可以暂停相关地区专项债券发行资格。违反法律、行政法规的，依法追究有关人员责任；涉嫌犯罪的，移送司法机关依法处理。"中的"情节严重""违反本办法""违反法律、行政法规"以及"依法追究""相关责任"等。同样的情况也出现在《地方债风险应急处置预案》中，如："有关任免机关、监察机关、银监部门根据有关责任认定情况，依纪依法对相关责任单位和人员进行责任追究；对涉嫌犯罪的，移交司法机关进行处理。"在责任种类和责任形式方面，《预算法》与《财政违法行为处罚处分条例》确立了以"警告、记过或者记大过、降级、撤职、开除"的内部责任形式和"责令改正"等外部责任形式，《地方债风险应急处置预案》规定："属于在本届政府任期内举借债务形成

---

① 杜涛："财政基本法动议立法 现央地权责划分被指过于随意"，载《经济观察报》2015 年 10 月 31 日。

风险事件的,在终止应急措施之前,政府主要领导同志不得重用或提拔。"《关于对地方政府债务实行限额管理的实施意见》确定:"对地方政府违法举债或担保的,责令改正,并按照预算法规定追究相关人员责任。"由于地方债的债权属性,《关于对地方政府债务实行限额管理的实施意见》设置了与举债资格相关的规范形式中,并规定:"对地方政府防范化解政府债务风险不力的,要进行约谈、通报,必要时可以责令减少或暂停举借新债。"可见,行政责任形式占据了地方债法律责任形式的大半,而同为地方债法律关系所涵摄的其他法律主体,法律并未充分负担起通过责任规范的设置以法律控制、引导其正确行为的义务,仅有的规定为如《地方政府专项债券发行管理暂行办法》第 23 条和《地方政府一般债券发行管理暂行办法》第 21 条:"登记结算机构、承销机构、信用评级机构等专业机构和人员应当勤勉尽责,严格遵守职业规范和相关规则。对弄虚作假、存在违法违规行为的,列入负面名单并向社会公示。涉嫌犯罪的,移送司法机关处理。""负面名单"并非独立的、具有法律规范效力的责任制度,这反映了现行责任规范外延的过度限缩,并不利于各方法律主体在法律关系中的平衡发展。

第二节 地方债权力配置的失序

从有限政府出发,不同功能的权力之间应形成既分离又相互牵涉的格局,在相互限制的同时相互监督。有限政府在财政领域的直接体现为财政分权,而基于观察角度的不同,财政分权由横向层面的分权与纵向层面的分权组成。具体到地方债权力运行秩序,由横向层面观察,举债的决策权、执行权和监督权应相互分离;确定地方政府举债资格的权力与实际举债的权力应由不同机关予以支配;围绕举债权的行使,应由除举债机关之外的其他机关进行监督;在举债主体的内部,针对诸如举债数额的编定与债务资金的实际划拨、出库的权力之间也应相互分离;由纵向层面观察,不同层级的国家权力机关之间,即使上级机关保有对下级的领导或指导权力,下级机关仍应保有一定的自主意志以确保其地位的基本独立,防止仅仅成为上级的附庸。

我国地方财政实践中所形成的一个悖论为"过度集权"与"过度分权"并存,前者体现为地方政府财政预算的编制受到上级政府过多的约束,其财政支出亦容易受到上级政府的支配;后者体现为地方司法机关和审计机关受同级党委与人大的领导监督,难以实施有效监督。① 由纵向层面的中央政府与地方政府、上级政府与下级政府"过度集权"出发,权力上移不仅剥夺了下级政府审时度势、进行权衡的权力,且割断了下级政府民意传导的通道,使其承受自治性与民主性双重困局。由横向层面的"过度分权"出发,如司法权、审计权等权力,与行政权相较,虽均自立法权所出并根本受制于立法权,且相互之间并未被赋予根本性地影响其他权力运行的规范能力,但实践中却出现了行政权主导的异状。

有限政府理论并不过于考虑权力的"量",它更多地关心权力的来源,权力的行使方式,权力的监督和制约。② 归根结底,良好的权力运行秩序不仅倚赖权力的规范行使,更在于权力本身就是规范的,即以一个以权力分离和制衡为根本理念的秩序框架为前提,这一秩序框架的构建才是确保权力具有规范效力的本源。

一、横向层面的行政主导

地方债的公权力主体包括人民代表大会及其常务委员会、政府及其财政部门、审计部门。依照现行体制,在负有不同职能的各个权力之间,存在相互牵制或监督的关系,以保证其各自权限的规范行使。人民代表大会、政府财政部门、社会中介、审计部门的关系为:第一环节,财政部于年初向各预算部门下达预算指标草案,各预算部门经研究测算,拟订部门预算草案反馈给财政部,这个过程中,除审计署参与对预算编制的审核外,财政部应充分利用财政监督专职机构的力量对预算草案进行审查审核,并提出意见,与各预算编制部门反复磋商,达成双方意见基本统一;第二环节,财政部将预算草案提交到国务院审批后,再交全国人民代表大会常务委员会,接受人民代表大会的询问和质疑,人民代表大会自行成立由专家组成的预算审核机构,对预算草案和重大预算项目进行审核评价,讨论批准;第三环节,人民代表大会通过预算后,具有法律效力。人民代表大会将批准的预算案向社会公布,接受社会公众的监督;第四环节,审计部门实施审计监督,一是对财政收支进行审计监督,二是对预算单位的财务收支和预算执行情况进行监督。③ 依此,横向层面的问题主要表现为立法对行政的监督无力、审计监督效力低下以及政府内部监督的正当性缺失。

---

① 周刚志:"'省直管县'财政体制改革的规范基础",载熊伟:《政府间财政关系的法律调整》,法律出版社2010年版,第131页。

② 熊伟:"分权与制衡:政府间财政关系的核心",载熊伟:《政府间财政关系的法律调整》,法律出版社2010年版,第6页。

③ 贺邦靖:《国外财政监督借鉴》,经济科学出版社2008年版,第83—84页。

（一）行政举债权的立法监督虚置

在地方债的举债、用债问题上，由立法机关经由法律的授权对行政机关行为进行立法监督，而我国由立法权对行政权进行监督的主要制度途径为预算。但立法机关对于预算的审议很大程度上是有名无实，人民代表大会的预算监督权虚置。

（二）行政科层体系下地方债审计监督的效力低下

审计权是对国家财政权力进行监督的重要保障。虽然我国现行宪法规定了审计独立原则，但我国的审计部门仍属于行政机关内部机构。由于我国审计体制的缺陷，在地方债问题上，审计权无法形成真正的监督。体现在以下两个方面：（1）根本上属于内部监督，监督能力薄弱。根据《审计法》的规定，省、自治区、直辖市、设区的市、自治州、县、自治县、不设区的市、市辖区的人民政府的审计机关，分别在省长、自治区主席、市长、州长、县长、区长和上一级审计机关的领导下，负责本行政区域内的审计工作。关于审计的《利马宣言》指出："公共资金的管理意味着一种委托关系，因此，有公共财物管理就一定要有审计。审计本身不是目的，而是控制体系不可缺少的组成部分。这种控制系统的目的是要及早地揭露背离公认标准、违背原则和法令制度及违背资源管理的效率、效果和经济的现象，以便在各种情况下尽可能及早采取改正措施，使当事人承担责任、赔偿经济损失或采取措施防止重犯，至少也要使今后更难发生。"按审计部门负有独立的对公共财物管理进行监控的地位出发，审计部门应与其他权力机构保持分离，且应保证其审计效果的实效性。（2）审计监督无强制性。审计机关的审计结果及建议，需经由政府报告再报告至人民代表大会审议，然而人民代表大会审议过程中却并无强制要求参照审计部门的审计结果，审计结果仅仅是一种建议，或者一种可以参照的标准。根据《审计法》的规定，审计机关依据有关财政收支、财务收支的法律、法规和国家其他有关规定进行审计评价，在法定职权范围内作出审计决定。县级以上地方人民政府应当每年向本级人民代表大会常务委员会提出审计机关对预算执行和其他财政收支的审计工作报告。审计工作报告应当重点报告对预算执行的审计情况。必要时，人民代表大会常务委员会可以对审计工作报告作出决议。

（三）财政部门自我监督的逻辑悖论

监督的异体性是监督具有实效性的前提，但在我国目前地方债的监督中，仍没有摆脱自体性监督的误区。依据《预算法》《地方政府专项债务预算管理办法》以及《地方债风险应急处置预案》，财政部门在整个地方债管理中，行使编制资金额度、确定发行债券的具体数量等举债权以及对举债权进行监督两种职责。将两种职责同时赋予财政部门，在积极意义上，有利于在财政部门内部建立权责一致、责任自负的债务监管体制，但从消极角度观察，债务管理、监督职能的合———定程度上造成财政部门相对于其他部门的封闭性，导致自我监督的悖论。

依照《预算法》第 88 条规定："各级财政部门负责监督检查本级各部门及其所属各单位预算的编制、执行，并向本级政府和上一级财政部门报告预算执行情况。"《财政部门监督办法》第 8 条规定："财政部门的监督职责由本部门专职监督机构和业务管理机构共同履行；由专职监督机构实行统一归口管理、统一组织实施、统一规范程序、统一行政处罚。"可见，财政部门的监督是由专职监督的机构和业务管理机构共同履行的，但在地方债这个问题上，这一专职监督机构与业务管理机构分立的权力结构并未明确体现在任何一部规范性文件中，也未体现在任何一件政策性文件中，更未涉及如专职监督的部门在牵涉另一部门主管事项时主动回避这种细节问题。总体上看，在财政部门自我监督体制内部，固然应以分权和回避为其职权行使的基本原则，但实践中却只能依赖于各级政府的自觉，无法保证监督体制的整齐划一。

此外，只有在其监督结果能够确实反映现状，并运用到诸如预算编制、债务管理等实务操作中时，才能确认财政部门的自我监督的确存在实效，且其实效性进一步反映了，其在对其他权力运作产生影响的同时，贯彻了权力分立和制衡的原则。但以《关于专员办进一步加强财政预算监管工作的意见》为例，财政部通过《财政部驻各地财政监察专员办事处实施地方政府债务监督暂行办法》，将"专员办"设为中央政府对地方政府实施债务监督的重要机构，其未来发展方向被设定为"完善专员办财政预算监管成果应用机制，对专员办形成的财政预算监管成果，原则上财政部部内司局都要将其作为预算编制、执行、决算及其他财政工作的重要依据，并及时向专员办反馈监管成果采纳情况。对专员办形成的调研成果，财政部部内司局要及时进行归纳、分析，将其作为衡量财政政策执行效果的尺子、完善政策和制定法法律控制度的重要依据。对重要调研成果要以适当方式上报国务院，通报所在省（自治区、直辖市、计划单列市）人民政府。要把专员办监管成果应用作为必经环节嵌入预算编制、执行、决算管理流程，作为完善财政预算管理的必要内容。对无故不采纳、不应用专员办合理意见建议而带来的问题、造成的后果，相关单位和人员要承担相应的责任。"即使如此，查现行《地方政府专项债务预算管理办法》《地方政府一般债务预算管理办法》，均未要求专员办的监管成果应对预算管理产生实质影响。在同级政府内部，由于财政部门债务管理和债务监督职责的同构性，财政部门对其监管成果的运用完全依其自由意志而决定，缺乏外在的可评价、可适用的标尺。整体而言，财政部门的自我监督呈现出效力不完整的状态。

二、纵向集权有余分治不足

一般来说，在宪法体制下，应该遵循"统一性与多样性相结合"的原则来处理中央与地方关系：所谓统一性，主要表现为国内市场必须统一，全国税制必须统一，宏观经济管理必须统一，社会保障体系必须统一，公共服务基准必须统一。所谓多样性，主要是中央政府与地方政府有各自法定的作用和职能，而不仅仅体现中央的作用与权益。① "统一性"与"多样性"相结合的原则在国家政治体制中的表现，即为"集权"与"分权"的央地权力配置体制："集权"之下，中央政府的权威主要体现在其握有统一的立法权，以及享有对地方政府政治决定的最终决定权等，"分权"之下，地方政府为避免降至中央政府之代理人的地位，其应享有一定的自主决定权，并对权限范围内的事项承担独立的和最终的责任。中华人民共和国成立以来，虽将央地关系以宪法规范的形式予以规定："中央和地方的国家机构职权的划分，遵循在中央的统一领导下，充分发挥地方的主动性、积极性的原则"，然而由于宪法实施路径的有限性，加之并无专门法律对央地关系作出规范，实践中，中央政府与地方政府之间的关系，很大程度上"基于中央与地方在经济与政治利益的讨价还价"，而非"基于制度化的权力分享"②。在地方债问题上，按现行权力体制对"集权"和"分权"两个维度的阐发，地方债中存在集权有余而分治不足的缺陷，以下将之划分为事权与财权划分的非规范性、自主发债权的缺失、权限争议解决途径的匮乏三个层面分述。

（一）事权与财权划分的非规范性

在"统一性"和"多样性"辩证关系基础上形成的"财政联邦主义"，是解释财政领域中央与地方关系的通用模型。世界各国的财政联邦体制尽管存在一定差异，但大体上还是体现出以下基本特征：第一，中央与地方政府之间公共职能划分的明确性；第二，地方财政的独立性；第三，中央财政的权威性；第四，中央与地方关系的法定性。③ 其中，建立在中央与地方政府之间公共职能的明确划分基础上的法治化的央地关系，为财政联邦主义的核心。于此，一国应以宪法、法律的形式，明确中央与地方政府之间有关公共职能的划分，使这一划分具有法律规范上的稳定性。职能划分的最终目的在于确定与职能相关的财政权力的配置，实现地方财政自主。而现行中央与地方政府关系的非法律

---

① 张千帆等：《宪制、法治与经济发展》，北京大学出版社2004年版，第23页。
② 王绍光、胡鞍钢：《中国国家能力报告》，辽宁人民出版社1993年版，第168页。
③ 朱丘祥：《分税与宪制》，知识产权出版社2008年版，第13页。

化，使得建立在事权基础上的中央与地方财权权界的确定本身就存在很大的障碍。

在我国，除了宪法规范，《国务院关于推进中央与地方财政事权和支出责任划分改革的指导意见》中对央地政府各自职能作出划分。本着体现基本公共服务受益范围、兼顾政府职能和行政效率、实现权、责、利相统一、激励地方政府主动作为、支出责任与财政事权相适应的原则，对中央政府与地方政府各自的权限范围为：（1）中央政府的职权范围为保障国家安全、维护全国统一市场、体现社会公平正义、推动区域协调发展等方面，以及国防、外交、国家安全、出入境管理、国防公路、国界河湖治理、全国性重大传染病防治、全国性大通道、全国性战略性自然资源使用和保护等基本公共服务。（2）地方政府的职权范围为直接面向基层、量大面广、与当地居民密切相关、由地方提供更方便有效的基本公共服务，社会治安、市政交通、农村公路、城乡社区事务等受益范围地域性强、信息较为复杂且主要与当地居民密切相关的基本公共服务。（3）中央与地方政府共享职权范围为义务教育、高等教育、科技研发、公共文化、基本养老保险、基本医疗和公共卫生、城乡居民基本医疗保险、就业、粮食安全、跨省（区、市）重大基础设施项目建设和环境保护与治理等体现中央战略意图、跨省（区、市）且具有地域管理信息优势的基本公共服务。

这一政策性文件虽明确给出中央与地方各级政府所拥有的职权范围，但这种界分仍存在以下问题：（1）在职权归属主体的选定上并未适用统一标准，界分的可行性存有疑问。表面上看，作为权限归属主体的中央与地方政府的确定，同时运用了地域、与某些事项的亲近程度等多重要素为判断基准，但这样一来，非但并未澄清，反倒使得地方政府的法律主体地位本身充满变数，这样一来，例如在面对地方政府是否包含省级以下地方政府，或者民族区域自治地方政府等问题时，文件本身无法提供任何答案。且不同社会发展背景下的同级地方政府彼此间存在很大差异，同一测量标准适用于不同资源禀赋的地区政府，能否得出不悖其初衷的结果，显然也存在疑虑。（2）这一界分很大程度上只是模糊地指出一个理论上本应存在的界限，政策意义大于规范意义，且并未进一步深入各个具体职权的划分中，如中央立法权与地方立法权的分界等等，这反过来进一步限制了其作用的发挥。（3）在界分过程中，大量使用不确定概念，而为明确其内涵，显然又需要由一定的机构进行价值判断进而出台操作性规范，这样的权力显然并不存在于地方政府。如此一来，这样的界分无疑只是重复强调了中央政府在事权划分这一事项上的权威。（4）这一政策性文件归根到底并非法律文件，不产生法律效力，也无法保证结果的公义性。若无相关法律的出台，这样一个政策性文件并不足以使现行制度发生根本改变。

与规范层面事权划分上的障碍形成鲜明对比,自 1994 年分税制改革以来,实证数据确证无论作出何种界分,下级政府承担的大部分支出责任始终成为限制地方政府事权合法、规范行使的重要因素。中央与地方的事权和支出责任逆行,财权向中央集中的同时,事权及支出责任却在向地方政府不断的下沉。有学者认为,分税制前,地方政府以超过 70% 的财政收入,承担了约 75% 的财政开支,财权与事权基本相称,分税制之后,地方政府则以不到 50% 的财政收入支撑着超过 75% 的财政开支。[①] 如此大规模的财政支出,很可能引发财力不足倒逼事权不正当缩小的结果,各个领域内政府不作为现象的频繁发生便是例证。当事权无法先于财权得到规范界定之时,不仅无法对相关的财权行使提供价值指引和衡量标准,更有可能走向整体不作为,或围绕某一事项争相行权或重复行权的两个极端。

(二)发债权未能成为地方自主决定的权力

地方预算决策自主权是由居民自主选择地方预算决策主体和地方自主作出预算安排这两个方面的内容构成的。在地方债问题上,我国过分强调中央政府对于地方政府的管控作用,这严重地削弱了地方财政自主权,破坏地方政府依其自主意志形成、分配、使用、管理债务的能力。

当下,中央政府对地方政府的控制体现在:(1) 省以下县(市、区)级不具备发债资格。依照《地方政府专项债务预算管理办法》,设区的市、自治州,县、自治县、不设区的市、市辖区政府(以下简称市县级政府)确需发行专项债券的,应当纳入本省、自治区、直辖市政府性基金预算管理,由省、自治区、直辖市政府统一发行并转贷给市县级政府。而且举债额度、新增举债额度、发债用途等皆经上级审批再下达各项指标,也就是说,上级政府实际掌握着下级政府举债最终规模、结构、去向等问题上的决定权。[②] (2) 从财政部门监督管理体制出发,中央政府财政部门派驻各地专员办监督各级财政运行情况,财政部门向本级政府和上一级财政部门负责。向上级政府负责,而不是由地方政府向本辖区人民独立的、最终性的负责,无形中再次形成下级政府对上级政府的依赖,并使得下级政府以上级政府的偏好,而非以本辖区人民的偏好为标准,不利于地方政府形成责任自负的主体。

(三)纵向权限争议解决机制匮乏

按《国务院关于推进中央与地方财政事权和支出责任划分改革的指导意

---

① 熊文钊:《大国地方——中央与地方关系法治化研究》,中国政法大学出版社 2012 年版,第 241 页。

② 廖家勤:"中国地方预算决策自主权缺失问题分析",载《中央财经大学学报》2006 年第 5 期,第 14—16 页。

见》，中央与地方财政事权划分争议由中央裁定，已明确属于省以下的财政事权划分争议由省级政府裁定。这一文件明确中央与地方共同财政事权和中央委托地方行使的财政事权设置的原则、程序、范围和责任，减少划分中的争议。由上级政府作为争议裁定主体，虽然符合我国现行体制，然而，地方举债本就由上级政府负责审批，再由上级政府负责裁定争议，显然有违"自己不能作自己的法官"的自然正义的原则。

第三节 地方债权利保障制度缺失

我国至今已经形成以《预算法》为统领，以《国务院关于加强地方债管理的意见》为主体的地方债规范体系，仅有的较具有针对性的规范性文件包括《2014年地方政府债券自发自还试点办法》《地方政府一般债券预算管理办法》《地方政府一般债券发行管理暂行办法》和《地方政府专项债券预算管理办法》《地方政府专项债券发行管理暂行办法》《地方政府存量债务纳入预算管理清理甄别办法》等等。连同政策性文件的内容一并进行考察，现行地方债规范体系的一个突出特征为关注权力运行秩序的构建，且大部分属于授权或权力分配的权限规范，有关公民权利性质的规范数量极其稀少。

这一现象的存在有其历史必然性，因我国在财政领域内的一贯立场即为管理论下的"权力管理法"。作为一种财政模式，公共财政是指主要为满足社会公共需要而进行的政府收支活动模式或财政运行机制。[①] 由此出发，公共财政之公共仅仅意味着"公共权力的行使"，而非"权力的公共价值"或"公共取向"。它意味着国家受公民所托对受托财产进行管理，由公共意志决定相关权力的行使，以及最终体现为具有福利给付价值的公共服务的提供，实现"取之于民、用之于民"的循环。虽然从权利角度出发，权力运行规则有其存在的独立意义，但其应处于权利之"用"，而非"体"的层面。

在财政领域，经由以国家权力为中心的法定主义向"纳税人权利保障"立场的转换，财政权的两个面向，国家如何获取财政资金以及如何使用财政资金，均可回溯之与权利保障有关的立场上，前一面向涉及国家征税权与公民私人财

[①] 高培勇：《公共财政：经济学界如是说》，经济科学出版社2000年版，第24页。

产权保护的关系,后一面向涉及公民社会权保障的问题。① 由此,财政法律制度均包含两个面向,即权力分治与权利保障,且以后者为前者之归宿。在现代国家中,公民在与国家关系中存在四种基本样态:被动地位(对国家权力的服从)、消极地位(排除国家干预)、积极地位(对国家拥有请求权)、主动地位(参与行使国家权力)。② 在财政领域,公民的消极地位表现为公民可以排除国家干预,纳税人财产权不受国家公权力侵犯等。积极地位表现为公民可以凭"纳税人"身份,要求国家提供公共产品和公共服务,为公共财产请求权,如请求政府信息公开,主动地位中公民以纳税人参与行使国家权力,参与财税立法和参与式预算,如浙江温岭、上海南汇、上海浦东等多种模式。③ 后三种法律地位为现代国家与公民产生关联的主要形式。公民享有的积极、主动身份使现代国家负有应公民请求提供福利的责任,进而要求政府以其财政权履行公共服务的义务。

从现代国家的给付本质出发,可分为物质受益、程序受益与信息受益三种内容。④ 在国家为公民提供物质的、程序的与信息的给付层面上,地方债法律规控制度除了上述以公共权力行使秩序为中心的客观权力秩序,另外还包含诸如为公民提供机会的参与式立法,广泛面向社会的信息公开制度,及针对国家权力侵害的司法救济制度。现行地方债法律控制制度一般以权力内部秩序为法律控制的重心,而未能将权利层面或客观权力秩序之权利保障功能提升至独立地位并加以完善,这使得地方债法律控制制度一定程度上偏离了其"纳税人权利保障"的根本定位,割裂了国家治理与人民权利保障之间相互依赖的关系。同时,客观权力秩序与主观权利保障为一体两面,忽视权力秩序的权利保障功能,最终将导致权力秩序自身失去其未来发展方向和存在意义。因此,地方债的宪法机制应以财政预算的立法参与、地方债发行的信息公开以及债权人权利救济为主要内容。

一、立法参与不足

在地方债经由预算程序而由人民代表大会审批的意义上,它本质上属于对于立法决议的执行。而从地方政府举债源自为人民提供给付,还债出自人民私

---

① 姚国建:"社会权保障视野下的我国公共财政制度转型",载《政法论坛》2013年第4期,第139页。
② [德]格奥格·耶利内克:《主观公法权利体系》,曾韬、赵天书译,中国政法大学出版社2012年版,第79页。
③ 侯卓:"财税法功能的'法律性'解构",载《财经法学》2017年第1期,第110页。
④ 李建良:"基本权利理论体系及其思考层次",载《宪法理论与实践(一)》,学林出版社1999年版,第63—68页。

有财产权的合法让与出发，内在于地方政府举债、还债行为的更深层次的作用乃是更好地发挥人民自治的作用，使人民期望发生的给付落实在地方政府提供的公共服务中，由此，经由预算程序而由人民代表大会审批的法律形式，本质上属于地方公民个人偏好通过多数决的规则进行检验，最终表现为公意的程序性表达。从这个角度观察，主要由人民代表大会负责的、通过立法形式提炼公意的程序，应为一种公开的、促进偏好和意见的自由表达和自由交换的程序。此一程序在借鉴法律领域商谈理论内容的基础上，形成"参与式立法"和"参与式预算"模式，获得各国普遍赞同。

作为协商民主在预算过程中的实践，参与式预算最早是在20世纪80年代末由巴西工党在阿雷格里港市提出并应用，获得了良好的效果。其后拉丁美洲的厄瓜多尔、玻利维亚、阿根廷、尼加拉瓜和墨西哥等国用参与式预算来解决政府管理面临的挑战，加拿大、西班牙、意大利、德国、法国、印度尼西亚、斯里兰卡等国也相继运用参与式预算推动基层治理变革。[①] 参与式预算有五个基本的特征：（1）参与式预算涉及如何分配有限的资源，讨论主题围绕财政或预算方面进行；（2）必须是在市一层级进行或在一个拥有选举团体并对行政当局有一些影响力的层级进行；（3）它必须是一个重复进行的过程（对财政问题举行一次会议或一次投票并不能视为参与式预算）；（4）这一过程在特定会议或论坛内必须包括公共协商，即行政当局与参与者就预算问题进行共同协商；（5）参与者必须对结果承担一定的责任。[②]

以"参与式预算"理论作为参照，考察我国现行《预算法》相关规定以及地方债的相关规定，我国目前存在的主要问题是缺乏可行的立法参与路径。经修订后的《预算法》在其第91条第1款宽泛地赋予地方民众以对违法行为的检举、控告权，而这两种权利的事后性救济意义远大于创造公民参与国家事务管理机会的意义，属于消极的自由权而非积极的参与权，且这种自由权的行使要求进行后续的责任追究以及通过司法途径实现法律救济，然而现行制度并未包含此种内容。对于地方债而言，由于其债务存续时间的延展性，享受公共福利的公民很有可能并非是最终通过纳税负担成本的公民，且一定区域内享有福利的公民并负担成本，会针对其他同样享有福利但却无力负担成本的公民形成

[①] 荀燕楠、王逸帅："参与式预算：国际经验与中国实践"，载敬乂嘉主编：《复旦公共行政评论（第5辑）》，上海人民出版社2009年版，第266页。

[②] Yves Sintomer, Carsten Herzberg and Anja Roecke. Participatory Budgeting in Europe：Potentials and Challenges．International Journal of Urban and Regional Research, Volume32.1, 2008, 32（1）．转引自赵丽江，陆海燕："参与式预算：当今实现善治的有效工具——欧洲国家参与式预算的经验与启示"，载《中国行政管理》2008年第10期，第106页。

一种不公平的限制效果，此种普遍存在的纵向、横向的不公平效果，亟须由一定的程序来设置具有时效性的界限，以及通过程序的意见表达赋予公民表明其立场和态度的机会，最大限度缩小自然状态中以及由立法所引起的不正义。

二、信息公开有限

在现代社会，信息为任何主体在任何事项上进行决策所必需的前提要件。法律层面上的公民享有的信息权由"知的权利"引申而来，后者包含三种层次：最低层次的信息权仅禁止政府干涉人民团体传递、沟通有关政府事务的事实或意见，中间层次的信息权课予政府应人民请求提供咨询的义务，最高层次的信息权进一步课予政府主动提供信息给予人民的义务。① 其目的为实现思辨民主或宪法民主国的理想，全体国民能在相互尊重、平等参与的基础上，经由理性的对话、思辨，集体形成决定，避免多数暴力（未经理性对话的多数表决）……政府信息公开是公民"自由、平等参与"政治思辨的前提，亦是确保个人有效参与政治对话所需的"自主地位"。② 在地方债问题上，信息公开作为一项基本政策已由多项文件进行申述，然而无论就其公开内容的范围，还是从作为其根本法的《信息公开条例》而言，仍存在下述明显缺陷。

（一）信息公开之上不存在权利

尽管知情权是公民实现其他基本权利的基础，如监督权，言论自由权等，然而由于宪法中没有明确条文规定公民享有知情权或信息权，且现行《信息公开条例》亦并非法律，信息公开的具体操作只能一次次借由政务公开或信息公开政策的决定进行，如中共中央和国务院办公厅发布的《关于进一步推行政务公开的意见》，中国共产党的十八届四中全会作出了《中央关于全面推进依法治国重大的决定》，作为依法治国的纲领性文件，提出要"全面推行政务公开，重点推进财政预算、公共资源配置重大建设项目批准和实施、社会公益事业建设等领域的政府信息公开"。这些文件均具有内部性，被视为党和中央政府对下级政府的执政要求，不能成为公民主张知情权的法律依据。③《信息公开条例》中也避免使用"权利"，而是"保障公民、法人和其他组织依法获取政府

---

① 汤德宗："政府资讯公开请求权入宪研究"，载汤德宗、廖福特主编：《宪法解释之理论与实务（第五辑）》，"中央研究院"法律学研究学筹备处2007年版，第267页。
② 汤德宗："政府资讯公开请求权入宪研究"，载汤德宗、廖福特主编：《宪法解释之理论与实务（第五辑）》，"中央研究院"法律学研究学筹备处2007年版，第273页。
③ 章剑生："知情权及其保障——《以政府信息公开条例》为例"，载《中国法学》2008年第4期，第147页。

信息",虽实质上避免了与宪法的冲突和规范体系上的逻辑紧张关系,① 但也同时赋予政府拒绝公开公共财政信息以正当理由。总体而言,公民并不享有信息公开的权利,而只存在政府信息公开的职责或权力。

(二) 财政信息公开的范围有限且不能满足公民需求

对于现行信息公开制度而言,很大程度上是从政府内部管理的视角出发,而没有考虑其他机构和公民的需求。其实,立法机构、社会机构和普通民众对财政活动进行监督当然以其相关信息的获取为前提。如人民代表大会及其常务委员会作为授权政府对公共资源进行管理使用的委托者,对政府基于受托责任的监督,需要政府提供财政收入来源、支出使用、管理和绩效等信息,供地方人民代表大会评价地方政府预算及其执行的状况,审计部门要负责审计监督地方政府财政收支是否符合预算和法律的规定,财政部门需要根据政府政务状况进行监督检查,社会公众、投资者、债权人和评级机构等也需要了解政府对于公共财政资源的管理和使用状况,并评价地方政府的债务融资活动是否是为了满足地方民众对公共产品的需求。目前政府会计目标被总结为"主要是满足宏观经济管理、内部财政管理和预算单位内部管理的需要"②。如此一来,实际上限制了公民对政府有效监督的能力,也屏蔽了判断政府权力是否违法、侵权的信息来源。

(三) 地方政府财务信息公开的质量待提高

现存的问题主要是公开的财政信息不完整、财务信息披露滞后等。我国目前财务信息披露的两个主要途径,一是通过向各地人民代表大会提交预算报告的形式披露财务信息;二是向社会公众公开政府的财政信息,财政年鉴和财政部门的网站是普通公民了解财政信息的主要途径,省级以上的财政部门公布的信息可以通过财政年鉴获取。然而省及以下地方政府财政部门往往没有出版财政年鉴,这些数据在财政部门网站上也无从查询。除非政府主动公布,否则普通公众无法了解地方债的相关信息。就信息披露滞后而言,我国除了向立法机构提交的预决算有明确的时间限制外,向公众披露财务信息大部分是以财政年鉴和统计年鉴的方式,而财政年鉴通常是在财政年度结束后一年以上才会对外披露,大大影响了公众对财政信息了解的及时程度。

---

① 章剑生:"知情权及其保障——《以政府信息公开条例》为例",载《中国法学》2008 年第 4 期,第 147 页。

② 陈穗红、石英华:"我国政府会计目标选择",载《财政研究》2007 年第 7 期,第 49 页。

三、司法作用缺席

我国《法院法》规定，人民法院的任务是审判刑事案件和民事案件，并且通过审判活动，保护公民私人所有的合法财产，保护公民的人身权利。基于此，法院主要通过审判活动，为公民提供权利救济。地方债的本质为公法之债，公法属性一方面意味着包含国家公权力行为，另一方面也意味着其在国家与公民之间构成一种公法上的关系，主要是围绕公民的财产权利与国家的财政权力之间所形成的公法关系。由于地方债最终均需由以税收形式体现的公共收入进行偿还，因而，地方债实际也就是围绕公民的私有财产在何种限度内、基于何种情况下可被地方政府转化为以债务形式体现的公共收入或公共支出，其是否具有正当性等问题。由于地方债包含着公权力因素，地方政府的违法行为必须予以追究，从地方债建立在对公民私有财产的合法侵夺方面考虑，超越法定限度的地方债实际上构成对公民合法私有财产的侵犯，应由国家机关对此被侵害的权利提供救济。根据《法院法》立法精神，我国法院在地方债的法律控制制度中自有其重要地位，且其具有通过审判活动直接实现公民私有财产权的不可替代的作用。

司法权的作用既可表现为不与权利直接相关的单纯权力对权力的监督，也可表现为对受国家权力侵害的权利提供救济而履行其职能。从权力监督的角度出发，其他国家已有通过司法途径对财政权力进行监督的实例。司法型财政监督国家包含巴西、法国、希腊、西班牙、意大利等。意大利审计法院是国家最高的监督机关，是一个中立的机构，对公共财务案件享有最终裁判权，属于司法范畴。其《宪法》规定，法院在行使其职能时也要协助政府也要协助议会。希腊议会设有审计法院，独立行使审计监督职能。司法对财政的监督最有威慑力。[①] 而德国财税法院职责之一便是审核财政税收行政权力的行使是否符合宪法规定，立法机关是否在宪法许可的范围内行使权力。所涉及的宪法原则是基本法第3条第1项衍生出的平等原则，如果地方财政法院或者联邦财政法院认定有关规定违反了宪法原则，必须将所涉及的问题交给拥有最终裁判权的联邦宪法法院裁决。[②] 司法权也可经由为公民提供司法救济的方式直接保障权利，如根据德国《基本法》对基本权利的保障，任何公民，其权利受到公权力侵害时，均可以提起诉讼。依美国《宪法》第1条第八节规定，美国联邦最高法院

[①] 贺邦靖：《国外财政监督借鉴》，经济科学出版社2008年版，第21—22页，第63页。
[②] 许闲："德国政府间财政关系的法律调整"，载熊伟主编：《政府间财政关系的法律调整》，法律出版社2010年版，第230—231页。

有权对地方政府的不适当税收课征作出废止的判定等。

  从财政领域"纳税人权利保障"的基本功能定位出发，我国于 2009 年《关于纳税人权利与义务的公告》列举我国纳税人享有知情权、保密权、监督权、纳税申报方式选择权、申请延期缴纳税款权、申请退还多缴税款权、依法享受税收优惠权、委托税务代理权、陈述与申辩权、对未出示税务检查证和税务检查通知书的拒绝检查权、税收法律救济权、依法要求听证的权利、索取有关税收凭证的权利等 14 项权利。在此前提下，应使作为纳税人的公民当然享有的税收法律救济权延展至地方债问题中，通过权利救济实现权利保障。

第十一章 地方债的宪法改革与法律完善

在现代国家财权与事权正相关的意义上，政府实现了经济职能与政治职权的整合。借助市场机制，以不断扩容的财政资金储备满足纳税人更大的福利需求。但政府的经济职能与政治职权既相互依存又相互排斥，并外化为政治国家与市民社会之间的融合与冲突。化解这一冲突的根本方案在于确立可回溯性的"原始同意"，即无论何种权力，其代表的强制性因素必须由原始同意来赋予，并且无论经由何种具体实践途径，必须确保其与原始同意之间存在直接的回溯关系，且权力必须以引导、疏通可能存在的冲突的方式存在，即有助于自由的实现，而非限制自由的方式。依此，原始同意化解了自由与强制之间的对立，使构成秩序的每一种强制性因素具备合法性、可预测性和稳定性。进而，作为强制因素的权力本身，其运行所需的物质基础实际上包含在原始同意的实践要求及其历史背景中——专制国家中产权为国家所独有，法治国家应为经同意之私产收益。为拒绝其权力逾越也禁止其行使不足，需建制完整的权力流程和权限分工，由原始同意本身进一步阐发出对于同意内容的制度性保障，此即权力的内部秩序。在分工统合的根本要求下，财力与事权应保持基本的对应，且无论如何统筹财政所需资金来源，都不得逾越政府在经济层面的界限即不得以侵犯或干涉公民私有财产和经济自由的方式获得权力所需的物质基础。最后，这一秩序本质上要求可回溯关系具备可延续性，这一秩序即宪法秩序。

财政国家中，地方政府举债的首要目的为提供具有区域特色的公共产品以履行其福利给付职能，内在地包含通过合法汲取部分公民财产用以公益，在财产权承担社会义务的方面，完成资源的"取之于民，用之于民"的良性循环。由于事权对于财政权力秩序具有前置性的规范作用，因而，国家权力体系内部结构的优化为实现良好财政权力秩序的基础。财权与事权相适应是地方政府运行秩序的保证。基于法治财政的原理，地方政府的举债、用债、还债过程中应实现权、责相统一。为实现财政权力秩序的法治化，司法机关应承担起提供地方债法律救济的终极职能。依法理财要求对地方债进行法律控制。

针对现行法律控制制度所表现出来的制度供给不足等问题，首先，应当完善地方债的法律规范体系。为保证地方债的"良法之治",地方债的立法应当受到议会保留与法律保留法治原则的约束,避免行政机关自我赋权式的立法。其次,在横向层面加强立法对行政权力的控制,完善审计监督和外部监督,在纵向层面通过明确划分上下级政府的权限并使之法治化,建立非对称均权格局。这一层面制度形态为预算制度、审计制度,以及确立地方政府身份资格的公法人制度。最后,参考日本税法学者北野弘久关于租税法律主义存在三个不同的发展阶段的理论——由关注形式立法至"禁止在立法过程中滥用权力、制约议会课税立法权"的"租税法律主义",最终进入"纳税人权利保障"的财政民主主义领域,租税法律主义的终极制度表现形态应为"纳税者有权只依照符合宪法规定程序和精神的立法承担交付税收的义务,有权基于税收法定主义的原理关注和参与税收的支出过程"。[①] 而为我国财政法学者所力倡的"财政立宪主义",其最终目标即为"纳税人权利保障"。对地方债的法律控制制度进行完善所期望达致的理想状态,应为公民在整个过程中的参与、监督与可行的救济。由此,预算参与、信息公开和纳税人诉讼制度的确立和展开为此一层面着力完善的方向。

第一节 地方债控制模式的选择

从宏观角度观察,世界各国的地方债控制模式分为四种。[②]

一、市场控制模式

当满足下列条件时,仅需凭借金融市场本身就能够对地方政府借债施加有效的约束。这些条件包括:(1)市场应该是自由开放的,特别是政府并没有处于一个有特权的借款人的地位。(2)潜在的贷款人能够获得借款人未能偿还的债务和清偿能力方面的充分的信息。(3)如果发生违约,贷款人不需要进行救援。(4)借款人具有对市场作出反应的机制和结构。[③] 这种理想形态实际上并不存在,比较近似的是加拿大、瑞典和美国,这些国家主要依赖于资本市场对

[①] [日] 北野弘久:《税法学原论》,陈刚、杨建广、等译,中国检察出版社2001年版,第73—80页。

[②] 李萍:《地方债管理:国际比较与借鉴》,中国财政经济出版社2009年版,第21—30页。

[③] International Monetary Fund, Teresa Ter-Minassian, Fiscal Federalism in Theory and Practice, Washington: International Monetary Fund, 1997, pp. 180—181.

地方政府进行借债控制，如，中央政府也不需要对地方政府的借债设置任何的限制，地方政府自主决定借多少债，从谁那里借，如何花这些借来的钱，地方政府也可以自己决定采取什么样的财政措施来提高自身在市场上的信用。①

二、行政控制模式

有些国家的中央政府有权直接控制地方政府举债。这种控制可能采取几种不同的方法，包括对每个地方政府设置具体的年度总债务的限制，禁止对外借债，审核并授权地方政府借债的事项，包括审核地方政府借债的期限、条件等。这种模式也可以采取中央政府统一借债，然后转借给地方政府的做法。中央政府借助行政程序，对地方政府借债实施了严格的控制，同时还保留了灵活的财政政策。好处是便于协调国家整体的债务，并使之符合其他的宏观政策，然而这种模式要有明确的暗示，中央政府将会担保地方政府的公共债务，一旦发生债务违约，中央政府可能难逃救助责任。在这个控制机制中，中央政府面临着信息不对称的问题，中央政府往往缺乏地方政府项目的必要的信息，而地方政府则往往倾向于把各种项目提交给中央政府审批，无论质量如何，以及将来是否会出现损失。由于有中央政府的审批，地方债由中央政府担保，这些都导致地方债责任主体的模糊。

三、法律规则控制模式

国家通过宪法和有关法律中的规则，对地方债进行控制。法律规则能够对财政政策进行一定程度的约束，并使地方政府的融资行为具有可预见性。通常的法律规则包括预算赤字总量的控制（奥地利、西班牙）、经营预算赤字控制（挪威），债务能力指标控制（西班牙、日本、巴西、韩国），地方债务总量控制（匈牙利），开支水平的控制（比利时、德国）。② 法律规则的控制模式最大的优势是规则清晰、透明，容易监督，而且可以提高财政政策的可靠性。然而这种工具也存在缺陷，即现实中不容易掌握确保合乎规则与保持灵活之间的微妙的平衡。如果规则过于严格，尤其是在发生危机或者经济形势变化的时候，将很难保持操作的灵活性，如何在发挥规则的作用和保持灵活性之间确立微妙

---

① International Monetary Fund, Teresa Ter-Minassian, Fiscal Federalism in Theory and Practice, Washington: International Monetary Fund, 1997, pp. 180—181.

② International Monetary Fund, Teresa Ter-Minassian, Fiscal Federalism in Theory and Practice, Washington: International Monetary Fund, 1997, pp. 183.

的平衡将是一个难题。①

四、合作安排控制模式

澳大利亚和欧洲国家在政府债务管理方面采取的合作安排控制的模式，中央或联邦政府同下级政府之间通过协商来设立地方债的控制。地方政府积极参与设计宏观经济目标和支持这些目标的关键的财务参数，中央和地方对实现目标共同负责。在协商的过程中，中央政府和地方政府就整体的赤字目标、主要收入和支出，对各个地方政府的财政限制等项目达成一致。例如，澳大利亚1929年设立的一个专门的借贷理事会来协调各个州的财政政策和借贷决定，这个理事会目前由各个州政府的财政负责人、各个州的州长以及联邦政府财政负责人组成，该理事会分析和批准各个州和联邦整体的财政需求，并监督财政决议的执行情况。合作模式的优点是，这种模式结合了其他几种模式的优点，通过促进不同层级政府之间的对话，确保地方政府融资与宏观经济政策之间的协调，使地方政府关注自身财政政策对中央政府宏观政策的影响，同时对地方政府的融资需求保留了充分的灵活性，在这种模式下，中央政府并没有承诺或以默示的方式，对地方借贷提供担保。然而，合作模式也可能产生其他模式的各种缺点，例如，可能会削弱中央政府的领导角色，导致地方政府的预算软约束，鼓励地方政府和中央政府讨价还价等。②

在这四种模式中，第一种债务控制模式表面上虽没有涉及规则的问题，但无疑一个运行良好的金融市场秩序本身就意味着法律规则的社会实效性，一个完全不存在任何规则的金融秩序是无法想象的。行政控制模式也可能会借助法律规则，但对地方债控制的主导力量仍然是行政权特别是中央行政权，由于中央政府与地方政府间的信息不对称，行政控制模式将导致中央集权的进一步强化，地方的自治权受到损害。合作安排控制模式注重协商过程中所体现的民主价值，可视作是在规则控制模式内部发展的高级阶段。比较以上四种模式，我国应当摒弃传统的行政控制模式，构建法律规则控制模式。为此，可由以下三个方面具体实施。

（一）规范体系的综合

针对我国地方债存在的政策主导、法律缺位现状，将地方债的发行（原

---

① International Monetary Fund, Teresa Ter-Minassian, Fiscal Federalism in Theory and Practice, Washington: International Monetary Fund, 1997, pp. 184.

② International Monetary Fund, Teresa Ter-Minassian, Fiscal Federalism in Theory and Practice, Washington: International Monetary Fund, 1997, pp. 182—183.

则、主体、程序、种类、发行方式）、使用、偿还、监管（信用评级、信息披露、预警制度）等事项以法律的形式予以统一规定，是对地方债进行法律控制的基本前提。只有这样，才能抑制地方债的政策主导及行政擅断。至于地方债的立法模式，有的国家选择在宪法中作出原则性的规定，德国、美国即是由州宪法负责规范地方债管理，在此基础上，制定关于地方债的单行法。有的国家虽然在宪法上有关于地方债的原则性规定，但未必专门制定地方债法而通过财政立法规定地方债，如法国于1982年颁布《地方分权法》，赋予地方政府举债权，日本则颁布《地方财政法》，规定赋予地方举债权的情形、用途及金额等。

在我国，目前《宪法》关于地方人民代表大会及地方政府的职权中有关于财政经济方面的规定，如果从宪法释义学的角度，对宪法规范进行广义的解释，不能说地方债完全没有宪法根据。但现行宪法是1982年制定的，而在此背景下出台的《预算法》是禁止地方债的，而宪法经过四次修正（最后一次修正是在2004年），并未直接涉及财政方面的内容。2015年《预算法》修改后，地方债取得了合法地位，但原来宪法规范中的财政经济条款，很难与新《预算法》契合，即使对宪法规范进行扩充解释，也难以实现旧的宪法与新的《预算法》之间规范的衔接。因此，未来在修宪时应当在原来的财政经济条款中对地方债作出明确规定。

在法律层面，我国虽有《预算法》这一地方债管理的基本法律，限于其关注重点以及法律控制重心的不同，用《预算法》控制地方债存在诸多局限。因此，应当制定关于地方债的举借、使用、偿还、监管等事项的单行专门性法律。具体的立法模式可以制定统一的公债（地方债）法，将中央公债（地方债）和地方公债（地方债）都纳入其中，如我国台湾地区的"公共债务法"；或者制定单行的地方公债（地方债）法。还有学者建议修改证券法，增加有关公债（地方债）方面的内容。如美国市政债券与国债、企业债券、股票、投资基金等一起，共同构成了证券法调整的内容。[①] 三种模式中，第一种模式虽然顾及公债（地方债）法律体系的整体一致，但于我国而言，由于国债与地方债在发行主体、发行程序等方面存在着显著的不同，因而可行性并不强。第三种方式将公债（地方债）置于证券范畴中理解，显然一定程度上凸显了金融市场的调控作用，但同时有模糊政府公权力身份、弱化公债（地方债）与私债的界限之嫌。而制定单独的地方公债（地方债）法，将现行《预算法》中有关地方债的规定进一步具体化、细致化，有利于将有关地方债的发行、流通、使用、偿还、监

[①] 华国庆："中国地方公债（地方债）立法研究"，载《安徽大学学报哲学社会科学版》2010年第4期。

管等置于统一框架中进行法律控制。当然，单行法律出台之后，仍需出台配套法律及具有可操作性的实施条例，促进地方债法律规则的体系化和进一步的完善。

依据我国《立法法》的规定，财政事项为法律保留事项。这意味着财政立法应当遵循法律保留的原则，财政事项非经人民代表大会授权行政机关不得自行立法。地方债属于财政事项，而目前主要的规范依据为政策性意见，如《国务院关于加强地方债管理的意见》。这有悖于《立法法》的立法精神。因此，我国应当由全国人民代表大会及其常务委员会制定关于地方债问题的单行法律，同时可以授权国务院或者财政部就地方债专项内容出台行政法规或者行政规章。根据《立法法》的规定，全国人民代表大会对其专享的立法事项尚未制定法律的，有权作出决定，授权国务院根据实际需要，对其中的部分事项先制定行政法规。全国人民代表大会的授权应当明确授权的目的、范围，被授权机关应当严格按照授权目的和范围行使该权力。被授权机关不得将被授予的权力转授给其他机关。目前，我国已经出台了关于地方债的行政立法，如《2014年地方政府债券自发自还试点办法》《地方政府一般债券预算管理办法》《地方政府一般债券发行管理暂行办法》《地方政府专项债券预算管理办法》《地方政府专项债券发行管理暂行办法》以及《地方政府存量债务纳入预算管理清理甄别办法》等。在这些行政法规或行政规章实施后，相对成熟的条款可上升为法律。当然，这些关于地方债的配套行政立法仍不全面，还需要进一步补足其他行政立法，使地方债的规范体系更加完整。

(二) 权利保护规范的补足

现有地方债法律规范的突出问题是公民权利保障条款的缺失，表现为在地方债的发行、使用、偿还的过程中，对行政相对方权利的漠视。针对地方债公民权利保障规范的补足可分三种途径展开：其一，通过公众参与，从根本上解决权力与权利之间的疏离，地方债的发行真正让地方居民自己做主，通过参与性民主与代议制民主的完善，由地方居民自己或者选举代表最终决定。其二，地方居民应当享有对地方债的知情权，在此基础上才能行使对地方债的监督权。而实现地方居民知情权的前提是地方债的信息公开。只有地方政府公布关于地方债发行、使用、偿还及管理的信息，地方居民才可能知情并对地方政府的行为进行监督。不仅如此，地方居民还可以基于预期收益和预判风险进而作出理性的投资选择，以实现其个人财产收益的最大化。其三，当地方居民关于知情权、监督权、财产权受到侵害时，应当有对应的救济途径，但最有效的救济方式莫过于司法救济。

从权利的实现形式来看，有关公众参与与信息公开的规范均可在现行法律体系的基础上直接增设。但对于权利救济规范而言，需要对我国救济法律制度进行修改，以回应地方债这一新生事物的权利诉求。

（三）责任规范的强化

地方债的法律责任中是否会包括宪法责任？由于地方债已经被纳入预算的法律程序中，预算作为经过议会议决的具有法律意义的财政命令，从来都构成了各国宪法的基本内容，其中包括了相应的宪法上的责任。在西方资本主义国家，议会对政府预算案的否决会导致一国的宪法危机。如果地方政府关于地方债的预算案的被地方人民代表大会否决，会导致地方政府陷入财政危机。此时，地方政府若要对这一结果承担法律责任，这一责任只能是宪法责任。由于财政危机和解决危机不力导致不能提供基本的公共服务，政府官员可以被人民代表大会罢免。地方人民代表大会对于地方债审议中的失职是否也要承担法律责任呢？在我国的宪法体制中，这是一个不成其为问题的问题。但在分权制衡的国家，议会作为公权力的行使者，也同样会滥用权力，因此，也需要监督。当地方债审议时，地方议会没有尽到法定职责，造成地方债的超发、滥发，最终导致地方财政资不抵债，此时地方议会当然要为此承担责任，表现为地方议会被解散，当地居民通过重新选举，组成新的地方议会。地方议会的此种责任是宪法意义上的责任。

我国对地方债的法律责任的追究表现为新《预算法》的法律责任条款中。与原有法律相比，《预算法》的法律责任条款尽管有一定的改进，但仍存在一定的问题。

（1）主体模糊。新《预算法》只是针对地方政府负有直接责任的主管人员和其他直接责任人员进行追责，但对地方政府本身却无明确的责任规定。

（2）规范粗疏。对相当多的预算违法行为并未规定对应的法律责任，如预算公开的违法，对地方债违法未形成系统的法律责任条款，对地方政府及其官员未形成有效的问责机制。新《预算法》对负有直接责任的主管人员和其他直接责任人员只是追究行政责任或者降级、撤职、开除的处分。其中，行政责任是什么？没有明确规定。行政责任与处分之间到底是什么关系？也不明确。

（3）责任轻缓。对地方债未规定刑事责任条款，新《预算法》尽管规定，"违反本法规定，构成犯罪的，依法追究刑事责任"，但没有具体规定，使这一刑事责任成为虚置条款。

（4）在作为上位法的《预算法》没有规定地方债的刑事责任的前提下，下位法《〈预算法〉实施条例》无权规定刑事责任条款。

仅从立法技术的角度，新《预算法》过于单一的责任制度也缺乏科学性。因为各种违法行为都存在着性质的不同和情节的差异，因此，各法律文件在制定时都会考虑不同的违法行为责任体系的构建，以应对不同违法行为的需要。其中，不但要注意在不同法律部门之间进行责任形式的设计，还要照顾到同一法律部门内的不同责任形式按照一定标准进行的配置。在这一点上，单一责任形式由于过于僵化而缺少适应现实的能力。不仅如此，我国这一《预算法》法律责任制度也与其他法律制度不相衔接。鉴于此，新《预算法》应当建构多元化的责任体系，确立不同违法责任的性质及构成要件，使整个预算过程中的不同违法行为都得到应有的追究。

巴西于 2000 年通过了《财政责任法》，其适用于所有层级政府，包括地方政府。通过法律对地方政府地方债的违法行为进行严格问责。在地方债运行过程中，违法官员可承担法律责任包括：行政撤职；五年内不得担任公职和竞选；刑事处罚，判处罚金甚至有期徒刑。[①] 此外，地方政府也要承担相应的法律责任。表现为：如果人事支出超过了上限的 95%，那么，该州或州政府分支不得增加薪酬、新设职位和聘用新人等。如果人事支出超出上限，并在规定期限内不能减至法定范围内，那么，该州或州政府分支将被禁止获得非法定转移支付、联邦政府的直接或间接担保和信贷业务。[②] 如果州总债务在四月期结束时超出了限制，那么，该州将不得进行国内外信贷业务；如果不能在法定期限内控制住，则将不能获得非法定性转移支付。新西兰《1956 年地方债法案》第三部分第 92～103 条主要涉及对地方政府违约的限制和惩罚措施。一旦地方当局无法全额和持续支付特别债券的本金或利息，那么违约的地方政府当局将向债券或股票持有人额外支付违约金额的 5% 作为赔偿金，一旦地方当局连续 28 日无法全额和持续支付偿债基金的分级偿债额，地方政府间委员会将向地方当局追索债务，或是提请高等法院指派一名财务委托管理人追索债务。哥伦比亚的《财政责任法》对于违反规定的地方政府规定了严格的处罚。如果地方政府没有遵守《财政责任法》中设定的限制，会被禁止借债，而且必须制定财政救援方案在两年内重新恢复财政状况。该法对于出借人也设定了制裁措施。金融机构为地方政府借款必须满足法律规定的各项条件，否则借款合同无效，所借的资金须立即返还且没有任何利息。[③] 南非对不履行《市政财政管理法案》规定的义务的，将给予行政或刑事处罚。市政府经过调查后，如果确定是政府的会计长、财务总监、负责财务管理的高级官员，或者政府实体中的高级公职人员，在财

[①] See Lili Liu, Steven B. Webb, Laws for Fiscal Responsibility for Subnational Discipline: International Experience, The World Bank, The Policy Research Working Paper Series 5587, March 2011, p. 39.

[②] 非法定转移支付（voluntary transfers）是指非由宪法、法律或统一医疗体系所规定的，以合作、援助或金融支持的方式的对联邦其他成员的现金或资本转移支付。参见《财政责任法》第 25 条。

[③] Lili Liu, Steven Webb, "Laws for fiscal responsibility for subnational discipline: International experience", World Bank Policy Research Working Paper Series, Vol, 2011, pp. 20—21.

务上存在违反财政管理法案规定、未履行职责或决策失误造成支出浪费、提供错误或误导性信息的过失责任,将启动相应的惩戒性程序,给予行政处罚。根据有关规定,上述人员由于故意或者明显疏忽,导致市政府财政资金严重损失、严重决策失误、腐败等行为被认定为犯罪的,将视情节轻重处以五年以下的有期徒刑,或者按照有关法规处以一定金额的罚款。对于其他官员,公务员和政府实体人员由于故意或疏忽而作出的非法行为导致损失和浪费的,要承担相应的赔偿。[①]

借鉴上述国家的立法经验,我国地方债责任制度的规定,应考虑在行政责任之外,增加其他责任形式,如处以一定数量罚金的经济责任形式,或直接取消或在一定期限内限制其举债资格的资格罚形式,形成多元化的地方债的责任形式。此外,由于地方债问题往往涉及政府与非政府机构,特别是金融机构的关系问题,仅为债务人设定责任而完全不对债权人应承担的责任进行规定是不完整的。如哥伦比亚《财政责任法》便是对金融机构作出了"借款无效,无需支付利息"的责任设定。在向着统一的单行地方公债(地方债)法方向发展时,可以考虑有条件地吸纳经济法中一部分针对非政府机构的责任性规定,以准用性规范的方式纳入地方公债(地方债)法有关责任方面的规定中,以完善其责任体系。

第二节 权力约束体制的重构

对于横向权力分配而言,重点在于强化预算制度的控制功能,以增强立法对行政的控制,审计制度可作为实现立法对行政控制的辅助性制度,纵向的权力分配的根本目标是建立地方公法人制度。

一、横向层面加强人民代表大会的监督

地方债由人民代表大会通过预算进行审议,但地方债的发行、使用、偿还的实际操作者仍然是行政机关及其财政部门。因此,如果强化对地方债的法律监督,就必须明确地方债的监督关系。对于地方债发行,由地方人民代表大会及其常务委员会进行监督。其监督的方式包括对重大事项或者特定问题组织调查,对有关问题提出询问或者质询。每年六月至九月期间向本级人民代表大会

---

① 李萍:《地方债管理:国际比较与借鉴》,中国财政经济出版社2009年版,第62页。

常务委员会报告预算执行情况。对地方债的预算执行，由上级政府进行监督，表现为下级政府定期向上一级政府报告预算执行情况。同时，各级政府财政部门负责监督检查本级各部门及其所属各单位预算的编制、执行，并向本级政府和上一级政府财政部门报告预算执行情况。我国台湾地区学者蔡茂寅认为，从公债（地方债）的民主统制路径来看，制度上有三道安全机制：首先是将公债（地方债）发行限定在具有生产性的建设公债（地方债），其次是就公债（地方债）的发行总余额在法律上设定上限，最后是就已发行的公债（地方债），透过创设偿债基金的方式以缩减其规模。同时对于发行公债（地方债）的民主统制，立法机关除了可以透过立法权的行使，制定种种统制规范外，还应加强立法机关预算审议的实质化和时效性。由于公债（地方债）发行的膨胀导致财政僵化和岁出排挤效应，使得人们认真检讨公债（地方债）发行的公共性问题。在此基础上公债（地方债）才不至于沦为政府的工具。同时才可以在遵循身为主权者的国民意志的前提下，解决财政收入不足的问题。另外，对于公债（地方债）的民主统制，在现行制度之下除了立法机关制定规范并追究政治责任外，司法机关也有参与统制的可能性，此种情况下执政者除了政治责任外，还需负担法律责任，同时这也是司法机关参与民主统制的接点。①

　　此外，对于地方债还应当进行审计监督，表现为对预算执行和其他财政收支的审计工作报告应当向社会公开。在此基础上，将地方债纳入公民的监督视野，表现为依法向有关国家机关进行检举、控告。

　　可见，在地方债的权力运行中，主要的监督机关是地方人民代表大会及其常务委员会，而负责发行地方债的地方政府及其财政部门处于被监督者的地位，政府及其财政部门只有对下级机关才有监督权。而作为专门监督机关的审计监督也不能忽视。但由财政部负责起草的《预算法》实施条例草案中，过分强调财政部门的监督权力，甚至将财政部门对地方债的监督权凌驾于人民代表大会监督及审计监督之上。这是地方债监督权力分配的错位。因为，从宪法的角度，在地方债的权力运行中，财政部门应为被监督者而非监督者，而人民代表大会及审计机关应当切实发挥监督者职能。

二、纵向层面建立地方财政分权体制

　　我国的财政体制以政府具有完全理性为假设，中央政府在财政中占有主导地位，是以一种自上而下的财政权力运行秩序，具有策略性、非规范性、行政

---

① 蔡茂寅：" 论公债（地方债）的宪法课题"，载《现代国家与宪法》，月旦出版社1997年版，第1436—1438页。

性的特点。① 对于地方政府而言，这意味着无清晰、明确的事权划分，欠缺财政自主权。纵向权力的规范化以中央和地方关系的法治化为前提。地方有一定的自主权制度能够形成中央与地方合理的权限分工，在法治基础上实现自治。

公法人制度为"确认地方团体独立享受权利和承担义务的公法人资格，要求地方团体有自己的管理人员，对国家保持相对的独立"的制度。② 在财政收支上，地方公共团体使用财政资金的权利和独立支配公共财产的权利，这种权利不受上级政府的不正当干预；而上级政府在委托地方公共团体实施其相关行政管理职能之时，应该依法履行相应的委托手续，并通过财政转移支付等手段支付相关的费用。③ 在地方债问题上的具体表现，为在法定权限划分基础上，各级政府享有依其需要发行债券，必要时可通过破产等程序承担法律后果，以完整地实现权、责的一致，而当其与上级政府发生纠纷时，可通过司法程序解决其争议。可从以下层面完善我国地方债法律控制的纵向权力秩序。

(一) 权限分配的法定化

中国目前仍然属于"中央集权下的适当放权"（即中央政府主导公共物品供给，地方政府属于中央政府的派出机构），改革的决定权完全集中在中央，政府缺乏以法治为基础的政府形式，供不同的利益主体进行规范博弈。④ 本质上，政府层级的划分既关涉一国政治权力体系的根本结构，也是各种权利义务关系发生之本源。因而，权力的层级之间的权限划分应由法律规定。在其他国家的立法经验中，《德国基本法》、美国联邦宪法均对联邦与州之间的权限及其财政收支明文规定，其他国家是以宪法为原则性规定并以法律的形式确定具体的制度，如日本、韩国、新加坡。《德国基本法》规定，联邦和各州分别负担各自职责所需的开支，这一原则使得德国政府间的财政支出与政府间的事权划分挂钩，政府所承担的事权越多，财政开支越大。联邦政府承担的任务由联邦政府负责安排支出，各州和地方政府承担的任务由各州和地方政府安排支出，各州承担完成联邦政府委托的任务所需开支全部由联邦政府负担，但是必须专款专用。德国联邦法律中规定由联邦进行财政支持并且具体事权由州一级政府操作的事项，可由联邦法律规定联邦应该承担全部或部分费用的开支。同时，

---

① 刘云龙：《民主机制与民主财政》，中国城市出版社2001年版，第5—10页。
② 王名扬：《法国行政法》，中国政法大学出版社1988年版，第44—45页。
③ 周刚志："'省直管县'财政体制改革的规范基础"，载熊伟主编：《政府间财政关系的法律调整》，法律出版社2010年版，第130页。
④ 熊伟："分权与制衡：政府间财政关系的核心"，载熊伟主编：《政府间财政关系的法律调整》，法律出版社2010年版，第6页。

不同层级的政府由于所辖区域的历史文化背景、经济社会发展状况、人口结构、资源分布等方面存在差异，在实行分权财政体制时，为使事权与财权相一致以提供更符合当地公民需求的公共服务，应使不同层级的政府拥有不同的提供公共服务的能力和不同的财政资金筹措能力。一个好的财政分权方案应该是不同层级的政府间存有不同的财政关系。[①]

德国虽然是联邦制国家，但其财政分权的法治经验值得我国借鉴。在我国的纵向权力分配上，应当从根本上改变由上至下的立法决策模式，适度加入由下至上的意见汇集程序，增强权限分配方案本身的民主性。形成"自下而上"与"自上而下"的良性互动机制。

（二）地方财政的充分自主

基于权利、义务、责任相统一的法治原则，地方政府应享有发债的自主决定权，按其先期承诺履行偿债义务，当偿债不能时独立承担法律责任。然而，我国《立法法》关于财政税收的法律保留实际上是中央保留，也就是只有中央才有财政税收的立法权，地方并无财政税收的立法权。因而，我国财政纵向分权实际上只是行政纵向分权而非立法纵向分权。而就地方分权与中央集权在行政分权维度上的不同来看，中央集权体制下，行政和财政上的行政事务执行权和财源分配权相对集中于中央政府，而在地方分权体制下，按照行政事务的划分，行政事务执行权和财源分配权由中央政府分散到地方政府，使地方政府享有自由裁量权、自决权和自律权。[②] 通过人民代表大会审议决定举债、发债的额度、用途、期限等事项的意义在于将其作为一种立法事项，而将政府的实际发债作为对立法意志的执行。但根据现行《立法法》规定，由中央层面的人民代表大会及其常务委员会，而非地方层面人民代表大会及其常务委员会握有最终的发债事项上的决定权，虽一定程度上保证了中央机关对于地方债的总体控制，却限制了地方政府在发债上的自主能力，使得地方政府并不是依据本行政辖区内的实际需要和公民偏好编制、分配地方债务配额，而是以何种地方债务规模、结构更能迎合国家总体上的政策走向为依据。导致中央政府发行债务权力的主观任意性，形成"整齐划一"的发债模式。为此，笔者建议应当由地方人民代表大会及其常务委员会，而非由全国人民代表大会及其常务委员会，更不能由中央政府享有地方债规模、结构等事项的最终决定权，但中央政府可以对地方债进行监督，而不是直接干涉地方政府的发债和管理。同时，鉴于现有

[①] 辛博：《政府间财政能力配置研究》，中国经济出版社2005年版，第182页。

[②] 杨广平："日本政府间财政关系的法律调整"，载熊伟主编：《政府间财政关系的法律调整》，法律出版社2010年版，第290页。

体制下省以下市县级政府不享有发债资格,而是需要仰赖省政府的转贷的方式,由于各地经济发展不平衡以及政府治理能力的差别,对于规模较大、经济运行情况良好、具备还债能力并的确存在发行债券需求的市县级政府,可以考虑先行尝试由本地方自主决定发行地方债。即地方债的发债权可以逐级下放,稳步推进,切不可突然全部放开,一哄而上。此外,由于地方政府发行债券最终需要由税收收入偿还,地方政府本身获取财政资源的能力将对其是否具有偿还能力产生决定性影响,因此,从扩大地方政府财政收入、培养具有区域特性的地方税源等角度完善其独立发债、独立偿还的财政能力。最后,当地方政府资不抵债时,应明确通过地方政府破产等方式贯彻责任自负原则,与中央政府财政转移支付划清界限。

(三)权限争议解决途径的拓展

地方有一定自主权制度的存在应该有两个标志:一是以列举的方式保障地方政府的权力,地方政府应该成为具有独立财产权利与财政地位的"公法人",二是地方政府以及上级政府之间的权限冲突应该有一个比较完善的法律解决机制。[1] 在现行体制下,若地方政府对于上级政府所确定之最终债务额度持有异议,则只能再由上级政府主持裁决。作为单一制国家的日本,其地方自治法第一章第二节规定,总务省设立国家地方纷争处理委员会,受理普通地方公共团体对于国家和都道府县之干预所提起的审查申请,总务大臣或都道府县知事根据不同事件,分别选任三位优秀人才组成自治纷争处理委员会,对普通地方公共团体之间的纷争作出调停。[2] 在我国,全国人民代表大会财政经济委员会负责全国的财政预算审议工作,由全国人民代表大会财政经济委员会来协调中央与地方之间的财政权限争议较为适合。虽然,这仍然存在着自己当自己法官的嫌疑,但其毕竟是最高民意代表机关的专门委员会,具有民主的正当性。然而,目前我国关于地方债所涉及的中央与地方的关系问题,通常由财政部来统筹。这既不符合财政公平原则,也有悖于财政民主原则。

当然,借鉴国外的经验,我国的中央与地方的财政纠纷最终应当通过司法途径以宪法诉讼的机制来解决,但这涉及我国宪法制度及司法体制的重大变革,有待时日,非当世之功。

---

[1] 周刚志:"'省直管县'财政体制改革的规范基础",载熊伟主编:《政府间财政关系的法律调整》,法律出版社2010年版,第131页。

[2] 万展鹏、白智立:《日本地方政府法选编》,北京大学出版社2009年版,第117—126页。

第三节　以权利保障为中心的法律体系的重塑

"现代国家之诞生,在于将经济财之收取权、利用权下放于所属之人民,而有权利主体之概念,亦即建立起私有财产制度,所谓宪法国家乃对此私有财产制度,予以宪法之保障……此时国家与租税国家乃同时诞生,一起成长。"[1] 从发生学的角度观察,上述过程不仅塑造了政治国家与租税国家相互依赖的关系,也从侧面描绘出国家权力与公民权利之间共生互惠的关系。财税领域的具体法律制度,从表面观察,一方面是国家基于其公权地位对公共财产进行管理,另一方面公民基于其对公共服务的需求而主动出让部分财产以供国家机关正常运转之用;从其实质观察,一方面是国家层面以公意为表现形式的权威、权力的形成及其行使,另一方面是个人层面经由受保障的私人权利的自由行使而自主、自治地生活。在公法领域,任何法律制度的建立和完善均由权力与权利两面集合而成,地方债既为公法之债,其法律规控制度亦遵循此种原理。

在参照法学领域基本权利类型化建构而成的纳税人基本权利体系中,"纳税人"的自由权体现为"经营自由权"和"财产权",另外,归属于"受益权"的生存权、发展权等"社会权利"亦属于纳税人权利体系中不可或缺的部分,而保障纳税人之实体权利实现之程序权利,如纳税人之"正当程序保障权""请求救济权"等均为当代纳税人基本权利体系中之不可或缺的部分。[2] 由于传统法治国向现代福利国形态的转变,由公民的"消极权利"越来越让位于公民的"积极权利",且"积极权利"的实际行使带来程序性权利的同步发展,"积极权利"如参与权、向国家请求信息公开权,而程序性权利如向国家请求救济权。在地方债法律规控制度的语境中,则体现为地方债的预算参与权、地方债的信息知悉权以及救济请求权等。

一、宪法对地方债的原则性规范

我国台湾地区学者葛克昌认为,以发行公债(地方债)方式非用于投资,而用之于公共消费,则与隔代负担分配理念不合。而此种限制,亦只能规定于宪法,才能确保并维持隔代间长期稳定。换言之,结构性公债(地方债)须在

---

[1] 葛克昌:《国家学与国家法》,月旦出版社股份有限公司1996年版,第53页。
[2] 周刚志:《财政转型的宪法原理》,中国政法大学出版社2014年版,第173页。

宪法上加以限制。而且公债（地方债）发行之上限，也应在宪法中规定其上限。公债（地方债）的发行不但须经各级议会决议，且需在宪法中明定，其决议为重大事项，不能以简单多数通过，须经加重多数之条件。① 公债（地方债）在宪法上的限制应分层讨论：第一个层面是财政经济正常时期，有以下五点限制：其一是景气性与结构性赤字。各国均排斥赤字财政，但这应当基于该赤字是景气性还是结构性的判断；其二是隔代分配问题，具体而言又分为"是否可能"和"如何评价"两个子目。虽然众说纷纭，但公债（地方债）应用于投资的观念就是不争的事实。其三，是限时权力的民主原则限制。依据德国学者Püttners 所提出的限时权力理论，政党政治的一个重要点，就是只为本届任期进行的政策选择，而不考虑未来届期的国民负担。此种做法是违背宪法基本理念的。其四是整体经济平衡发展的限制，也即公债（地方债）发行应当考虑当地的经济状况，以免造成其他地区收益不公平和国民负担与受益比例失衡。其五是其他宪法上的适当限制，即其他宪法原则对公债（地方债）发行的理念上的限制。第二层面是财政经济非常时期，宪法应以例外情况予以处理。具体有以下内容：其一，公债（地方债）发行应同时公布投资总额等附带条款，同时例外允许不受此限的情形。其二是公债（地方债）发行限于投资性特点及其上限，惟紧急处分时不在此限；其三是公债（地方债）发行的要件及其程序要件，此时不受限制，其四是需要时可以发行强制性公债（地方债）。②

西方国家在宪法规定公债（地方债）问题不乏其例，如《德国基本法》第115 条第1 款规定了政府借款的黄金法则："贷款、提供保证、一般担保和其他各类担保并引起今后财政年度支出项目的，需有联邦法律确定了金额或可自行确定金额的授权。贷款的收入不得超过预算计划所做的投资支出总额；例外情况下，为防止对整体经济平衡的干扰，可不在此限。具体由联邦法律予以规定。"《瑞士联邦宪法》规定："联邦应分期偿还所负债务。联邦在着手偿还债务时须考虑经济形势。"据此，各州都以法律形式限制借款并对其下属市政府采用这一黄金法则。西班牙1978 年《宪法》规定："为发行公债（地方债）或借款，政府必须获得法律授权。偿还国家公债（地方债）利息和本金的贷款总是包含在预算支出之内，且只要符合法律，不得被更正和修正。"芬兰1997 年新修订的《宪法》第64 条规定："政府借款须在议会批准的中央政府债务或新举借的最大限额之内。"当然，以上国家宪法对地方债的规定都是原则性的。

---

① 葛克昌：《国家学与国家法》，月旦出版社股份有限公司1996 年版，第134 页。
② 葛克昌："租税国及其宪法课题"，载葛克昌：《国家学与国家法》，月旦出版社1996 年版，第127—135 页。

在我国，地方债基本原则可在宪法中明确规定，因为其不但关涉公民的基本权利保障，而且也使政府机关的财政行为承担宪法责任成为可能。地方债的立宪条款应当体现为：其一，地方债的议会议决条款，将现行行政上的公债（地方债）事项提升至宪法保留的层次。其二，公债（地方债）的总额上限条款提升至宪法保留层面。① 对于地方债有可能影响公民基本权利，特别是财产权、经济自由权利、社会保障权等基本权利内容应当入宪。

二、地方债的立法模式

在宪法基础上，地方债的基本问题通过法律形式规定，如各级政府的发行权限、最长期限、特定时期债务限额的计算方式及偿债基金的设置方式等。地方债的专门性、技术性问题可以由行政授权立法如行政法规、行政规章来规范。由于地方债涉及侵害公民财产权的危险，因此，对于地方债应当遵循法律保留的原则。法律保留原则对于地方债的意义在于，地方政府债券的发行、管理和偿还的核心要素必须由立法机关通过制定法律来规定，行政机关若无法律的授权不能实施任何职权行为。而且，行政机关授权立法的范围应控制在极为有限的几种情形中，并遵照授权立法的目的、事项、范围、期限以及基本原则的规定。在对我国《立法法》法律保留的财政条款作扩大解释的基础上，可以根据地方债规范事项的重要程度、影响公民权利的范围的大小，在基本事项法定化的前提下，将其他事项授权给行政机关作为授权行政立法，以缓和稀缺立法资源和庞大规范需求之间的紧张关系。

我国的地方债法律规范从总体上看不成系统、效力层次偏低。迄今为止，财政发布的规章有《2009年地方政府债券预算管理办法》《地方政府一般债券预算管理办法》《地方政府一般债券发行管理暂行办法》《地方政府专项债券预算管理办法》《地方政府专项债券发行管理暂行办法》以及《地方政府存量债务纳入预算管理清理甄别办法》《关于对地方政府债务实行限额管理的实施意见》。2015年实施的新《预算法》是我国规范地方债的基本法，其对地方债进行了基础性的规范，体现为：一是举债主体，规定只能是经国务院批准的省级政府；二是用债方向，要求只能是用于公益性资本支出，不得用于经常性支出；三是债务规模，实行债券发行限额管理，不能超额发行；四是还债能力，应当有偿还计划和稳定的资金来源；五是管理机制，规定了有关的债务风险评估预警机制等；六是法律责任，明确规定了违规举借债务或为他人债务提供担保的

---

① 廖钦福："论公债（地方债）财政健全主义原则之基础理论及其实践之手段"，载廖钦福：《驯服于宪法秩序下的财政国家》，翰芦图书出版公司2003年版，第257—262页。

法律责任。

《预算法》对地方债进行规定的目的，在于通过预算体制实现对地方债的监督，以及通过对地方政府发债的人民代表大会审议机制，实现地方债财政民主的价值功能。由此出发，《预算法》的规范重点在于规模的控制，即防止地方政府由于"短期效应"和盲目建设超发或滥发地方债。除此之外，对地方债发行所涉的其他环节，或是由地方债的"发、用、还"引发的复杂法律问题，如债务预警、公开制度、考核制度、问责机制等，因并不符合《预算法》的刚性约束的本质，均在《预算法》的调整计划之外。就新《预算法》上述六个方面的规定而言，其实际上已经超出了《预算法》的立法框架，规定了本不属于预算的事项。如授权省一级政府发债，这涉及中央与地方的财政权力的分配，本就不属于预算的问题，勉为其难在《预算法》进行规定，则"名不正、言不顺"。当然，新《预算法》的这一立法模式是应对我国目前地方债的失控而采取的积极措施。在无地方债专门立法的情况下，《预算法》不得不先行代为规范，虽有一定的现实合理性，但毕竟不利于地方债立法的规范化、科学化目标的实现。因此，将来应当把《预算法》中与预算并未关联的规定从《预算法》中剥离出来。

有学者就此建议我国应当出台所谓"地方债务法"，对地方债进行全面系统规定，并作为地方债的基本法，以提高地方债的立法效力层级。笔者对此持保留态度。在我国存在很多认识上的误区，某些法律学者或者人民代表大会代表有感于现实某些领域混乱无序，其思维定式便是加强立法。[①] 社会秩序的维系不能没有法律，但也不能过分迷信法律。当然，如果非要制定一个专门性、系统性的地方债的规范性文件，笔者认为，目前最可行的办法是，在《关于加强地方政府性债务管理的意见》的基础上，由国务院制定《地方政府性债务管理办法》。以行政法规的形式取代法律的形式主要考虑的是，目前从我国人民代表大会制度的立法规划和效率上看，就地方债这样一个特别问题，很难以国家法律的形式纳入全国人民代表大会及其常务委员会的立法规划，而且目前由行政规范对地方债所进行的调整也并未形成成熟经验。

其实即便出台所谓"地方政府性债务管理办法"，其仍需要基础性立法的支撑，如《地方财政法》。因为《地方政府性债务管理办法》只是对地方债的发行、使用、偿还各个环节的管理，但我国宪法体制的中央与地方关系问题，中央与地方事权与支出责任的划分问题，是《地方政府性债务管理办法》无

---

① 其实在一个国家，无法可依会出现社会混乱，但法律过滥也会导致社会的灾难。老子在《道德经》中曾言：法令滋彰、窃贼多有。

力规范的。但这些问题恰恰是地方债最根本的问题，迫切需要通过立法进行规范。

总之，我国未来应当在宪法中明确中央与地方的事权关系，以及地方政府债务的预算控制和人民代表大会审议的基本原则，制定《地方自治法》《地方财政法》，在经验成熟、条件具备的情况下，出台《地方政府性债务管理办法》，将原来的财政部发布的关于地方债的发行、预算、审计的部门规章吸纳其中。当然，也可将财政部的关于地方债的部门规章作为《地方政府性债务管理办法》配套的规范性文件。

三、地方债法律机制的创新

（一）参与式预算制度的启动

"现代社会宪法程序是社会共识建立的权威机制，它特有的内外结构能够促使在意见的充分陈述、交涉、辩论、沟通的基础上实现政治意见和政治意志的集中，从而形成普遍可接受的政治决策"。① 由于《预算法》借助议会民主机制实现公民基本的经济及政治权利，因此，《预算法》被视为"经济宪法"。《预算法》所保障的公民权利除了实体权利之外，还包括程序性权利，如预算的参与权。我国宪法规定："中华人民共和国的一切权力属于人民。人民行使国家权力的机关是全国人民代表大会和地方各级人民代表大会。人民依照法律规定，通过各种途径和形式，管理国家事务，管理经济和文化事业，管理社会事务。"在人民通过全国和各级人民代表大会行使参与权时，围绕作为人民代表大会主要审议对象的预算，当然产生本质上以公民参与为形式的预算审议。

参与式预算对于我国而言并非舶来品，浙江温岭市、江苏无锡市、上海闵行区等地区都曾进行过尝试。参与式预算体现在预算编制、预算审批、预算执行和预算绩效评估的整个过程。② 通过参与各种会议，公民能够获得分配资源、确定社会政策优先性，以及监督公共支出的机会。③ 就其作用而言，预算参与的核心问题在于确定由谁来参与不同的决策过程，具体包括谁应被纳入决策过程，谁应被排斥在外，由谁做决策，应该允许谁参与。④ 依此，在地方债的预算参与过程中，地方居民应当处于核心地位，为确定适合于对地方债预算审议

---

① 季金华："论宪法程序的价值功能"，载《法学论坛》2006 年第 5 期，第 24 页。
② 韦大乐、肖国平："论公民的预算参与权及其实现"，载刘剑文主编：《财税法学前沿问题研究：法治视野下的〈预算法〉修改》，法律出版社 2014 年版，第 223—224 页。
③ 陈家刚："参与式预算的理论与实践"，载《经济社会体制比较》2007 年第 2 期，第 52 页。
④ Georg Lutz, Wolf Linder："民主与参与：改善地方政府管理的方法"，载政府间财政关系课题组编译：《政府间财政关系比较研究》，中国财政经济出版社 2004 年版，22 页。

表决权的行使,最正式的参与形式是地方人民代表大会对预算的审议,但要实现公民对预算直接的参与,则可以通过听证的方式进行。为提高公民预算参与实效性,政府应积极通过多种途径公开其保有的财政信息,帮助公民更好地理解参与所针对的信息。在最广泛的意义上,可以借助互联网最大限度地扩展预算的公开范围,实现公民对预算的广泛参与。网上调查、公民自发组成的论坛、问卷调查等都可以作为预算参与的形式。

由于我国地方基层政府承担更多的公共服务职能,因此,基层政府要求对地方债的预算享有更多的自主权,地方居民有对地方债参与的更强烈的利益诉求。在参与事项范围的确定上,诸如地方债的举债主体、方式、程序、责任等事项不适于由公民参与表决,而如举债期限、偿还方式、债务限额、负债目的等内容事项可由公民参与表决。在参与效果的形成方面,应具有"顺延"以及"折返"的效果,按预算编制、预算审批、预算执行和预算绩效评估的程序推算,每一在前阶段的公民参与会对位于其后的阶段产生影响,而位于预算执行、预算绩效评估阶段的公民参与会对预算编制、预算审批产生影响,从而使其成为一个封闭回路。围绕上述内容,我国预算制度可将"对地方债问题进行表决的公民范围""公民参与事项的范围""公民参与效果的形成"与"预算信息公开"融入其中,促进预算制度的完善和地方债法律规控权力秩序的确立。

(二) 通过法律强制使政府信息更加公开

信息公开是实现公民对地方债的知悉权、监督权甚至救济权的前提,也是提高地方政府发债行为的规范性、可预测性的保障。一般而言,政府的会计目标被确定为基本、重要和最高目标三个层次,这三个层次的目标表达为提高政府财政透明度、全面反映政府受托责任和提供对使用者决策有用的信息。而上述目标的实现要通过预算、财务管理和绩效管理实现。① 政府财务信息公开的目标也应该是多层次的,围绕地方债融资相关财政信息披露,第一层次目标应定位为地方财政信息的披露是否能够反映政府预算收支情况的运行及是否符合规定。第二层次目标应当定位为全面反映政府的财政状况和绩效状况。第三层次是反映政府的持续运营和服务能力状况。② 信息公开制度的完善可从以下几个角度展开。

1. 完善相关立法、确立公民的信息知情权

各国关于政府信息公开的立法中,瑞典直接在宪法中确认了公民的信息自

---

① 丁鑫、荆新:"我国政府会计目标的定位",载《财务与会计》2010年第10期,第58页。
② 石英华:《政府财政信息披露研究》,中国财政经济出版社2006年版,第180页。

由权，韩国通过司法解释将信息自由权解释为宪法性权利，新西兰制定了《财政责任法案》，规定了政府的财政政策报告的法律标准和公布的时间要求，美国也在宪法第一修正案的基础上制定了《信息自由法》，规定公民有权向联邦政府索取任何资料，如果政府机关拒绝，则必须说明理由，且政府机关的决定可以被请求复议和进行司法审查。美国还通过了《联邦咨询委员会法》和《阳光下的联邦政府法》，确认公民有权要求合议制政府机关的会议进行公开，并制定了《电子信息自由法》规范了电子数据环境下政府如何为公众提供索引材料或指南。

　　信息公开的要求作为正当法律程序是宪法性的公民权利，但我国却仅出台了《政府信息公开条例》这一行政法规，其规范的效力层次明显不足。而且在该条例中，囿于国家机密、公共利益原则，对政府信息公开事项规定诸多例外，公民信息公开的权利没能得到充分的保障。例如，预算信息应当是政府主动公开的信息，但长期以来，特别是在《政府信息公开条例》实施以后，政府预算的信息却经常被作为国家秘密而不予公开。因此，我国政府现在可以说是"半透明"的政府，在信息公开方面仍然有很大扩展的空间。在《预算法》修改后，虽然地方债纳入预算，但预算作为一揽子的财政计划不公开的话，公民对地方债的知情权、监督权则无法行使。《预算法》修改后对预算的公开进行了明确规定，经本级人民代表大会或者本级人民代表大会常务委员会批准的预算、预算调整、决算、预算执行情况的报告及报表，应当在批准后20日内由本级政府财政部门向社会公开，并对本级政府财政转移支付安排、执行的情况以及举借债务的情况等重要事项作出说明。经本级政府财政部门批复的部门预算、决算及报表，应当在批复后20日内由各部门向社会公开，并对部门预算、决算中机关运行经费的安排、使用情况等重要事项作出说明。各级政府、各部门、各单位应当将政府采购的情况及时向社会公开。预算制度中财政信息公开的内容包括预算、预算调整、决算、预算执行情况的报告及报表。至此，预算公开确立了明确的法律规范。

　　在针对地方债的专门规范性文件《地方政府专项债务预算管理办法》和《地方政府一般债务预算管理办法》中，规定公开的内容为"专项债务限额、余额、期限结构、使用、项目收支、偿还等情况"，《地方债一般债券发行管理暂行办法》规定公开内容为"一般债务基本信息、财政经济运行及债务情况等"。《地方债专项债券发行管理暂行办法》公开内容为"专项债券基本信息、财政经济运行及相关债务情况、募投项目及对应的政府性基金或专项收入情况、风险揭示以及对投资者做出购买决策有重大影响的其他信息""专项债券存续期内，各地应按有关规定持续披露募投项目情况、募集资金使用情况、对应的政府性基金或专项收入情况以及可能影响专项债券偿还能力的重大事项等"。相较而言,《地方债专项债券发行管理暂行办法》中有关信息公开的内容更为全面。而依据《地方政府专项债务预算管理办法》第9条的规定,全国建有统一的债务管理信息系统,但这一系统却仅限于政府内部使用,并不向社会公众公开。

在地方债信息披露中,为方便立法机构、社会机构和普通民众对财政活动进行监督,应尽量明确政府信息公开的具体内容,以进行监督和可能对公民权利造成侵害两个维度确立政府信息公开的标准。就此可参照《地方债专项债券发行管理暂行办法》中关于信息公开的规范方式,以权利受侵害性或地方债可能存在的风险作为公开标准,而非概括地以"债务限额、余额、期限结构、使用、项目收支、偿还"为标准。同时,在建立全国统一债务管理系统,方便各政府部门间信息共享的基础上,应进一步考虑将这一内部性的债务管理系统有条件地向社会公众和金融机构开放,或设定申请信息公开的具体条件限制,以使与政府债务关系紧密的个人或团体能够时时跟踪政府债务的管理情况及其风险程度,使其在全面了解信息的基础上更好地作出相应的行为选择。

2. 形成政府信息公开的问责机制

针对政府财政信息披露不及时、不完整或难以理解的问题,一方面,政府财政信息披露的时机应区分特殊情况与一般情况,以及参照披露事项的重要程度而决定,确立更为细致的披露衡量标准,如针对政府财政风险情况的披露应更具有及时性,而针对政府一般财政收支情况的信息披露则更具有常态性、规律性。另一方面,应完善政府的综合财务报告制度,编制完整的政府财政收入、支出、资产和负债数据表,将地方债真实、全面地披露出来。针对政府财政信息披露不及时或不完整,因而造成严重后果的,应形成相关的责任追究机制。修改后的《预算法》规定了关于地方债预算公开的责任条款,即未依照本法规定对有关预算事项进行公开和说明的,责令改正,对负有直接责任的主管人员和其他直接责任人员追究行政责任。另外,根据《政府信息公开条例》,行政机关不依法履行关于地方债的信息公开义务或者不及时更新公开关于地方债的政府信息内容的,由监察机关、上一级行政机关责令改正;情节严重的,对行政机关直接负责的主管人员和其他直接责任人员依法给予处分;构成犯罪的,依法追究刑事责任。在地方债信息公开方面,形成对地方人民代表大会、地方政府及其工作人员的问责机制,建构行政责任、刑事责任、党纪责任的责任体系。

四、地方债司法救济机制的建构

地方债本质上为一种公法之债，无论从财政民主主义的角度还是从财政健全主义角度，地方债的法律控制重点都在于两个方面，一是地方债的发行、使用应当严格遵循法定的标准和要求；二是地方债的偿还与救济应当秉承负担人利益保障的基本法理。公债（地方债）契约与私债契约之区别的关键点不在于其效力是否得到有效保障，而在于二者是基于不同的价值取向和评价标准，共同目的是基于保护私人利益不受侵犯。① 依照我国现行《宪法》，参照《关于纳税人权利与义务的公告》中所列纳税人诸项权利规定，为使地方债中所体现的纳税人权利从纸面的权利变为现实的权利，应当将地方债纳入司法救济体系中。

由于地方债在本质上属于一种公法上债权债务关系的公法合同，即行政合同，因此，可以适用现行《行政诉讼法》中有关行政协议部分的规定，对于存在公权主体与私权利主体之间，关于地方债的效力、债务履行、缔约前准备行为或缔约后附随行为等事项上的争议通过行政诉讼的途径进行裁决。② 因为我国的行政诉讼法修改后，已经将行政协议的争议纳入行政诉讼的受案范围。当然，具有公益诉讼性质的纳税人诉讼也是一种选择，有学者进一步提出纳税人诉讼资格应以广义上的"利害关系"为标准，为"任何不公平税制、违法的征税行为以及违法支出税款的行为有直接或间接利害关系的纳税人，均有权提起诉讼"。纳税人诉讼的受案范围应针对违法用税等侵害公共利益的行为，即违法公款消费、浪费公款、违法政府采购、违法政府投资（政绩工程、形象工程）等。③ 然而，非常遗憾的是，我国的行政诉讼法修改后，并未将行政公益诉讼纳入行政诉讼的制度体系中，这对于提起地方债的行政公益诉讼构成了巨大的制度上的障碍。2015年7月1日，全国人民代表大会常务委员会通过《关于授权最高人民检察院在部分地区开展公益诉讼试点工作的决定》，在我国部门地区已经出现了行政公益诉讼的案件。但并未发生因为地方债的行政公益诉讼案件。但相信随着行政公益诉讼的法治化进程的逐步推进，以及我国预算法规定的地方债法律制度普遍适用，地方债的行政公益诉讼的出现的时间不会太远。但至少在目前我国将地方债作为行政协议纳入行政诉讼的受案范围是必要

---

① 刘剑文：《财税法学研究述评》，高等教育出版社2004年版，第44页。
② 王锴：“论公债（地方债）的宪法基础”，载《中州学刊》2011年第3期。
③ 闫海、金华："我国纳税人诉讼的权利本原与制度构建"，载《广西大学学报（哲学社会科学版）》2010年第12期。

的也是可行的。无论何种具体路径，其目的均在于通过司法权的作用以保障公民的"要求按符合宪法的规定征收与使用租税的权利"。[①]

另外，地方政府如果陷入债务危机濒临破产时，也应当通过司法程序来解决，但我国只有企业破产法，地方政府破产不适用此法，甚至在我国无论从观念还是从体制上并不认同地方政府破产。一旦地方政府陷入债务危机，我国通过财政重整来进行化解，其基本上属于一种行政权力的运用。在美国，通过《联邦破产法》规定，地方政府可以申请法院进行破产保护。在南非，出现地方政府财政危机时，首先利用行政手段干预，一旦恶化为破产，则采取司法手段。匈牙利也是通过法院来处置政府破产的。法国和巴西建立了专门的司法机构——审计法院这一救济机制。

（一）法国对地方债的司法救济制度

在法国，根据宪法规定，设立审计法院，并通过《审计法院法》对审计法院的组成作了明确规定，审计法院具有很强的独立性。审计法院共设九个法庭，各庭分工负责不同的审计事务。总检察长行使检察权，一名首席代理检察长和若干名代理检察长协助总检察长的工作。总检察长通过提出公诉和意见行使监督检察职权：对部门、单位的监督检察；监督账目的定期审查，如发现逾期未查，则依法处以罚款；在不侵害审计法院账目审查权的情况下，总检察长可以向审计法院提出公诉。必要时，总检察长可以提出对公共机构会计人员处以罚款。

审计法院可以对各级政府机关、政府各部门所属的公共机构以及接受财政拨款的企业或机构进行审计监督。其职权具体包括：检查被审计单位的账目，对被审计单位的调查、索取资料以及通过正式开庭审理案件并作出判决，并可作出处罚。[②] 经过20世纪80年代法国的地方分权体制改革，地方与中央的债务纠纷也可以通过司法途径进行解决。

（二）巴西对地方债的司法监督制度

巴西于1890年确立国家审计监督制度，依据宪法设立巴西联邦审计法院（The Brazilian Court of Audit）。其解决联邦公共债务的功能规定在巴西联邦《宪法》第71条第1款中（The performance of the Brazilian Court of Audit regarding the federal public debtis stated under the art. 71, subsection I, of Brazil's Federal Constitution）联邦审计法院作为宪法机构和最高审计机关，独立于国会、政府

---

① ［日］北野弘久：《日本税法学原论》，郭美松、陈刚译，中国检察出版社2008年版，第59页。

② 刘瑶："法国的审计法律制度"，载中国法院网2013年10月23日。

和最高法院,是具有一定司法职能的审计机构,是世界上最早的负责政府问责的机构之一。巴西各州、市按照巴西宪法的有关规定,设立地方审计法院。根据巴西宪法,凡负责使用、征缴、保管、管理和监管公共资金、公共资源、公共股份的任何机构或个人,以及以联邦名义负有财务管理责任的单位或个人,都应向联邦审计法院提供账目并接受审计。其职权包括:责令被审计单位整改违规情况,依法对不合法支出、违规账目的相关责任人实施处罚,以及制止和通报违法行为和不当使用财政资金问题,对重大问题进行判决。巴西的审计法院,法律地位高、独立性强、职权范围广、注重事前事中监督。对整顿财经纪律、控制财政风险、摆脱政府债务危机发挥了重大积极作用。[①]

在我国,对地方债的债权人进行司法救济而言,由于观念和体制上的限制,还有很长的路要走,但如果要实现地方债纠纷解决的公正目标,司法途径无疑是最佳选择。但无论如何对地方债的监督与救济,司法权不能缺席,甚至司法权更具有终局意义。然而,我国并未有明确的地方债的司法监督救济法律规定及其司法体系。地方债的行政争议是否可诉还存在着理论上的争议。地方债作为公法契约是否属于行政诉讼的受案范围呢?根据现行的行政诉讼法列举的受案范围的第 11 项,"认为行政机关不依法履行、未按照约定履行或者违法变更、解除政府特许经营协议、土地房屋征收补偿协议等协议的",可以提起行政诉讼。所谓"政府特许经营协议"多涉及城市基础设施建设与自来水、电、燃气等公用事业项目,多采用 BOT 形式;而"土地房屋征收补偿协议"是指因土地征收、房屋拆迁而发生的补偿协议。很显然,地方债并不属于上述两种类型的行政协议。关键是如何理解上述法律条文中的"等协议"这一兜底条款。"等协议"通常被认为是上述两类法定行政协议以外的其他行政协议,如各种 PPP 协议,如政府购买服务。从表面上看,公私合营、政府购买服务是由政府与私人分别出资,以弥补公共财政资金的不足。但实质上,在引进私人资本用于公益性项目本身便意味着公共债务的发生。而且,根据现有相关立法,地方债不得用于政府的经常性开支,而必须用于基本公共投资,这也符合"政府特许经营协议"用于城市基础设施建设与自来水、电、燃气等公用事业项目的要求。因此,地方债作为行政协议纳入行政诉讼的受案范围,符合行政诉讼法受案范围扩大化的立法宗旨。当然,在地方债案件的行政诉讼过程中,人民法院可以适用民法或民事诉讼法的规定。如,公民、法人或者其他组织对行政机关不依法履行、未按照约定履行地方债协议提起诉讼的,参照民事法律规范关于诉讼时效的规定;再如,人民法院审查行政机关是否依法履行、按照约定履行地方

[①] 罗涛:"解读巴西国家审计监督制度主要特色",载光明网,2014 年 6 月 24 日访问。

债协议或者单方变更、解除地方债协议是否合法，在适用行政法律规范的同时，可以适用不违反行政法和行政诉讼法强制性规定的民事法律规范（主要指合同法及其司法解释）。

而且，我国行政诉讼法修改后，将信息公开案件纳入行政诉讼受案范围，可以通过简易程序进行审理。至此，我国地方债的信息公开、信息公开的法律责任以及信息公开的法律救济制度都有了立法依据。

附录：《地方债合宪性审查与法律控制》调研材料

一、提出的问题

（一）关于发行地方债的原因
1. 某市地方债发行的原因
2. 某市地方债的历史及近年来的新情况

（二）关于地方债的发行的主体
1. 预算法修改前地方债发行主体
2. 预算法修改后某市如何发债？

（三）关于地方债发行的规模
1. 从始至今某市地方债发行的规模，与同期某市经济总量或 GDP 的比例
2. 如何评价这一规模，是否整体风险可控？
3. 如何看待其他地区越来越严重的超额发债的现象？

（四）关于地方债的发行形式
1. 某市地方债发行的方式、程序及途径
2. 融资平台发行的具体情况或存在的问题

（五）关于地方债发行的风险及防范
1. 某市地方债的风险是否存在？
2. 某市有何预案或措施控制风险？

（六）关于地方债与分税制改革的关系
1. 某市分税制改革前与后地方债的情况
2. 分税制新变化与某市的地方债

（七）土地财政与地方债问题
1. 某市土地财政对地方债的影响
2. 某市近年来土地供应量与地方债的关系

（八）关于预算法修改后地方债发行的最新动向

1. 地方债发行主体情况
2. 地方债纳入预算由人民代表大会进行审查情况
3. 地方债的公开情况
4. 地方债的预警机制情况
5. 地方债的评估机制情况
6. 地方债的可能的法律责任情况

（九）经济下行压力下地方债的问题

1. 某市经济下行压力的状况
2. 经济下行压力与地方债的关系

（十）如何从法律上解决地方债所面临的问题

1. 预算法修改后，某市面临的新挑战
2. 某市在应对预算法修改及地方债新问题的新举措和新机制

二、被调研单位对问题的解答

（一）关于发行地方债的原因

1. 某市地方债发行的原因
2. 某市地方债的历史及近年来的新情况

答：2004年及以前年度，某市政府债务规模较小，主要资金来源为国债转贷、中央专项借款、国际金融组织贷款和外国政府贷款。

2005年，辽宁省政府与国家开发银行签订了《加快辽宁老工业基地振兴开发型金融软贷款合作协议》，某市政府债务第一次出现了较快的增长，市本级集中实施了以某市港、大化搬迁为代表的一批老工业企业搬迁升级改造和土地储备贷款，县级启动了以长兴岛和花园口经济区等辽宁沿海经济带为核心的多个产业园区基础设施建设贷款。

2008年国际金融危机爆发以来，配合落实中央实施4万亿元投资经济刺激政策和推进某市全域城市化建设，国家开发银行和其他金融机构在认为地方政府融资平台风险可控的前提下，继续加大信贷资金投放力度，市本级围绕着轨道、高铁、高速公路、供水等市政交通基础设施建设和土地储备，县级继续推进重点产业园区建设和普湾新区开发建设，某市政府债务再一次出现了较快增长，县级政府债务规模也逐年超越市本级。2011年，国内外逐渐关注中国地方政府债务和风险问题。

2009年，财政部开始尝试代地方政府发行地方政府债券。2015年，财政部正式允许地方政府自主发行地方政府债券。

2013年,审计署开展了全国范围的地方政府债务专项审计。2014年,《国务院关于加强地方政府性债务管理的意见》(国发〔2014〕43号)明确财政部门作为地方政府性债务归口管理部门,要完善债务管理制度,充实债务管理力量,做好债务规模限制、债券发行、预算管理、统计分析和风险监控等工作。2015年某市政府债务总量规模开始下降,低于财政部核定的政府债务限额。

总体上讲,某市政府债务发展的每个阶段都与当期贯彻落实国家发展战略和经济社会发展目标的要求相呼应,也与逐步推进提升某市社会民生福祉综合水平和现代城市公共服务综合能力的客观需要相契合。2015年的政府债务总量规模也是客观上适应社会经济规模不断扩大,在建工程年度资金需求不断增长,逐步累积形成的。通过适度举债,集中解决社会经济发展中的瓶颈问题,提升公共产品和服务的供给水平,是国内外的通行做法,也是实现代际成本负担和福利均衡的重要手段。2014年以来,某市政府积极作为,主动举措,政府债务正从过去的多头举借、分散管理、忽视风险等问题和现象中,走向财政集中归口、债务分类限额、风险预警防范等规范管理,出现总量规模开始减少,财务成本不断下降等积极变化。

(二) 关于地方债的发行的主体

1. 预算法修改前地方债发行主体

答:预算法修改前地方债发行主体分两部分:

地方政府债券发行主体是地方政府,但是由财政部代发;其他债务如银行贷款等举借主体是地方政府。

2. 预算法修改后某市如何发债?

答:根据《预算法》和财政部要求,自2015年开始,除少数存量在建项目(2014年9月以前签订借款合同并开工建设)和主权外债可以继续按照原来举借方式提款外,其他存量债务一律不准新增提款。

(三) 关于地方债发行的规模

答:1. 2009—2014年某市由财政部代发的地方债券发行规模

2009年:发行10亿元,期限3年,利率1.71%。

2010年:发行6亿元,期限5年,利率3.7%。

2011年:发行6亿元,期限5年,利率3.7%。

2012年:发行15亿元,其中:3年期7亿元,利率3.47%;5年期8亿元,利率3.58%。

2013年:发行21亿元,其中:3年期10亿元,利率4.25%;5年期11亿元,利率4.33%。

2014年：发行24亿元，其中：3年期9亿元，利率4.14%；5年期9亿元，利率4.15%；7年期6亿元，利率4.12%。

2015年7月2日和11月17日，某市分两次自主发行地方债券共计278亿元，其中：置换债券255亿元；新增债券23亿元。

2. 如何评价这一规模，是否整体风险可控？

答：发行地方政府债券的额度由财政部根据地方财力情况和债务总规模核定，整体风险可控。

（四）关于地方债的发行形式

1. 某市地方债发行的方式、程序及途径

答：方式目前为自主发行。因此业务由其他部门操作，只有以下资料供参考。

2015年，某市财政局按照财政部的统一部署，加强组织领导，依法合规、积极稳妥地推进某市政府债券发行工作，分别于7月2日和11月17日分两次共计发行地方债券278亿元，从债券性质看，发行置换债券255亿元，新增债券23亿元。从债券类型看，发行一般债券165.4亿元，专项债券112.6亿元。从发行方式看，公开招标发行188.8亿元，定向承销发行89.2亿元。

领导高度重视。某市委、市政府高度重视地方政府债券发行工作，市政府主要领导多次听取汇报并作出重要指示，多次开会研究该市地方政府债券发行工作有关事项，审定该市政府债券额度分配方案，有力推动该市地方政府债券发行工作。

强化组织领导。某市财政局制定了详细的工作方案，采取倒排机制，设定每月每日的工作进度表，重点环节进一步细化工作分工，为参与地方政府债券发行工作任务的人员设定具体的工作分工，制作工作清单，确保当日事、当日毕，国库处负总责，全面协调发债相关事宜，预算处、债务处等多个处室共同参与，为地方政府债券发行工作提供组织保障。

规范开展地方政府债券信用评级。某市财政局按照"公开、公平、公正"的原则，委托某市政府采购中心通过竞争性磋商政府采购方式，依法竞争择优选定上海新世纪资信评估投资服务有限公司，作为2015年我市政府债券信用评级机构，为2015年我市各批次政府债券进行信用评级和跟踪评级。新世纪资信评估公司确定某市政府各批次的一般债券和专项债券的信用等级为AAA。

积极组建债券承销团。某市财政局采取自愿申请及综合评分的方式，于2015年6月确定建设银行等14家金融机构成为2015—2017年某市政府债券承销团成员，其中建设银行等7家机构为主承销商。

及时披露债券信息。某市财政局通过中国债券信息网和某市财政局门户网站等媒介，及时、全面披露我市地方政府债券信息，确保投资人能够及时获取地方政府债券相关信息。

合理确定债券发行时间。某市财政局及时了解国债发行以及其他省份地方政府债券发行的情况，认真分析国内宏观经济环境、政策的变化对国债收益率曲线的影响，依据国债收益率曲线的走势，结合我市实际情况，合理债券发行时间。

加强与承销商的沟通协商。某市财政局高度重视与各承销商的沟通协商工作，每期债券发行前期准备过程中，某市财政局都至少召开两次债券发行工作会议，与各承销商共同商定其债券承销的额度、发行价格、债券期限配比，建议各承销商能够按照债券承销协议进行投标和承销地方政府债券。

扎实开展定向承销发行工作。某市财政局精心组织确定定向承销债券项目，精确实施债券申购计划，及时完成四方《债权债务解除协议》签署工作，督促原债务人及时结清截至债券解除日的利息费用，确保定向承销债券顺利发行。

严密组织发行工作。某市财政局加强与中央国债登记结算有限责任公司等单位的沟通协调，及时完成债券发行各项准备工作。发行日邀请某市审计局派员全过程观察监督，规范有序地组织好招标现场管理工作，确保发行的公平、公正。

做好政府债券发行后续工作。地方政府债券发行成功后，结清截至发行日的原债务利息，组织有关四方签订原债权债务解除协议，拨付发行费用，统计各期地方政府债券还本付息计划，整理每期地方政府债券发行相关材料，将所有发行材料整理归档，做好地方债发行后续管理工作。

地方债发行的成效：有效降低政府融资成本。与政府通过银行贷款等传统融资方式相比，传统融资利率平均至少在 6% 以上，而该市地方政府债券平均发行利率约为 3.47%，成本大大降低。

有效缓解政府债务风险。通过发行置换债券，将政府债务到期本金置换为政府债券，减轻地方政府偿债压力，有效缓解存量债务风险，并有利于各级政府统筹协调因经济调整收入增速减缓造成的偿债与支持经济稳增长资金需求之间的矛盾。

有力保障重点建设项目后续融资需求。新增债券主要用于保障性住房等民生建设项目和市政工程等在建续建项目，保障了新开工项目和在建项目的融资需求，为"稳增长、调结构"提供了资金保证。

2. 融资平台发行的具体情况或存在的问题

答：融资平台目前不允许自行发行政府债券。

（五）关于地方债发行的风险及防范

1. 某市地方债的风险是否存在？

答：从全国范围看，自 2006 年开始，各地地方政府债务均出现较快增长，给地方政府带来一定的压力和风险。从长远看，某市债务风险可控，短期看，多年累积形成的政府债务规模突遇全球经济变冷，国际国内有效需求不足，经济出现断崖式下滑的潜在风险，经济增长速度换挡期、结构调整阵痛期、前期刺激政策消化期三期叠加，短期内出现了新企业和新项目开工不足，新的税收收入增长没有实现，新的土地出让收入没有形成。债务还本付息可能出现阶段性和流动性困难。但通过发行地方政府置换债券后，主要的债务还本压力得以暂时缓解。

2. 某市有何预案或措施控制风险？

答：（1）制定了《某市政府债务风险应急处置和偿债资金管理暂行办法》和《某市地方政府债务风险评估和预警管理暂行办法》，并督促县区制定了债务风险化解规划及应急处置预案。

（2）扎实做好未来 5 年偿债预测工作，根据债务结构科学规划中长期债务还本付息，形成长期偿债计划和年度偿债安排，确保及时足额还本付息，动态跟踪债务风险变化情况，防止风险酝酿发酵，牢牢守住不发生区域性和系统性债务风险的底线。

（3）积极推广运用 PPP 模式，缓解财政支出压力。为化解政府存量债务，提高财政资金绩效，某市把存量项目转型作为推进 PPP 模式工作的重点，于 2015 年 6 月专门成立了以市长为组长，常务副市长和分管副市长为副组长，市发改委、市建委、市财政局等相关部门主要领导为成员的全市 PPP 工作领导小组。同时，在市发改委和市建委分设两个项目管理办公室，负责相关领域 PPP 项目管理工作。

2015 年 5 月，启动了 202 路轨道线路延伸工程及快轨三号线工程存量项目转型为 PPP 模式项目的试点工作。目前，项目实施方案，项目物有所值评价及财政承受能力论证和项目招投标工作均已完成。

2016 年，某市将继续加大存量项目转型为 PPP 模式工作力度，拟组织实施大伙房水库输水入连工程、新机场项目等转型工作，切实缓解财政支出压力。

（4）做好财源建设，提高可偿债财力。可偿债财力是确定债务风险的根本因素。广辟财源，深挖增收潜力，增加可偿债财力资金，用发展的方式消化存量债务是化解债务风险的重要途径。为此，一要始终坚持把发展经济作为第一要务，把招商引资作为重要抓手，通过经济发展培植涵养税源，做大做强财政收入规模；二要持续夯实税收征管基础，积极寻找新的收入增长点，深挖增收潜力，努力增加财政收入，提高可偿债财力；三要全面调查政府各类股权投资情况，摸清存量资产底数，加大对国有资产盘活力度，从而有效充实财政收入。

（5）为了防范债务风险，确保经济持续、平稳发展，某市已经把政府性债务管理工作作为一项硬性指标纳入政府和部门绩效考核。

2016年，某市将继续加强政府债务限额管理，做好风险管控，按季度定期通报各区市县（先导区）还本付息情况，强化责任落实和责任追究。

（六）关于地方债与分税制改革的关系

1. 某市分税制改革前与后地方债的情况
2. 分税制新变化与某市的地方债

答：该部分内容研究不深，无法提供材料和意见。

（七）土地财政与地方债问题

1. 某市土地财政对地方债的影响
2. 某市近年来土地供应量与地方债的关系。

答：对该部分内容研究不深，无法提供材料和意见。

（八）关于预算法修改后地方债发行的最新动向

1. 地方债发行主体情况

答：地方政府。

2. 地方债纳入预算由人民代表大会进行审查情况

答：按照新预算法和《国务院关于加强地方政府性债务管理的意见》（国发〔2014〕43号）要求，严格对地方政府债务实行限额管理，限制县级政府债务增长。按照规范程序，2015年12月21日，某市政府批准了某市2015年地方政府债务限额。12月30～31日，市十五届人民代表大会常务委员会第二十二次会议审议批准了某市2015年地方政府债务限额，并向社会公开。2015年12月31日，市政府批准了2015年某市债务限额分配方案，并下达区市县（先导区）。

3. 地方债的公开情况

答：地方政府债券发行在"中国债券信息网"均有公示。另外，地方政府债务人民代表大会审批情况在市人民代表大会网站也有公告。

4. 地方债的预警机制情况
5. 地方债的评估机制情况

答：2015年12月25日，印发了《某市政府债务风险应急处置和偿债资金管理暂行办法》，明确了各级政府是防范化解政府债务风险的责任主体，要求财政部门作为政府债务归口管理部门，牵头制定本级政府债务风险应急处置预案，加强偿债资金管理，确保及时足额偿还到期债务，并对县级政府出现难以自行偿还债务时，启动应急处置的程序和手段作出了具体规定。

2015年12月25日，印发了《某市地方政府债务风险评估和预警管理暂行办法》，确定以债务率、新增债务率、偿债率、逾期债务率和综合债务率作为政府债务风险评估和预警的主要指标，并将上述指标计算结果划分为绿色风险安全区、黄色风险提示区和红色风险预警区，对区市县（先导区）进行监督检查和绩效考核。

6. 地方债的可能的法律责任情况

答：该部分内容研究不深，无法提供材料和意见。

（九）经济下行压力下地方债的问题

1. 某市经济下行压力的状况
2. 经济下行压力与地方债的关系

答：短期看，某市债务风险基本可控，可以及时、足额偿还到期债务本息。但是，受经济下行影响明显，可能会面临流动性风险。通过预算安排、发行置换债券等措施，基本能够度过当前经济和财政收入下行的困难时期。

长期看，偿还债务还是要依靠经济发展和财政收入的增长。下一步，该市将通过加快各类产业园区建设进度，加大招商引资力度，着力引进大型产业项目，夯实财政收入增长基础；全面落实各项惠企政策，积极培养地方新增税源等措施，为经济健康持续发展奠定坚实基础。

从历史的经济规律看，某市经济不断发展是长期必然趋势。只要当前能够有效地控制债务增长，远期的困难是可以克服的。靠经济发展解决政府债务问题也是可以实现的。

（十）如何从法律上解决地方债所面临的问题

1. 预算法修改后，某市面临的新挑战
2. 某市在应对预算法修改及地方债新问题的新举措和新机制

答：对该部分内容研究不深，无法提供材料和意见。

三、对上述资料进行的分析

课题组对某市的地方债相关问题向有关部门做了调研，并获取了相关数据与资料。课题组分别对某市地方债的历史及近年来的新情况，地方债的发行的主体、发行规模、发行形式、发行的风险及防范，地方债与分税制改革的关系，土地财政与地方债问题，预算法修改后地方债发行的最新动向，经济下行压力下地方债的问题，如何从法律上解决地方债所面临的问题等十个方面进行了详细调研。调研结果显示：

（一）某市地方债的历史及近年来的新情况

2004年及以前年度，某市政府债务规模较小，主要资金来源为国债转贷、中央专项借款、国际金融组织贷款和外国政府贷款。2005年，辽宁省政府与国家开发银行签订了《加快辽宁老工业基地振兴开发型金融软贷款合作协议》，某市政府债务第一次出现了较快的增长，市本级集中实施了以某港、大化搬迁为代表的一批老工业企业搬迁升级改造和土地储备贷款，县级启动了以长兴岛和花园口经济区等辽宁沿海经济带为核心的多个产业园区基础设施建设贷款。2008年国际金融危机爆发以来，配合落实中央实施4万亿元投资经济刺激政策和推进某市全域城市化建设，国家开发银行和其他金融机构在认为地方政府融资平台风险可控的前提下，继续加大信贷资金投放力度，市本级围绕着轨道、高铁、高速公路、供水等市政交通基础设施建设和土地储备，县级继续推进重点产业园区建设和普湾新区开发建设，某市政府债务再一次出现了较快增长，县级政府债务规模也逐年超越市本级。2011年，国内外逐渐关注中国地方政府债务和风险问题。2009年，财政部开始尝试代地方政府发行地方政府债券。2015年，财政部正式允许地方政府自主发行地方政府债券。2015年某市政府债务总量规模开始下降，低于财政部核定的政府债务限额。

（二）关于地方债的发行的主体

预算法修改前地方债发行主体分两部分：地方政府债券发行主体是地方政府，但是由财政部代发；其他债务如银行贷款等举借主体是地方政府。

根据《预算法》和财政部要求，自2015年开始，除少数存量在建项目（2014年9月以前签订借款合同并开工建设）和主权外债可以继续按照原来举借方式提款外，其他存量债务一律不准新增提款。债务举借方式只能是发行地方政府债券和举借主权外债。

（三）关于地方债发行的规模

2009—2014年某市由财政部代发的地方债券发行规模

2009年：发行10亿元，期限3年，利率1.71%。

2010年：发行6亿元，期限5年，利率3.7%。

2011年：发行6亿元，期限5年，利率3.7%。

2012年：发行15亿元，其中：3年期7亿元，利率3.47%；5年期8亿元，利率3.58%。

2013年：发行21亿元，其中：3年期10亿元，利率4.25%；5年期11亿元，利率4.33%。

2014年：发行24亿元，其中：3年期9亿元，利率4.14%；5年期9亿元，利率4.15%；7年期6亿元，利率4.12%。

2015年7月2日和11月17日，某市分两次自主发行地方债券共计278亿元，其中：置换债券255亿元；新增债券23亿元。

（四）关于地方债的发行形式

目前为自主发行。2015年，市财政局按照财政部的统一部署，加强组织领导，依法合规、积极稳妥地推进某市政府债券发行工作，分别于7月2日和11月17日分两次共计发行地方债券278亿元，从债券性质看，发行置换债券255亿元，新增债券23亿元。从债券类型看，发行一般债券165.4亿元，专项债券112.6亿元。从发行方式看，公开招标发行188.8亿元，定向承销发行89.2亿元。

市财政局制定了详细的工作方案，采取倒排机制，设定每月每日的工作进度表，重点环节进一步细化工作分工，为参与地方政府债券发行工作任务的人员设定具体的工作分工，制作工作清单，确保当日事、当日毕，国库处负总责，全面协调发债相关事宜，预算处、债务处等多个处室共同参与，为地方政府债券发行工作提供组织保障。

规范开展地方政府债券信用评级。市财政局按照"公开、公平、公正"的原则，委托某市政府采购中心通过竞争性磋商政府采购方式，依法竞争择优选定上海新世纪资信评估投资服务有限公司，作为2015年该市政府债券信用评级机构，为2015年该市各批次政府债券进行信用评级和跟踪评级。新世纪资信评估公司确定某市政府各批次的一般债券和专项债券的信用等级为AAA。

积极组建债券承销团。市财政局采取自愿申请及综合评分的方式，于2015年6月确定建设银行等14家金融机构成为2015—2017年某市政府债券承销团成员，其中建设银行等7家机构为主承销商。

及时披露债券信息。市财政局通过中国债券信息网和某市财政局门户网站等媒介，及时、全面披露该市地方政府债券信息，确保投资人能够及时获取地方政府债券相关信息。

合理确定债券发行时间。市财政局及时了解国债发行以及其他省份地方政府债券发行的情况，认真分析国内宏观经济环境、政策的变化对国债收益率曲线的影响，依据国债收益率曲线的走势，结合该市实际情况，合理安排债券发行时间。

加强与承销商的沟通协商。市财政局高度重视与各承销商的沟通协商工作，每期债券发行前期准备过程中，某市财政局都至少召开两次债券发行工作会议，与各承销商共同商定其债券承销的额度、发行价格、债券期限配比，建议各承销商能够按照债券承销协议进行投标和承销地方政府债券。

扎实开展定向承销发行工作。市财政局精心组织确定定向承销债券项目，精确实施债券申购计划，及时完成四方《债权债务解除协议》签署工作，督促原债务人及时结清截至债券解除日的利息费用，确保定向承销债券顺利发行。

严密组织发行工作。市财政局加强与中央国债登记结算有限责任公司等单位的沟通协调，及时完成债券发行各项准备工作。发行日邀请某市审计局派员全过程观察监督，规范有序地组织好招标现场管理工作，确保发行的公平、公正。

做好政府债券发行后续工作。地方政府债券发行成功后，结清截至发行日的原债务利息，组织有关四方签订原债权债务解除协议，拨付发行费用，统计各期地方政府债券还本付息计划，整理每期地方政府债券发行相关材料，将所有发行材料整理归档，做好地方债发行后续管理工作。

（五）关于地方债发行的风险及防范

从全国范围看，自 2006 年开始，各地地方政府债务均出现较快增长，给地方政府带来一定的压力和风险。从长远看，某市债务风险可控，短期看，多年累积形成的政府债务规模突遇全球经济变冷，国际国内有效需求不足，经济出现断崖式下滑的潜在风险，经济增长速度换挡期、结构调整阵痛期、前期刺激政策消化期三期叠加，短期内出现了新企业和新项目开工不足，新的税收收入增长没有实现，新的土地出让收入没有形成。债务还本付息可能出现阶段性和流动性困难。但通过发行地方政府置换债券后，主要的债务还本压力得以暂时缓解。某市控制风险的预案与措施包括以下几个方面：

（1）制定了《某市政府债务风险应急处置和偿债资金管理暂行办法》和《某市地方政府债务风险评估和预警管理暂行办法》，并督促县区制定了债务风险化解规划及应急处置预案。

（2）扎实做好未来 5 年偿债预测工作，根据债务结构科学规划中长期债务还本付息，形成长期偿债计划和年度偿债安排，确保及时足额还本付息，动态跟踪债务风险变化情况，防止风险酝酿发酵，牢牢守住不发生区域性和系统性债务风险的底线。

（3）积极推广运用 PPP 模式，缓解财政支出压力。为化解政府存量债务，提高财政资金绩效，某市把存量项目转型作为推进 PPP 模式工作的重点，于 2015 年 6 月专门成立了以市长为组长，常务副市长和分管副市长为副组长，市发改委、市建委、市财政局等相关部门主要领导为成员的全市 PPP 工作领导小组。同时，在市发改委和市建委分设两个项目管理办公室，负责相关领域 PPP 项目管理工作。

2015 年 5 月，启动了 202 路轨道线路延伸工程及快轨三号线工程存量项目转型为 PPP 模式项目的试点工作。目前，项目实施方案，项目物有所值评价及财政承受能力论证和项目招投标工作均已完成。

2016 年，某市将继续加大存量项目转型为 PPP 模式工作力度，拟组织实施大伙房水库输水入连工程、新机场项目等转型工作，切实缓解财政支出压力。

（4）做好财源建设，提高可偿债财力。可偿债财力是确定债务风险的根本因素。广辟财源，深挖增收潜力，增加可偿债财力资金，用发展的方式消化存量债务是化解债务风险的重要途径。为此，一要始终坚持把发展经济作为第一要务，把招商引资作为重要抓手，通过经济发展培植涵养税源，做大做强财政收入规模；二要持续夯实税收征管基础，积极寻找新的收入增长点，深挖增收潜力，努力增加财政收入，提高可偿债财力；三要全面调查政府各类股权投资情况，摸清存量资产底数，加大对国有资产盘活力度，从而有效充实财政收入。

（5）为了防范债务风险，确保经济持续、平稳发展，某市已经把政府性债务管理工作作为一项硬性指标纳入政府和部门绩效考核。

2016年，某市将继续加强政府债务限额管理，做好风险管控，按季度定期通报各区市县（先导区）还本付息情况，强化责任落实和责任追究。

（六）关于预算法修改后地方债发行的最新动向

地方债发行主体情况为地方政府，按照新预算法和《国务院关于加强地方政府性债务管理的意见》（国发〔2014〕43号）要求，严格对地方政府债务实行限额管理，限制县级政府债务增长。按照规范程序，2015年12月21日，某市政府批准了某市2015年地方政府债务限额。12月30日—31日，市十五届人民代表大会常务委员会第二十二次会议审议批准了某市2015年地方政府债务限额，并向社会公开。2015年12月31日，市政府批准了2015年某市债务限额分配方案，并下达区市县（先导区）。地方政府债券发行在"中国债券信息网"均有公示。另，地方政府债务人民代表大会审批情况在市人民代表大会网站也有公告。2015年12月25日，印发了《某市政府债务风险应急处置和偿债资金管理暂行办法》，明确了各级政府是防范化解政府债务风险的责任主体，要求财政部门作为政府债务归口管理部门，牵头制定本级政府债务风险应急处置预案，加强偿债资金管理，确保及时足额偿还到期债务，并对县级政府出现难以自行偿还债务时，启动应急处置的程序和手段作出了具体规定；确定以债务率、新增债务率、偿债率、逾期债务率和综合债务率作为政府债务风险评估和预警的主要指标，并将上述指标计算结果划分为绿色风险安全区、黄色风险提示区和红色风险预警区，对区市县（先导区）进行监督检查和绩效考核。

（七）经济下行压力与地方债的关系

短期看，某市债务风险基本可控，可以及时、足额偿还到期债务本息。但是，受经济下行影响明显，可能会面临流动性风险。通过预算安排、发行置换债券等措施，基本能够度过当前经济和财政收入下行的困难时期。

长期看，偿还债务还是要依靠经济发展和财政收入的增长。下一步，该市将通过加快各类产业园区建设进度,加大招商引资力度,着力引进大型产业项目,夯实财政收入增长基础;全面落实各项惠企政策,积极培养地方新增税源等措施,为经济健康持续发展奠定坚实基础。

从历史的经济规律看,某市经济不断发展是长期必然趋势。只要当前能够有效地控制债务增长,远期的困难是可以克服的。靠经济发展解决政府债务问题也是可以实现的。

(八) 调研报告数据资料分析

总体上讲,某市政府债务发展的每个阶段都与当期贯彻落实国家发展战略和经济社会发展目标的要求相呼应,也与逐步推进提升某市社会民生福祉综合水平和现代城市公共服务综合能力的客观需要相契合。今天的政府债务总量规模也是客观上适应社会经济规模不断扩大,在建工程年度资金需求不断增长,逐步累积形成的。通过适度举债,集中解决社会经济发展中的瓶颈问题,提升公共产品和服务的供给水平,是国内外的通行做法,也是实现代际成本负担和福利均衡的重要手段。

2014年以来,某市政府积极作为,主动举措,政府债务正从过去的多头举借、分散管理、忽视风险等问题和现象中,走向财政集中归口、债务分类限额、风险预警防范等规范管理,出现总量规模开始减少,财务成本不断下降等积极变化。发行地方政府债券的额度由财政部根据地方财力情况和债务总规模核定,整体风险可控。有效降低政府融资成本。与政府通过银行贷款等传统融资方式相比,传统融资利率平均至少在6%以上,而该市地方政府债券平均发行利率约为3.47%,成本大大降低。有效缓解政府债务风险。通过发行置换债券,将政府债务到期本金置换为政府债券,减轻地方政府偿债压力,有效缓解存量债务风险,并有利于各级政府统筹协调因经济调整收入增速减缓造成的偿债与支持经济稳增长资金需求之间的矛盾。有力保障重点建设项目后续融资需求。新增债券主要用于保障性住房等民生建设项目和市政工程等在建续建项目,保障了新开工项目和在建项目的融资需求,为"稳增长、调结构"提供了资金保证。

某市近几年在地方政府债务的管理与运行上获得了一定发展,积累了一定经验,积极响应配合新《预算法》的出台与规定,并取得了一定结果。但仍从调研结果中发现某市在地方政府债务管理中存在一定的漏洞与不足。

2015年,某市获得自主发债权,从中央代发发展至自主发债,是地方债发债主体范围扩大的新趋势,某市在地方债管理程序中由于经验不足,存在一定漏洞。地方债信息披露程度不足,程序不够完善,地方债预警机制程序不够完善,地方政府对地方债的可能的法律责任情况没有相关规定,缺乏惩罚机制。

如何从法律上解决地方债所面临的问题是某市亟须深入研究的课题，地方债相关的地方性法规与地方性规章缺失，某市地方债的运行与管理缺乏法规与规章的约束，未完全纳入法律框架中。某市在应对预算法修改及地方债新问题上明显缺乏经验、新举措与新机制。某市在发行地方债道路上刚刚起步，从风险防控体系，违规惩罚机制，偿债机制，到地方性法规、规章对地方债发行的法律控制均存在一定问题。

后　　记

时间如白驹过隙，转眼间到了2019年的最后一天。听着窗外凛冽的风声，回首一年来的岁月，有些彷徨、有些失落。以学术为志业却在学术上无所成就，每每念此心有戚戚。不可救药的是，虽然我已过天命之年，却从不相信自己天命已决。但随着年龄的增长，我越来越能参透生命的意义，理解生存、健康与事业、功名之间的关系。在保障身体健康提升生活品质的基础上，在学术追求上仍然没有停歇脚步。我从事财政宪法学的研究已经有16年的光景，自从第一本著作《财政宪法学研究》出版后，这是我的第二本财政宪法学的著作。第一本是对财政宪法学的基础理论的体系性研究，而这一本则集中于地方债这一中国当下的焦点问题。

这本著作是我主持的国家社科基金项目《地方债的合宪性审查及法律控制研究》的最终研究成果，在结项报告的基础上进行了修改、补充，形成书稿。非常感谢国家社科基金管理委员会的信任，能将项目委付于我。自领命以来，即感觉到这一问题的研究并非易事。因为财政宪法学是以宪法的视角研究财政现象，涉及宪法学与财政学的交叉。特别是地方债问题，除了学科交叉之外，还需要对地方债的运行机理有清晰的了解。为此，还不得不进行深入的实证调研，但地方政府往往对地方债往往讳莫如深。由此，课题组只能主要依靠项目组收集的书面资料，但这并不一定能够完全反映地方债的真实情况。尽管如此，课题组仍要感谢某市财政局对本项目的支持，根据课题组的问卷，某市财政局提供了资料并进行了解答，这成为课题组研究的宝贵的第一手资料。

非常感谢大连市人民政府对我的学术研究一如既往的支持，从本人博士毕业后，已经有三部著作《行政侵权研究》《财政宪法学研究》《海事行政法学研究》得到大连市人民政府的资助。这是大连市人民政府资助我出版的第四部著作。非常感谢知识产权出版社，感谢彭小华编辑的热心帮助，在如此艰难的时刻，仍能接纳出版这一选题的著作。我还要特别感谢我的两位博士生吕沫婵同学、马天晓同学为此项目的努力和付出，两位同学不但搜集了大量的资料，而且还参与了部分章节的撰写工作，在此诚致谢忱。我的硕士研究生赵璐、罗云涛、赵忠平、崔唯、郁芳、刘蒙、吴晨瑜对书稿进行了校对，在此一并表示感谢。

  本书的出版并不意味着地方债的研究已经完成，当然也不能给出解决我国地方债问题的完美方案，只能算阶段性成果，我将持续关注、研究地方债问题。当然，由于本人专业知识和研究能力的局限，本书肯定仍存在一定的问题甚至谬误，期待着学界同仁的斧正。

2019 年 12 月 31 日

于大连海事大学法学楼办公室